王阳明

向内心光明致敬

■ 欧阳彦之／著

台海出版社

图书在版编目(CIP)数据

王阳明:向内心光明致敬 / 欧阳彦之著. —北京:台海出版社,
2016.5(2023.4 重印)

ISBN 978-7-5168-1032-3

Ⅰ.①王… Ⅱ.①欧… Ⅲ.①王阳明(1472–1529)–人物研究
Ⅳ.①B248.2

中国版本图书馆 CIP 数据核字(2016)第 118479 号

王阳明:向内心光明致敬

著　　者:欧阳彦之

责任编辑:俞滟荣

装帧设计:天下书装　　　　　　版式设计:通联图文

责任校对:靳卫星　　　　　　　出 版 人:蔡　旭

出版发行:台海出版社

地　　址:北京市朝阳区劲松南路 1 号　　邮政编码:100021

电　　话:010-64041652(发行,邮购)

传　　真:010-84045799(总编室)

网　　址:www.taimeng.org.cn/thcbs/default.htm

E-mail:thcbs@126.com

经　　销:全国各地新华书店

印　　刷:北京一鑫印务有限责任公司

本书如有破损、缺页、装订错误,请与本社联系调换

开　本:710mm×1000 mm　　　　1/16

字　数:230 千字　　　　　　　印　张:17.5

版　次:2016 年 10 月第 1 版　　印　次:2023 年 4 月第 4 次印刷

书　号:ISBN 978-7-5168-1032-3

定　价:58.00 元

前　言

1

王阳明(1472—1529年),名守仁,字伯安,浙江余姚人,因年轻时筑室习静于越之阳明洞,遂号阳明,世称阳明先生。

明成化八年,王阳明出生于浙江余姚的瑞云楼。青少年时即随父至北京就读,性格豪迈不羁,兴趣广泛,多才多艺,三教九流无不深究。二十多岁时遂留心武事,精究兵家秘籍。

三十五岁时,王阳明在京为官,因得罪了宦官刘瑾,被下诏入狱,判廷杖四十,气绝复苏,并被贬至贵州龙场驿。

龙场位于贵州西北荒山峻岭之间,人迹罕至,环境极为恶劣。王阳明与三个随从初至此地,水土不服,言语不通,连居住的一间房子都没有,他们就住茅屋、居山洞,尝尽了千辛万苦。

在龙场两年多来,王阳明在极艰苦的情况下,仍然不忘修身讲学,终于在一个静谧之夜,大悟"格物致知"之旨,这就是史称的"龙场悟道"。从此将心学思想推向了一个全新的高度和深度。

龙场悟道之后,王阳明将领悟到的"知行合一"本体智慧与自己的才能结合起来,如虎添翼,进入了一个前所未有的境界,他的智慧令对手望而生畏,他的才能无事而不可为。

此后,王阳明以文臣之身统兵在外,南征北讨,仅用一年多时间便剿灭了为患南赣数十年的巨寇盗贼;更在宁王朱宸濠起兵作乱时,只用四十余天便平定宁王蓄谋十余年之久的叛乱,并一举擒获朱宸濠……凭战功显赫,一路升迁至都察院右都御史、江西巡抚、南京兵部尚书等要职,并加封新建伯。

王阳明是明代"心学"的集大成者,他的智慧和才能在明朝达到了常人难以企及的顶峰。

"心学"中的"心",是指作为心灵本体的灵明觉知及由此产生的认识能力。如王阳明所说:"身之主宰便是心,心之所发便是意,意之本体便是知,意之所在便是物。"在他看来,心是身体和万物的主宰,当心灵安定下来,不为外物所动时,本身所具备的巨大智慧便会显露出来,正所谓"此心虚灵不昧,众理具而万事出",一切都是浑然天成,不假思索的。

"心教"就是靠提高"意"来识进见大的感情教,是通过明心见性将圣贤与英雄一体化的希望哲学。匹夫而为百世师,当代新儒家杜维明说"五百年来,儒家的源头活水就在王阳明"。当代精神哲学大师徐梵澄说"阳明收集了古泉币,重铸出了一批新泉币,出自他自己的炉冶,流布天下,人人使用"。

心学大师王阳明的一生是用德去得道的心学标本,展读其历程,领悟心学的门径:在艰苦卓绝的环境中找到"自性",从而绝处逢生;良知指引,任风高浪险,操船得舵;既现场发挥得好,又不是权宜之计;每一举措都既操作简便又意义深远。

心学,是既要立大体又要心细密的精神艺术,这门功夫内化至极又实用至极,能将所有玄远的意义感觉化。王阳明对我们说:功夫愈久,愈觉不同,此难口说。心学是心教意术。"物之不齐物之情也"。哪有通用的?只在都有良知这一点上才人人平等——所以从小贩到国王,只要"有良知"都可以读懂阳明心学、良知之道——都应该读这本书。

做事都想着成功,成功必须满足所有必要条件,但每一个必要条件都不是充分的,失败则每一个条件都是充分的。任何事情都是人做的,人是用心做事的,心实为成败之本。心学功夫主要是练意念,你的意念是什么决定了你看到什么,成功的人看到的是成功的因素,失败的人看到的是失败的"天意"。

作者在汲取中外王学研究的基础之上,用通俗易懂的语言举重若轻地将阳明心学的三大命题"心即理"、"知行合一"以及"致良知"的形成、发展贯穿其中,使心学思想的脉络有迹可循。其间穿插将王阳明几起几落的人生历程娓娓道来,力图全景式地展现阳明先生荡气回肠的一生。

目 录

第一章

心之道：此心光明耀天下

1.得失从缘,心自随遇而安

人生达命自洒落。

——王阳明

"方园不盈亩,蔬卉颇成列。分溪免瓮灌,补篱防豕蹄。芜草稍焚剃,清雨夜来歇。濯濯新叶敷,荧荧夜花发。放锄息重阴,旧书漫披阅。倦枕竹下石,醒望松间月。起来步闲谣,晚酌檐下设。尽醉即草铺,忘与邻翁别。"在龙冈书院旁边,有一个很多人都认为十分不起眼且毫无用处的乡村菜地,名叫"西园"。但王阳明却认为,这是一个赏景、读书的好地方。篱笆、野花、瓜果蔬菜,一切都那么自然和谐,如一幅美景图般呈现出来。王阳明经常在这里读书、赏景,有时还和这里的农民一起哼小调唱小曲。傍晚,在庭院里搭一张小桌子就餐,酒醉后,就在庭院的草席上睡下。这首诗,很全面地反映了王阳明惬意的随遇而安的美好心境。

对于随遇而安，著名的国学大师南怀瑾也曾经说过："一个人想做到随时安然是非常困难的。世间万物皆有其自身的规律之所在，水在流淌的时候是不会去选择道路的；树在风中摇摆时是自由自在的，它们都懂得顺其自然的道理。因此，拔苗助长固不可取，逆流而上也是一种愚蠢。"

一天，福州罗山道闲禅师去拜会石霜禅师，一番攀谈后，询问："我自认为我内心的灵知灵觉已经出现了，可为何我总被一大堆纷乱的念头束缚住呢？在这种起伏不定的时候，我该如何用心修禅？"

石霜禅师回答说："你最好是正视它，直接把各种念头抛弃掉。"

道闲对这个答案不太满意，便又去请教全豁禅师，问了同样的问题。

全豁禅师轻轻一笑，回答说："该止的时候它自然会止，你从缘好了，管它们干什么！"

的确，人生际遇不是个人力量可以左右的，此时与其怨天尤人，徒增苦恼，不如面对现实，随遇而安，因势利导，有也好，无也好，多也好，少也好，甚至光荣也好，侮辱也好，都不要太在意。从已有的条件中尽自己的力量和智慧去发掘新的道路，这才是求得快乐宁静的最好办法。

不计较穷通得失、顺利有无，遇到什么事情都能接受，生活给了什么，就坦然承受什么，这就是得失随缘，随遇而安！随遇而安，能适应各种环境，在任何环境中都能满足，这就寻求到了一种生命的平衡。谁能达到这种境界，谁的生活就美好，谁的生命就有质量，在生活中就能活得自在。

曾经有一个小国家，地小人少，这里的人们却过着与世无争、世外桃源般的生活。他们活得悠闲自得，性子都十分闲淡。他们的这种性格有很大程度都是受到这个国家的国王和宰相的影响。国王从不争强好胜，也从来没有为扩张国土而侵略过其他国家；而宰相更是一位对政事不太关心的读书人。

不过，这两个人都有自己的嗜好。国王特别喜爱打猎和微服私访，而宰相也老在国王微服私访的时候说这么一句话："一切都是最好的安排。"

起初，国王并不理解宰相说这话的真正意义，直到一件事的发生。

这一天，国王如往常一样来到狩猎场打猎，他的箭不偏不倚地射中了一只花豹，花豹立刻倒下，这可把国王高兴坏了，这可是他第一次捕获到这样的大型动物。于是，他骑着马抛下随从，兴高采烈地来到花豹倒下的地方。没想到，当他下马的瞬间，花豹却突然跳起向他猛扑过来。他的随从看到后，赶紧再发一箭，这一箭正好射中花豹的咽喉，花豹这才真正地倒下。当随从赶过来的时候，发现国王的一根小指头还是被花豹咬掉了。

因为自己的一根手指被花豹咬掉，回宫后，国王又气又恨，便找来宰相一同饮酒借酒消愁。当宰相听得国王的这一番遭遇后，却兀自笑了起来，说到："尊敬的国王，您少了一根指头总好过掉了一条命啊！这一切都是最好的安排呀！"

国王听完宰相的话，更加气愤了，说道："你真的觉得这是最好的安排？"

"千真万确，我的国王。如果我们暂时抛开自我短期的得失成败，那么，这一切就真的是最好的安排了。"

"你还真是大胆啊！那我现在把你关进监狱呢？"国王更加生气了。

宰相十分淡然地回答道："那我也深信，这也是最好的安排。"

宰相话音刚落，只见国王手一挥，命令侍卫将宰相带进了牢房。

过了一段时间，国王的伤势康复了。他又如同以往一般，想带着宰相到各地微服私访，但他一想到宰相之前说的那些话，就气不打一处来。于是，他决定独自带着随从出游去了。

可就在微服私访的途中，国王遇到了一群野蛮人，因为他们人多势众，国王便被抓去了。野蛮人想将国王杀了用来祭神，但当大祭司来视察的时候发现国王的右手小指没了，咬牙切齿十分气愤地说："你们难道忘了'祭神'一定要用最'完美'的人吗？他少了一根指头，根本不配用来供给我们的神仙！快把他这个不祥的人赶走！"

脱困的国王欣喜若狂，飞奔似的回到宫里，命令随从摆下一桌酒宴，准备款待宰相。

保住命的国王对宰相说："爱卿，你真是我的吉祥之人，你说的话真真实实地在我身上发生了。若不是少了一根指头，今天的我早就被人拿来祭神了，这一切果然都是最好的安排啊！"

宰相听得此话，回答道："恭喜大王对人生体验有更深层次的觉悟了。"

国王接着说："爱卿啊，我由此逃过一劫固然是'最好的安排'。但是你却因为我白白蹲了那么长时间的监狱，这也能说是'最好的安排'？"

宰相慢条斯理地喝下一口酒说："大王，您将我关入大牢其实也是最好的安排啊。您想想，若是我没有被关入牢房，那么您这次的出游，我必定也会被蛮人抓走。等到蛮人发现国王您不适合拿来祭神的时候，那么谁又会被丢进火焰里焚灭而亡呢？所以啊，我才应该感谢大王您，多亏了您将我关进监狱，才保得住我一条小命呀！"

从这个故事里，我们可以发现，这位宰相说的"一切都是最好的安排"实际上就是随遇而安的意思。随遇而安，并不是让人们完全地安于现状，不对未来做任何打算和努力，一味消极地等待。这里的随遇而安，指的是找到生活的平衡，这才是自然的一种境界，是心灵成长的标志，是成功人士的基本素养。

随遇而安这句话教会我们，面对大千世界，我们任何一个人都是渺小的一分子，而一些人缺乏清醒的认识，认为自己十分重要，总是以自我为中心，自信心也越发膨胀。面对人生常有的荣辱成败时，便会轻易被打倒或骄傲起来。真正有智慧的人，是不论面对怎样的境况，都能坦然面对，依然过着自己惬意的生活。这，便是随遇而安。当你放下心灵的枷锁，学会了随遇而安，你的生活便会有一番巨大的变化。

2.内心清凉，心花自开

我不看花时，花与我心同寂。我看花时，花的颜色一时明白起来，便知此花不在我心之外。

——王阳明

我们每个人的心中都难免有理性和情绪上的斗争和争讼。这种"心、意、识"自讼的状态就叫做"心兵"。普通人心中随时都在打内战，如果妄念不生，止水澄波，心兵永息，自然天下太平。

"我不看花时，花与我心同寂。我看花时，花的颜色一时明白起来，便知此花不在我心之外。"这句话被奉为王阳明的经典话语。王阳明认为外物之所以存在是因为心的存在。所以在面对人生中的诸多沉浮时，我们大可不必左右摇摆之，而是要以一种从容淡定的心情去对待之，并借此来修炼自己的心灵，达到不动心的境界，以获得一个悠然自在的人生。

在一条老街上，住着一位老人。年轻的时候，老人绣了大量的工艺品，如今她把刺绣品拿出来卖。东西摆在门前，她从不吆喝，也从不还价，晚上也不收摊。她的生意没有好坏之说，每天的收入正好够她喝茶和吃饭。她老了，也不再需要多余的东西，她过得很满足。

有一天，老人在门前喝茶，一个文物商看到了她身旁的那把紫砂壶。紫砂壶古朴雅致,紫黑如墨,有清代制壶名家戴振公的风格。文物商走了过去,顺手端起那把壶,他看到壶嘴内有一记印章,果然是戴振公。商人惊喜不已,他想以10万元的价格买下它。当他说出这个数字时,老人先是一惊,然后又拒绝了,因为这把壶是她早逝的丈夫留下的唯一的东西。

虽然老人没有把壶卖给商人,但她心里却难以平静。那天晚上,老人平生第一次失眠了。一把普通的壶,突然间成了价值10万元的宝贝,她想不明白。过去,她总是把壶放在身边,闭着眼睛躺在摇椅上养神,可现在她却总是不时地看一眼紫砂壶。更让她感到不舒服的是,周围的人知道她有一把价值连城的茶壶之后,蜂拥而至,有人向她借钱,有人询问她还有没有其他宝物,更有人半夜敲她的门。

老人的生活被彻底打乱了,她不知道该如何处置这把紫砂壶。就在她感到纠结的时候,商人带着20万元现金再一次登门。老人再也坐不住了,她叫来周围的人,当众摔碎了紫砂壶。

于是,老人又可以躺在门前的摇椅上养神,安享晚年了。

老人的安之若素,淡定从容,体现出了她的涵养与理智,更给予了她幸福而绵长的人生。

从容淡定,是一种活法,一番境界。有一则有趣的笑话:下雨了,大家都匆匆忙忙往前跑,唯有一人神态悠然,在雨中踱步,旁边大步流星跑过的人十分不解:"你怎么不快跑?"此人缓缓答道:"急什么,前面不也在下雨吗?"

当人们在面临风雨匆忙奔跑之时,那个淡然安定欣赏雨景的人,正是深谙从容的生活智慧。在现代都市竞争的人性丛林中,从容淡定是一种难以达到的大境界,别人都在杞人忧天、慌不择路,只有他镇定从容。正如一首耳熟能详的歌中唱的那样:"曾经在幽幽暗暗反反复复中追问,才知道平平淡淡从从容容才是真。"

黄帝做了19年天子，诏令通行天下，听说广成子居住在崆峒山上，特意前往拜见他。

黄帝见到广成子后说："我听说先生已经通晓至道，冒昧地请教至道的精华。我一心想获取天地的灵气，用来帮助五谷生长，用来养育百姓。我又希望能主宰阴阳，从而使众多生灵遂心地成长，对此我将怎么办？"

广成子回答说："你所想问的，是万事万物的根本；你所想主宰的，是万事万物的残留。自从你治理天下，天上的云气不等到聚集就下起雨来，地上的草木不等到枯黄就飘落凋零，太阳和月亮的光亮也渐渐地晦暗下来。然而谄媚的小人心地是那么偏狭和恶劣，又怎么能够谈论大道！"

黄帝听了这一席话便退了回来，弃置朝政，筑起清心寂智的静室，铺着洁白的茅草，谢绝交往独居三月，再次前往求教。

广成子头朝南躺着，黄帝则顺着下方，双膝着地匍匐向前，叩头着地行了大礼后问道："听说先生已经通晓至道，冒昧地请教，修养自身怎么样才能活得长久？"

广成子急速地挺身而起，说："问得好啊！来，我告诉给你至道。至道的精髓，幽深邈远；至道的至极，晦暗沉寂。什么也不看什么也不听，持守精神保持宁静，形体自然顺应正道。一定要保持宁寂和清静，不要使身形疲累劳苦，不要使精神动荡恍惚，这样就可以长生。眼睛什么也没看见，耳朵什么也没听到，内心什么也不知晓，这样你的精神定能持守你的形体，形体也就长生。小心谨慎地摒除一切思虑，封闭起对外的一切感官，智巧太盛定然招致败亡。我帮助你达到最光明的境地，直达那阳气的本原。我帮助你进入幽深渺远的大门，直达那阴气的本原。天和地都各有主宰，阴和阳都各有府藏，谨慎地守护你的身形，万物将会自然地成长。我持守着浑一的大道而又处于阴阳二气调谐的境界，所以我修身至今已经1200年，而我的身形还从不曾有过衰老。"

黄帝再次行了大礼叩头至地说:"先生真可说是跟自然混而为一了!"

广成子主要说的是怎样才能求得道,我们却可以从中体悟到"静"的作用,每个人想要得到幸福,都要保持自己心灵的平静,按住心兵不动。

王阳明一再讲"心外无物"、"心外无理",他认为心是万物的主宰,一切都源于"心",心是可以灵活多变的,你要学会掌控。所以,任何时候都不要让心兵荒马乱,只需一种从容的淡定,一切便会豁然开朗。

3.少一些"贪念",少一些痛苦

"汝若于货、色、名、利等心,一切皆如不做劫盗之心一般,都消灭了,光光只之本体,看有甚闲思虑?"

——王阳明

历史上多少悲剧出于争名夺誉,人们只看到了虚名表面的好处,却不知道在虚名的背后,埋藏了多少辛酸和苦难。为了承受这么一个毫无价值的虚名,人们常常暗中勾心斗角,明里打得头破血流,朋友反目成仇,兄弟自相残杀,虚名,有什么好处?

中国儒家极力提倡"存天理、灭人欲",王阳明更是把"灭人欲"当做"存天理"的条件,他说:"去得人欲,便识天理。"

王阳明将天理、良知、本体合而为一的,也就是将道德伦理的价值与存在的本体合而为一,要证得"本体",就必须打掉一切人欲。在他看来,一个人为什么会产生"机心"?因为人的心里藏有势利的种子,因为势利才产生

"机心"。

从某种意义上说，势利就是一种欲望。欲望越多，痛苦也越多。人心不足蛇吞象，而蛇吞象——咽不进，吐不出，要多别扭有多别扭。什么都想要，最后可能什么也得不到，反而一辈子将自身置于忙忙碌碌、勾心斗角之中。这样活着，未免太累！如果少一些"机心"，是不是也会少一些痛苦呢？

苏秦，字季子，东周洛阳人，是战国时期著名的纵横家。

苏秦早年在鬼谷子先生门下学习纵横捭阖之术，他勤奋刻苦，博览群书，学业精进。苏秦学业有成，辞别鬼谷子先生时，鬼谷子先生考察了他一番，苏秦侃侃而谈，滔滔不绝，不想鬼谷子先生眉头直皱，脸上并无喜悦。

苏秦把话说完，怯生生地问："先生，我说错什么了吗？先生为何脸有异色？"

鬼谷子先生语重心长地对苏秦说道："你说得很好，并无错漏。事不可尽，尽则失美。美不可尽，尽则反毁。你只知善辩的好处，唯恐不能发挥至极处，却不知善辩之能遭人嫉妒，若一味恃弄，祸不可测啊。"

后来，苏秦到各国游说，最终配六国相印，权倾一时，但他在燕国受到人的嫉妒。怕燕王杀他，他就自请到齐国做燕王的奸细。他花言巧语又使齐王信任了他，但苏秦的频繁活动终被齐王和齐大夫发觉。齐王将苏秦车裂于市。

苏秦凡事都想要尽善尽美，花尽心思来为自己取得成果，但是他这番机心反而使自己吞咽了恶果。人生的许多痛苦都是因为你得不到想要的东西。其实，我们辛辛苦苦地奔波劳碌，最终的结局不都是只剩下埋葬我们身体的那点土地吗？王阳明说："汝若于货、色、名、利等心，一切皆如不做劫盗之心一般，都消灭了，光光只是心之本体，看有甚闲思虑？"一切私心的存在就好比做贼的心，弄到最后不光没有得到想要的，还丢失了本体。

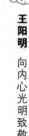
其实，人人都有欲望的机心，都想过美满幸福的生活，都希望丰衣足食，这是人之常情。但是，如果把这种欲望的机心变成不正当的欲求，变成无止境的贪婪，那我们就在无形中成了机心的奴隶。在欲望的支配下，我们不得不为了权力、为了地位、为了金钱而奔波劳累，于是我们常常感到自己非常累，感到外界的权力永远比自己大。所以我们别无出路，只能硬着头皮往前冲，在无奈中透支体力、精力与生命。

每个人的世界都是他自己创造的。一个人心中充满机心，就会因机心而衍生出困难、忧虑、怀疑、恐惧、绝望等情绪，一个人若是使自己的思想里充满了这些负面情绪，那么他的整个生活就难以走出悲愁、痛苦的境地。但他若能抱着乐观的态度，那么就可使蒙蔽心灵的种种阴霾烟消云散。

在美国，就有这样一个被无数人景仰并且载入史册的伟人，他就是乔治·华盛顿。

在孩提时代，华盛顿就是一个与众不同的孩子，他生来就正直诚实，办事极为公道，这与他受到修养极好的父亲智力上和道德上的熏陶有很大关系。他渴望能成为一名驰骋疆场、威风凛凛的勇敢军人，报效国家和人民。在他的学习生涯中，他总是领导者。

1748年，英法两国为了争夺在北美的领地和利益而发生冲突，双方都开始备战。由此也为华盛顿提供了一个走入军界的机会。那一年，他19岁。

在数年的战争中，华盛顿处事谨慎，富有进取精神，有忍耐力，更有魄力。在每次战斗中，他都骑着自己的白马冲锋陷阵。他用实际行动赢得了身边人的崇拜和信任。

美国独立战争胜利以后，人们希望有一个德高望重的人物来接管政府。在人们眼里，华盛顿就是这样一个人。军中也有这样的意愿，甚至有军官上书要求他做皇帝。但是华盛顿并不想当皇帝，他从不对名利动心，他追求的是得到广大人民的尊敬，他是一个视荣誉重于生命本身的人，有着强烈的共和思想。因此他在向大陆会议索要独立自主的权力时，多次重申，一旦战争结束，他将解甲归田，化剑为犁。他不愿为了一顶金灿灿的皇冠、为了个人的野心而使美国在刚刚摆脱英国的殖民地统治后又重新陷入内战之中。

和平终于来临了，1783年3月下旬，英美签署和平协议。4月19日，历时8年的北美独立战争结束。华盛顿时年51岁，他辞去军职，向部队告别。面对昔日生死与共的战友，他激动不已，与他们斟酒告别。人们热泪盈眶纷纷与他拥抱，最后为了控制自己，以免过于激动，他一句话也没有说，泪流满面地径直离去。在费城，他与财政部的审计人员一起核查了他在整个战争过程中的开支，账目清楚、准确，他甚至还补贴了许多自己的钱。

辞职的他回到了家，回到了自己的农场，过上了平静的生活。

人生如白驹过隙，生命在拥有和失去之间很快就流逝了。心灵空间需要自己去经营，如果心中装满势利、欲望、各种算计机关，心灵哪里还有空间去承载别的呢？

4.心安则身安,心困则身困

爱问:至善只求诸心,恐於天下事理有不能尽。先生曰即理也。天下又有心外之事,心外之理乎?

——王阳明

"心即是理,心外无物"是王阳明创立心学的核心思想所在。按照王阳明的心学,道理其实都在心中,世间并无存在心外的事物和道理,只有拥有了强大的内心,潜意识中的潜能才能被激发出来,才会产生无穷的力量。

有一天,王阳明同一位朋友一起在南镇的山间游玩,朋友看到山岩中的花树就问道:"天下既无心外之物,如此花树,在这深山之中兀自花开花落,于我心有何关系?"王阳明的回答可以说十分巧妙,他说:"你未看到花时,这花与汝心同归于寂。你来到山中见到此花,则此花颜色一时便明白起来,便知这花并不在你的心外。"世界上的所有问题,对于王阳明来讲都可以在自己的内心找到答案。他觉得世界上万事万物的根源都在自己的心里。王阳明在一首诗中写道:"人人自有定盘针,万化根源总在心。却笑从前颠倒见,直至叶叶外头寻。"我们都知道每一个人身上都有一种潜在的力量,这种力量不仅可以帮助我们健康、快乐,更能让我们收获成功。这种力量原本存在我们的内心深处,只是在生活中这种强大的力量被欲望所遮蔽,如果可以将这些遮蔽的物欲清除,去感受内心的力量,那么这股潜能就将产生无穷的力量。

在明朝,宦官当权,民不聊生。在那场浩浩荡荡的反刘瑾运动中,王阳明也算是其中一个。就在一些大臣入狱之后,他给当时的皇帝朱厚照写了一封非常委婉的信。信中说,入狱的那些人触犯了皇帝,所以应该接受处罚。但是,那也是他们的职责,国家有了事情,他们不站出来说一说,岂不是失职了,皇帝如果要那样的臣子又有什么用处?他们说对了,皇帝可以照做;如果说错了嘛,皇帝也可以大人不记小人过,多多担待他们。现在,皇帝对人使用酷刑,这不是相当于挡了大臣们的言路吗,这样下去谁还敢再说真话呢?

从表面看,王阳明的这封信并不像蒋钦他们一样言辞激烈,也并没有将矛头指向刘瑾,可是当刘瑾看到这封信的时候,发现王阳明这简直是绵里藏针。王阳明在信中所说的,大臣们被施以酷刑,以后就不会有人说真话了。而大臣们所说的不就是刘瑾的事情吗，这分明是赤裸裸对刘瑾这个邪恶之徒的批驳。

刘瑾最终将王阳明扔进了锦衣卫的大牢之中。众所周知，锦衣卫的大牢可不是什么好地方，但凡进去的人很少有人能够活着出来。就在那年的冬季，王阳明被刘瑾在午门之外赏赐了四十廷杖，四十廷杖对于一个人来讲原本就是九死一生，何况刘瑾要求王阳明脱掉裤子执行廷杖。四十廷杖之后王阳明早已经是气息奄奄，可以说离死亡已经不远了。面对皮开肉绽的王阳明，刘瑾下令拖进大牢，从此王阳明开始了锦衣卫大牢中的艰苦生活。

锦衣卫的牢房在当时被称为"诏狱"，生存环境极其恶劣，而且还有各种无法想象的酷刑，但是王阳明却在大牢中创造了一个奇迹。在监牢中不知道过了多久，王阳明才缓缓睁开眼睛，他发现自己还活着。当他清醒过来之后，看着自己身处的环境，想起了自己走过的追逐圣贤的路途，想到了司马迁，想到了孔夫子，想到了屈原，这些古代圣贤的事例一个个涌现到自己的脑海之中。由此他的圣贤情怀充溢到脑海和心里，并写下狱中诗。

在锦衣卫的大牢中，王阳明并没有后悔自己走过的路、做过的事情，身在糟糕的监狱之中，他更加坚定了自己的圣贤之路，心里更加豁然光明起来，于是他在狱中开始讲学，讲圣贤之学。锦衣卫的大牢可是九死一生的地方，但是王阳明凭借着自己坚强的意志以及强大的内心，将这恶劣的大牢当作了自己的精神历练之地。就这样，他在锦衣卫的大狱之中待了足足五六个月，最后朝廷裁决将他贬到贵州龙场做驿丞。

王明阳在恶劣的"诏狱"中之所以能成就一个奇迹，靠的并不是他卓越而聪明的头脑，真正依靠的是他强大的内心、坚强的意志，以及他对圣贤追逐的笃定。在我们每一个人的心中都藏着这样强大的力量，之所以不能显现，是因为我们面对事情本身所反映出来的一些负面情绪和消极心态。试想一想,如果王阳明面对锦衣卫那种人间炼狱般的大牢,一味沉浸在失望和痛苦之中不能自拔,那么他的生命或许早就在"诏狱"之中郁郁而终了。

一个人内心的强大才是真正的强大。面对人生旅途中的种种不如意,只要排除来自内心的那种消极意识,就可以获得积极的力量,让自己强大起来。

詹姆斯是个经常走霉运的人,可他生性乐观,对任何事情都抱以正面的看法,每天过得都挺开心。当有人问他最近生活得如何时,他总会说:"我快乐无比。"

对此,有朋友问他:"谁都会有悲伤的时候,也不可能总是能看到事物的正面,你是怎么做到的呢?"

詹姆斯说:"每天早晨,我一睁眼就会告诉自己,快乐不快乐都是一天,我今天一定要快乐!这就好比发生不好的事情时,你可以选择当一个悲哀的受伤者,也可以选择做一个从不幸当中学到些东西的乐观人。人生就是选择,当你选择了以最好的方式来生活的时候,你才能生活得快乐。"

一天早上,詹姆斯出事了。他看到三个持枪的强盗从邻居家里慌慌张张地跑出来,而后强盗们发现了他,其中一个人对詹姆斯开了一枪。经过18小时的抢救,以及亲人精心的照料,詹姆斯总算是活了下来,可是仍有小部分子弹片留在了他的体内。

朋友们问他感觉怎么样,他说:"我感到快乐无比。"

朋友看了看他的伤疤,然后问他中枪时在想什么。詹姆斯答道:"当时我躺在地上,我知道自己面临着两个选择:一个是死,一个是活。我理所当然地选择了活。"

朋友问:"你当时不害怕吗?"

"医护人员太好了,他们不断地告诉我,我会好起来的。但在他们把我推进急诊室后,我看到他们流露出了'他是个死人'的眼神。我知道,我需要采取一些行动了。"

"那你采取了什么行动呢？"

"有个美丽的女护士问我对什么东西过敏时,我马上回答说'有！'这时,所有的医生和护士都停下来,等我继续说下去。我深深地吸了一口气,然后大声对他们说:'子弹！'在医护人员的一片大笑声中,我又接着说道:'我现在活下来,不要把我当成死人来医。'"

詹姆斯就这样活了下来。当詹姆斯身负重伤时,医生们对他都没有抱生还的希望,是把他当作了一个死人来治疗的。詹姆斯最后能侥幸活下来,与其说是医生们的医术高明,还不如说是詹姆斯积极求生的态度感染了医护人员。

其实,真正成熟、读懂人生的人,在遇到苦难的时候,一定不会让不幸的遭遇影响到自己,他们会以积极的态度生活,以开阔的心胸面对苦难,深刻体会生命每一刻的存在,珍惜生活中的每一秒。

5.安贫乐道,独守一分清净

昔孔子欲居九夷,人以为陋。孔子曰:"君子居之,何陋之有？"守仁以罪谪龙场。龙场,古夷蔡之外,于今为要绥,而习类尚因其故。人皆以予自上国往,将陋其地,弗能居也。而予处之旬月,安而乐之,求其所谓甚陋者而莫得。

——王阳明

王阳明也曾被贬,来到了偏僻穷苦的龙场。龙场经济条件十分落后,在这居住的人们都过着水深火热的艰苦生活。当时的人们都以为,王阳明被贬至这种地方后,一定会痛苦不堪无法忍受。但事实恰恰相反。王阳明在《何陋轩记》中写道:"当年孔子被贬至九夷,弟子都认为孔子不能接受那里的简陋。孔子却认为,只要有君子居住的地方,就不会简陋。因为君子的正义之气可以感染当地的人们,君子的文化可以教化那里的百姓,又何来简陋之说呢?我因犯错被贬至此,这里虽是蛮荒之地,却是政府安抚蛮夷之族的重点地区,尽管这里条件落后,我也能从苦日子里尝到快乐的滋味。

当时随同王阳明一起来到龙场的弟子,是这样形容龙场的:这里毒蛇遍地,野兽四处奔走,环境极其恶劣。我们在路上行走,一不小心就会踩到蛇的尾巴。这里的空气还夹杂着刺鼻难闻的味道,似一阵阵毒气,让人感到胸口发闷,头疼欲裂。山里还常常弥漫着大雾,使我们看不清前方的道路,一不小心便会摔得头破血流。最让人烦恼的是没有房子住。龙场驿站因年久失修,根本没法住人。因此,我们不仅住过易遭野兽袭击的茅屋,还住过阴冷潮湿的山洞。我们中的很多人都病倒了。

让人意想不到的是,在如此恶劣的环境下,王阳明却乐观依然。他还给自己居住的阴冷潮湿的山洞取了一个十分有意境的名字"阳明小洞天"。不仅如此,他还亲自劈柴生火、打水做饭,甚至还照顾起生病的弟子,给他们端水递药。在弟子们心情极度低落的时候,王阳明便哼哼小调,讲讲故事,以安抚他们。他甚至还对病中弟子的坏脾气百般容忍。不止这些,王阳明还主动与当地居民互通有无,教他们建房、种地,他还为很多建筑取了文雅的名字,如"龙冈书院"、"宾阳堂"、"何陋轩"、"君子亭"等。最后,这些地方都成了王阳明讲学的重要场所。

《后汉书·杨彪传》中谈道:"安贫乐道,恬于进趣,三辅诸儒莫不慕。"意思是说人们要能安于贫穷困苦,并且以坚持自己的信念和理想为乐。正是经历了这般贫穷和困苦的生活,王阳明才深刻理解和做到了"安贫乐道"，这为他创立自己的心学，提供了重要的人生感悟。此后，王阳明在《始得东洞遂改为阳明小洞天三首》中写道："藐矣箪瓢子，此心期与论。"诗中提到了颜回对待艰辛生活的态度，"一箪食，一瓢饮，在陋巷，人不堪其忧，回也不改其乐"。王阳明觉得，虽然颜回离我们很遥远，但我们也应像他那样安贫乐道。

从前有一位国王，拥有荣华富贵，照理，他应该满足，应该过得快乐，但事实是他内心过得并不快乐。国王自己也十分纳闷，为什么他对自己的生活还十分不满意，为什么不能快乐起来呢？

有一天，国王很早就起床了，他随意在王宫四处转悠。国王无意间走到御膳房时，听到里面一个厨子在快乐地哼着小曲，脸上洋溢着幸福的表情。

国王甚是奇怪，问那个厨子为何如此快乐？厨子答道："我家里有一间草屋，肚子里不缺暖食，家里有贤惠的妻子和可爱的儿子，这样美满的生活，您说我能不快乐吗？"

听到这里，国王就明白了。随后，国王就与朝中的宰相讨论这个厨子的快乐，宰相说："陛下，我认为这个厨子还没有成为'99一族'。"

国王惊讶地问道："何谓'99一族'呢？"

宰相答道："你只要做这样一件事情就可以确切地明白什么是'99一族'了。准备一个包袱，在里面放进去99枚金币，然后把这个包袱放在那个厨子的家门口，您很快就可以明白一切了。"

国王按照宰相所言，命人将一个装有99枚金币的包袱放在那个快乐的厨子家门口。厨子回家的时候，就发现了门前的包袱，好奇地把包袱打开，先是惊诧，然后狂喜：金币！怎么这么多金币！厨子将包袱里的金币全部倒出来，查点了三遍，都是99枚。他心中开始纳闷：没理由只有这99枚啊？哪有人会只装99枚啊？那一枚掉到哪里去了呢？于是他就开始到处寻找，找遍了整个院子也没有找到，心情沮丧到了极点。

于是,他决定从明天起,加倍努力工作,争取早一天挣回那一枚金币。晚上由于找那枚金币太辛苦,第二天早上便起来得有点晚,情绪也坏到了极点,就对妻子与孩子大吼大叫,不停地责骂他们没有及时把他叫醒,影响了早日挣回那一枚金币的梦想。

从那以后,他每天匆匆忙忙地来到御膳房,为了多挣钱。也不像以前那么兴高采烈地哼小曲吹口哨了,平时只是埋头拼命地干活,一点儿也没有注意到国王正在悄悄地观察他。

国王看到原本快乐的厨子心情变得如此沮丧,十分不解,就问宰相:"他已经得到那么多金币,应该比以前更快乐才对,可为何?"

宰相对国王说:"陛下,你现在看到的厨子就是'99一族'中的成员了。他们拥有很多,但是从来不懂得满足,他们只是拼命地工作,只为了额外地得到那个'1',为了尽早实现那个'100'。原本快乐、轻松的生活,只因为忽然出现了能够凑足100的可能性,就变得不快乐了。他们竭尽全力去追求那个毫无任何意义的'1',不惜付出失去快乐的代价,这就是'99一族'的人。"

厨子的经历告诉我们"知足者贫穷亦乐,不知足者富贵亦忧"的道理。所以,快乐是与富贵、贫穷无关的,关键取决于我们内心是否满足。

王阳明认为,若想寻得人生的意义,就必须抛下名利和金钱,学会安于物质贫困的生活,以学习知识和品德为乐趣。这与佛家的持戒之道不谋而合。明代施惠在《幽闺记·士女随迁》中说:"乐道安贫巨儒,嗟怨是何如,但孜孜有志效鸿鹄。"意思是,与其沉浸在世俗名利中不能自拔,不如来到宁静的海边享受简单快乐的幸福。著名学者梁实秋在《雅舍小品·图章》中也说:"安贫乐道的精神之可贵更难于用三言两语向唯功利是图的人解释清楚。"

总之,能够安贫乐道,独守内心的清净,是修行的一种境界。若做人也能够如此,则必将有所收获。

6.寂寞,让心灵成长

圣人之道,吾性自足,向之求理于事物者误也。

——王阳明

　　刚被贬至龙场的王阳明,因无法适应当地的艰苦和精神上的寂寞,整个人都显得十分忧郁悲凉。为了排遣烦恼,消除寂寞,他静心默坐,澄心静虑,想通过平静心态来理清思绪,改善情绪。由此,耐得住寂寞的他还悟出了圣人之道:"圣人处世,在于自足七性,而不在向外求理。"从此,王阳明就开始了用寂寞催生自己心灵成长的龙场悟道之旅。

　　很多人在成功之前都苦于遇不上欣赏自己的伯乐。有时候是自己无意间掩盖了才华,有时是他人埋没了自己的能力。如果因一时不被赏识而暴躁不安,很可能会前功尽弃;而如果安下心来,耐心等待,于寂寞中养精蓄锐,甚至享受寂寞,这种经历将令自己的整个人生受益匪浅。

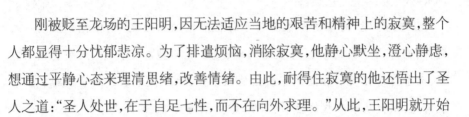

　　李忱是唐宪宗李纯的第十三子,于长庆中期被封为光王。册封之前,贵为王公的李忱却不得不离京出走,这得从他当时的处境说起。李忱的母亲并不是一个有身份、有地位的妃子,她作为当时叛臣的罪孽进宫,结果邂逅了当朝皇帝,生下了李忱。可惜在李忱的幼年,宪宗皇帝就被宦官暗杀了,留下这一对母子,既不能母凭子贵,也不能子凭母贵。

　　公元820年2月,李恒(李忱之兄)被宦官扶上皇位,是为唐穆宗;四年后穆宗因服食重金属炼制的"长生药"病逝,其子敬宗李湛接任,但他只活到18岁,驾崩后由其弟文宗李昂、武宗李炎相继接任。

　　在这长达20年的时间里,三朝皇叔李忱的地位既微妙又尴尬。他只能以黄老之道，韬光养晦，装傻弄痴。尽管他为人低调，不事张扬，但光王的特殊身份，还是让他逃避不了侄儿们猜忌、排斥、挤压的命运。文宗、武宗两位皇帝更是对他心存芥蒂，非但不以礼相待，还想方设法地迫害他。公元841年，唐武宗登基时，李忱为避祸，便"寻请为僧，行游江表间"，远离了是非之地。应该说，李忱当时做出的这一抉择，当属大智若愚、达人知命的明智之举。而流放底层，阅尽人世沧桑，也为他将来成大业提供了一个难得的机会。

法号"琼俊"的李忱虽然隐居于与世隔绝的深山之中，但他并没有一心向佛，忘却心中之志。握瑾怀瑜的他，效法孔明抱膝于隆中、太公钓闲于渭水，准备待时而动。在唐武宗统治的六年间，他不停地通过秘密渠道打探宫内情况，积极从事夺权的活动，以实现"归去宿龙宫"的夙愿。

虽然他一直隐藏自己的这一志向，在福建境内的天竺山真寂寺的三年间，他大智若愚、言行谨慎、不露端倪。但在一次与黄蘗和尚观瀑吟联时，他那深藏于心的雄才大略却通过一副对联表露无遗。

黄蘗是当时福建一位名僧，他出家于福清黄蘗山，因拜江西百丈山海禅法师而得道，从此名声大噪。黄蘗当时云游四方，行踪不定，也曾入宫，与李忱熟识并成为知己。得知李忱龙潜于真寂寺，他特地赶来，在庙里长住下来。

一日，两人在山中闲话，面对悬崖峭壁上的一条飞瀑，黄蘗来了雅兴，对李忱说道："我得一上联，看你能否接下联。"李忱也兴致盎然，说道："你道来我听，我必对得上。"黄蘗于是吟道："千岩万壑不辞劳，远看方知出处高。"李忱几乎是脱口而出："溪涧岂能留得住，终归大海作波涛。"黄蘗听了，赞赏有加。

没有深沉的寂寞，哪有动地的长歌？李忱就像那瀑布，经历"千岩万壑不辞劳"的艰险后，终将飞珠溅玉、石破天惊。公元846年，深谙权谋、忍辱负重的李忱果然在太监们的拥戴下，从侄儿手中夺过大位，是为唐宣宗，时年37

岁。由于他长期在民间阅世读人，深知黎民疾苦，故躬行节俭，虚怀纳谏，颇有作为。

耐得住寂寞，是所有成就事业者都遵循的一种原则。它以踏实、厚重、沉思的姿态作为特征，以一种严谨、严肃、严峻的表象追求人生目标。当这种目标价值得以实现时，不喜形于色，而是以更寂寞的人生态度去探求另一奋斗目标和途径。而浮躁的人生是与之相悖的，它以历来不甘寂寞和一味追赶时髦为特征，有着一种强烈的功利主义倾向。浮躁的向往，浮躁的追逐，只能产生浮躁的果实。这果实的表面或许是绚丽多彩的，但绝非具有实用价值和交换价值。

一位西方哲学家曾经说过这样一句话："世界上最强的人大多都是最孤独的人。能在孤独寂寞中完成他的使命的人，就是最伟大的人。"众所周知，寂寞常常令人感到痛苦，不能与他人交流沟通，不能被伯乐赏识的寂寞是苦不堪言。但是，转念一想，只有安静且不受干扰的环境才能真正的让一个人获得心灵的平静，只有在平和的心态下，人才会变得更加坚强，所以，若想要度过目前的困境或者超越平凡的状态，就得先让自己学会与寂寞相处，并且在寂寞中让心灵纯净起来。

在被贬期间，王阳明也体会了各种折磨与摧残。但他并没有被这些外在的身体折磨打垮。为了从困苦和寂寞中解脱出来，他主动去了解当地居民的民俗文化，并交换他所学的知识和理论。时间久了，当地居民的质朴性情和乐于助人的热情，深深地感动着他。令他最为感动的是彝族首领安贵荣。安贵荣非常欣赏王阳明的学识和精神，当他得知身边的这位学者正过着水深火热的生活时，主动提供帮助给予他生活上的照顾。不仅如此，安贵荣还经常为他讲述他们民族的文化历史，使王阳明在困苦的日子里仿佛找到了至宝一般，因为，这些不一样的民风民俗极大地激发了他悟道传道的热情。王阳明在亲身经历了寂寞和困苦后，得出了一个生命的真谛：在寂寞中,不能自我颓废和萎靡。越是寂寞的时候越要让自己的心灵坚强起来,用当下的宁静环境,让自己的心灵纯净不惹尘埃。当心灵沉静,生活的杂念便也消失不见,这时,我们便需要坚持不懈地补充完善自己的心灵和能力。由此,当某天机遇向你招手时,你才能有勇气和实力好好地把握它,达到成功的目的。

对于寂寞,梁实秋先生曾这样描述,"寂寞是一种清福。我在小小的书斋里,焚起一炉香,袅袅的一缕烟线笔直地上升,一直戳到顶棚,好像屋里的空气是绝对的静止,我的呼吸都没有搅动出一点波澜似的。我独自暗暗地望着那条烟线发怔。屋外庭院中的紫丁香还带着不少嫣红焦黄的叶子,枯叶乱枝的声响可以很清晰地听到,先是一小声清脆的折断声,然后是撞击着枝干的磕碰声,最后是落到空阶上的拍打声。这时节,我感到了寂寞。在这寂寞中我意识到了我自己的存在——片刻的孤立的存在。"梁实秋先生坐在属于自己一个人的书斋里,他感受的寂寞是充满诗意的,是一个能激发他写作灵感的状态,是一个享受的过程。没有痛苦,没有孤独,有的是一种旁人所不能体验的清福。

由此可见,寂寞往往是感情丰富且十分细腻的人才能有所感知的。正是因为他们常常能安静下来体验到旁人所不能体验的情感和细节,才能体悟到他人所不能体悟的道理,发现他人忽略掉的思想,最终得到寂寞给予的力量,修炼自我,获得成功。寂寞,不应该用惧怕的心理来对待;寂寞,不是我们想象的那样可怕;寂寞,也不是寻常人能够体悟和感知的。若是你能体验到安静的寂寞,请珍惜这样的感觉,因为,或许这就是你成功的起点和必经之路。这,也是王阳明想要告诉我们关于寂寞的真谛,关于如何让自己成长的秘诀。

7.生命的意义在于满足

终年碌碌,至于老死,竟不知成就了个甚么,可哀也已!

——王阳明

"格物致知"、"知行合一"、"致良知"、"心即理"、"人皆可成圣人"等,是王阳明一生所探求的。他教书育人、热心布道,专研学问。他认为"不讲学,圣学不明",因而,他也成为当时最"话多"的人。他通过四处讲学、研究学问、撰写诗文等方式,广收弟子,传播文化,培养了不少的文化精英。

生命对于每个人而言意义不同,如果想实现自己的价值,达到更高的人生境界,方法之一就是王阳明的布道。繁华都市,热闹喧嚣,忙于生计的人眼中没有大自然的花花草草、蓝天白云、莺歌燕舞,只有霓虹闪烁的娱乐场所,了无生气的钢筋水泥所筑的高楼大厦,还有"不是万能,没有则万万不能"的人民币,人们的视觉和内心被束缚在一个小小的空间。一个没有情感、没有生气的空间,是无法带给人们幸福的。更有之,因此而心生疾病!

一个人只有把自己的心放逐天际,思考问题长远,不被眼前利益所困,才能达到一中很高的境界。生命不问得失,珍惜拥有。人活着的目的不是为了活着而活着,而是要创造一种生活。时间,它不是用来计算日夜的长度,也不是记录人们的皱纹和衰老。它不是滴滴答答的钟声,不是起床、吃饭、睡觉,它是人们生活的信念,它是让人们充实生活的精神食粮。

生命本没有内涵,它是人们在时间里实践后,创造的内涵,生命的意义也来自于此。

从前,有个修鞋匠,每天都会去不同的地方给人修鞋。狂风暴雨没有阻挡得了他的去路;饥肠辘辘也无法让他停滞不前。无论太阳升不升起,每天他听到的第一声鸡鸣,就是他出发的信号。他的身影总是穿梭在人群中。

十几年的修鞋生活,修鞋匠遇到过文明的客人,也遇到过无赖,他所经手的鞋子,有高档货,也有廉价货,但是无论遇到什么情况,修鞋匠都没有放弃工作,他认认真真地为客人服务,生活虽然清贫,但是他乐此不疲。

有时候有人会说:"伙计,你不用那么细心,修鞋嘛,能穿就行了。"这时,修鞋匠总会说:"不认真做好自己的事,我就对不起自己的良心。生活还有什么意思呢?"

"你一定能健康长寿的。"大家都说。

"谢谢,我也觉得是这样。"修鞋匠笑着说。

从这个故事我们看到,修鞋匠是普通而又平凡的一个人,但他懂得生活的真谛。他明白自己活着是为什么,所以无论外界的环境发生多大的变化,他都坚守内心的信念。活得有滋有味,乐在其中。

王阳明虽有超越生死的观点,但,生命对他来说仍然可贵。生生死死是自然的规律,但生与死都应该有价值,即使是死,也要死得其所,死得有价值,其实,他的意思就是人要活得有意义。

8.心无所累,意无所牵

心无所累,意无所牵。

——王阳明

"芭蕉叶上无愁雨，只是听时人断肠"，有时外面风和日丽、鸟语花香，内心却十分压抑，充满了黑暗；这时候，"绿杨烟外晓寒轻，红杏枝头春意闹"的快乐；"泪眼问花花不语，落红飞过秋千去"的失意，都可能存在。

官海沉浮本就是很平常的事情，这一点王阳明很清楚，所以即使经历了大起大落他依然坚守内心的生活哲学。其实有几次被贬后，他也沉默过失望过，但困难不能够打倒他，反而使他意志更加坚定，用微笑迎接每一天。他的微笑来自长期自省、为学、修身的自信和内心深处的平静。任何得失沉浮都是人生，都是生活的赐予。活了一辈子，却常常因为心中长满了烦恼杂草而愁肠百结，愁眉不展，到头来，还没有得到生活过程的乐趣，没有享受生命，一辈子就过去了，这是生命当中的自觉与自省的一种缺失，也是一种遗憾。

乐观者与悲观者在争议三个问题。

第一个问题：希望是什么？

悲观者说：是地平线，就算看得到，也永远走不到。乐观者说：是启明星，能告诉人们曙光就在前头。

第二个问题：风是什么？

悲观者说：是浪的帮凶，能把你埋葬在大海深处。乐观者说：是帆的伙伴，能把你送到胜利的彼岸。

第三个问题：生命是不是花？

悲观者说：是又怎样，开败了也就没了。乐观者说：不，他能留下甘甜的果。

突然，天上传来了一个声音，也问了三个问题。

第一个：一直向前走，会怎样？

悲观者说：会碰到坑坑洼洼。乐观者说：会看到柳暗花明。

第二个：春雨好不好？

悲观者说：不好，野草会因此长得更疯。乐观者说：好，百花会因此开得更艳。

第三个：如果给你一片荒山，你会怎样？

悲观者说：修一座坟茔。乐观者说：不！种满绿树。

就这么你一言我一语，针锋相对，只不过他俩都不知道，在空中提问的是上帝。他们更不知道，就因为这场争论，上帝给了他们两样不同的礼物。给了乐观者成功，给了悲观者失败。

乐观者和悲观者由于对同样一个问题有截然相反的答案，最终也获得了截然不同的结果。可见，决定一个人的成败的，不在于环境，而在于心境。当一个人的心情阴雨密布的时候，看什么都不顺眼，当一个人欣逢喜事之时，连花儿都笑得灿烂。有个哲人曾说："当你哭的时候，只有你一个人在哭；当你微笑的时候，世界在跟着你笑。"

很多人都知道境由心生的道理，但很多人常常被外境所困，以至于自己的心常常被困在围城中。明心见性，看清自己的本心，才能找到症结所在，扫除心中的杂草，剪掉心中的死结，走出围城，才能达到心神通畅。所以在面对人生烦恼的时候，最好的办法就是对身边的人时时微笑。

从前，有个人很喜欢自寻烦恼，总是觉得活着没有什么意义，日子过得是一天不如一天，终日诚惶诚恐的，变得日益颓废、忧郁。有一天，他从朋友那儿打听到，在这深山老林里有一位得道高人，他无所不能，充满智慧，这人就不辞路途劳累，历经千辛万苦，到山上请求高人指点。

忧郁者问："我终日郁郁寡欢，诚惶诚恐，究竟应该怎么做，才能过得快乐一点？"

高人说："笑，学会对自己和他人微笑。"

忧郁者疑惑地问："我过得不好，生活很艰苦，根本没有笑的理由。"

高人捋了下白须，说："第一次微笑时，不需要理由。你只要笑着就好了。"

"那么第二次、第三次、第四次呢？都不需要理由吗？"

"你想得太多了，有了第一次，到第二次、第三次的时候，微笑就自己找上门来了。"

忧郁者豁然开朗，他充满谢意地向高人道了别。

其实，为人处世，带着一颗善良的心出发，总会有意想不到的结果。用微笑表达对他人的友好、真诚，那么，与他人相处，必定是和谐美好的。

人类的心灵是一座种满花草树木的花园，对它时不时地修剪翻耕是必需的。这座花园里除了净土还有垃圾，净土难免不受垃圾的侵扰。因此，这需要充分发挥自己作为心灵园丁的能力，杂草该锄得锄，否则，它与花木争风吃醋，享尽花木的阳光雨露，到时，这座花园就只能成为围城，所以懂得及时修剪繁杂的树叶，懂得微笑着面对困境，以求得内心的和谐平静，那么就算生活在围城之中，也能自在。

第二章

志之道:鸿鹄之志,心之所向

1.回归生命的本源,寻找初心

> 人心是天渊。心之本体,无所不该,原是一个天。只为私欲障碍,则天之本体失了。心之理无穷尽,原是一个渊。只为私欲窒塞,则渊之本体失了。如今念念致良知,将此障碍窒塞一齐去尽,则本体已复,便是天渊了。
>
> ——王阳明

人的心既像无底的深渊,又像是广阔的天空,它包含了无穷的智慧。只是人的智慧和潜能都被各种私欲所干扰,才无法显现。只要我们下功夫将心中的私心杂念都清除干净,那么原本的智慧和潜能就会恢复。

1520年9月,明朝皇帝朱厚照在回京城的路上路过淮安清江浦,不知道为什么,这个昏庸的皇帝突然来了雅兴,非得学习捕鱼,或许他命中该有此劫，又或许他欠天下苍生太多，所以他这一玩竟然将自己玩到了水中。当诸多侍卫七手八脚地将他救起之后，他已奄奄一息，从此大病不起。此时江彬这些害群之马仍然不想让皇帝回京，但是朱厚照的身体实在无法坚持，只好回到北京。到了12月份，皇帝在京城的正阳门下举行了隆重的凯旋仪式之后，才进入紫禁城。到了1521年的3月，31岁的朱厚照驾崩，结束了其荒诞的一生。

按道理，新皇帝登基，朝中的正义之气逐渐回升，江彬等人一一被处死，那么王阳明作为只身平息叛乱的大将也该有好日子过了吧。但是事情远远没有想象的那么简单。新皇帝召见王阳明，中途却又下旨不得进京。不是说皇帝是金口玉言吗，怎么还会出尔反尔。是的，你猜对了，朝廷之中对王阳明的诬陷仍然没有结束，有人依然拿着那些流言蜚语说事，而他也成为了这朝堂之上权力斗争的牺牲品。

龙场悟道之后，王阳明越来越相信自己的本心，在他眼中这所有的一切本就是从他本心流出来的，也就是大家所说的正义。什么功绩，什么荣华富贵，他都不在乎，他只是在按照自己的本心去做自己该做的事情，他的心在这些不间断的诽谤面前始终都是光明的。整整五年，他四次上书要求回家探亲，但是都没有得到允许。就在新皇帝嘉靖掌管朝堂的时候，他第五次上书要求回家，才终于获得应允，回到了自己在绍兴的家。

五年的时间，奶奶已经去世了，父亲也老了，他心中有遗憾。就在那年的12月，他父亲过生日的时候，朝廷圣旨下来，说他平定有功被封为新建伯。大家接到圣旨都觉得这是好事，用他父亲的话说，在江西他用二万乌合之众的民兵对抗十万精兵，都认为他死定了。后来传出各种流言蜚语，他父亲又觉得他很难自处，但是最终却是封官加爵。王阳明心中明白，封爵并不意味着对自己的各种诬陷就结束了，这不过是朝廷迫于压力不得不做的决定。

宁王朱宸濠叛乱失败之后，与王阳明一起参与平叛的官员不是被拷问就是被流放到了外地，而只有王阳明一人被封官加爵。他心中明白朝廷对他平定叛乱的态度根本就没有根本转变,正义更没有得到伸张,所以他辞去了封号。1522年,朝廷之中的程启充御史兼江西省巡按,向皇帝上书称王阳明与朱宸濠本就是同谋,要求皇帝将他的封号除去,其实这也就表示在朝廷之中有很多人跟他有相同的想法。王阳明的学生听到这些诬陷,都开始替他打抱不平,唯独王阳明不辩解,不争吵。

天下的公道本就在天下,王阳明认为只要相信自己的本心,只要做得对就可以了,根本没有辩解的必要,于是他对所有的流言蜚语以及诬陷都不予理睬,只是一心将自己沉浸在讲学之中,享受着思想自由带给自己的快乐,其实这就是对"本心"两个字最好的诠释。

婴儿的心是最纯净的,也是最平静的。婴儿对于世间的万物,对于人世之间的喜怒哀乐从来都是淡然面对。当初在贵州龙场,王阳明在那个夜晚,忘却了时间、空间,忘却了自己,忘却了身在何处,他的心恢复到初生婴儿一般的平静,也就是说他超越了自我,突破了自身因素和外界环境的限制,最大程度地掌控了自己的内心以及行为,那一刻他看透了荣辱得失,看透了生死,所有的负面情绪,所有落在心灵上的灰尘都清除得干干净净,心的本性得以恢复,所以那刻他大彻大悟。

王阳明从龙场悟道以来一直就没有停止过思考,并提出了"致良知"的学说。从1521年开始,他在学堂讲自己的良知学说。用他自己的话说,他心中拥有定盘针,这定盘针能够真切地为大家指引方向,只要按照这定盘针的方向做事,就不会迷失,而这定盘针就是本心,就是良知。正是王阳明的良知两个字,让我国的古代思想格局发生了很大的变化。

圣人之道,无心自足!只要让心灵回归到婴儿的状态,只要让心灵得以纯净,我们就可以找到人生中的方向,我们就可以超越自己,超越梦想。

有一位男孩,他的父亲是位马术师,他从小就必须跟着父亲东奔西跑,他的求学过程并不顺利，成绩也不理想。高中时，有次老师叫全班同学写报告，题目是"长大后的愿望"。那晚他洋洋洒洒地写了7张纸，描述他的伟大愿望，就是想拥有一座属于自己的牧马农场。他还花了一晚上的时间，仔细地画了一张200亩农场的设计图，上面标有马厩、跑道等的位置，然后在这一大片农场中央，还要建造一栋占地4000平方英尺的巨宅。

两天后他拿回了报告，第一页上打了一个又红又大的"F"，旁边还写了一行字："下课后来见我。"下课后，他找到老师，不解地问道："您为什么给我不及格？"老师回答他："你年纪轻轻，不要老做白日梦。你没钱，没家庭背景，什么都没有。盖座农场可是个花钱的大工程；你要花钱买地、花钱买纯种马匹、花钱照顾它们。你别太好高骛远了。"老师接着说："如果你肯重写一个切合实际的愿望，我会重新给你打分。"

回家后他反复思量了好几次，然后征询父亲的意见。父亲只是告诉他："儿子，这是非常重要的决定，你必须自己拿定主意。"再三考虑后，他决定原稿交回，一个字都不改。他告诉老师："即使不及格，我也不愿放弃梦想。"

20年后，这个男孩真的拥有了一大片农场，并在农场的中央建造了一栋舒适而漂亮的豪宅。这个男孩不是别人，就是美国著名的马术师——杰克·亚当斯。

每个人的心底都藏着自己的梦想，但有的人，一想到梦想与现实之间的巨大差异，就马上熄灭了火花，甚至因为他人的一两句话就改变了自己的意愿，放弃了自己的初衷。这绝对是人生最大的不幸，这样的人，也只会一生被人摆布。

我国古代的哲人老子说过这样一句话："少则得，多则惑。"也就是说单纯的人容易成功！

太过于计较得失的人，会在梦想面前犹豫不决。他们甚至会计算为了达到梦想他们要付出多少时间和金钱。在追求梦想的路上被这些琐事绊住脚，

是多么不值得。

在我们实现自己梦想的行动中，心中的杂念和无谓的争斗只会消耗你的能量，让自己失去方向。能做到单纯地朝着自己的梦想出发的人，也会如阿甘那样，事事顺利，在自然而然中，成功就会来敲门。

2.鸿鹄大志，万事皆由始

志不立，天下无可成之事，虽百工技艺，未有不本于志者。

——王阳明

王阳明的意思是：志向的立定，是做任何一件事情的基础，即使像是那些木工、书法等工匠技艺，也要有学好的决心，才能有所造诣。

王阳明作为一代大儒，对立志与人生的关系，有着独到的见解，他说：一个人若是想要做出一番事业，首先要立志，否则就只会一事无成。不仅如此，即便是各种工匠技艺，也都是要靠着坚定的意志才能学成的。

确实如此。人们常说，一个人的理想往往决定了他的高度。燕雀焉知鸿鹄之志，鸿鹄是要像大鹏那样展翅翱翔于九天之高，尽收天下于眼中的；而燕雀不知道去千万里之远有何用，自然对能够触及榆树和枋树就已经心满意足了。如翱翔于九天之大鹏一般，王阳明从小便胸怀大志，要读书做圣贤之人。

有一次，年仅12岁的王阳明在书馆里问他的老师："何为第一等事？"老师回答说："唯读书登第耳。"王阳明竟持着怀疑的态度反驳道："登第恐未为第一等事。"老师反问他什么才是人生的头等大事。王阳明说："读书学圣贤耳。"

"读书做圣贤"这样大的志向正是出自少年王阳明之口，他认为登第当状元只是外在的成功，而读书做圣贤是追求内在的修养，只有内在修养达到了，才能够永垂不朽。大人看来，王阳明这样的口气未免有些张狂，甚至和他的年纪一比较，还带着点滑稽可笑的味道。但是这崇高的志向，对王阳明以后的生活产生了深远的影响，在思考和实践的过程中，他常常以此为标准来回答和解决生活当中出现的问题。

只要有了高远的志向，那么无论想成就什么事业都有了可能，所以立志是十分重要的。王阳明作为一位洞悉心灵奥秘、响彻古今中外的心学大师正是在自己志向的带动下才一步一步走向成功的。即便后来受到种种磨难，他也没有放弃。

《传习录》记录了这样一个故事：

有一天，萧惠向王阳明请教圣人之道。王阳明说："圣人之学很简单，生活中随处可见，你总问我不应该怎样，而不愿听我对生活的感悟。"

萧惠很惭愧，于是向王阳明认错，表示愿意听他说的一切。王阳明说："你现在所说的并不是你发自内心的，你只是为了敷衍我。还是等你真正立志要做圣人之后，再问我吧。"

萧惠不甘心，于是再三地请教。王阳明说："我已经给你说了，而你还没有领悟到！"

王阳明所说的就是要有一颗真诚的要成为圣人的心。坚定了志向，剩下的就简单得多了。

王阳明的学生应元忠有一个浙江学生，这个学生因为跟应元忠学习后对有些问题还是不明白，于是，长途跋涉去拜访王阳明，希望能从先生这里得到开化，学习心学。

王阳明问他,从应元忠那里学到了什么。

他回答道:"没有什么特别的,除了每天都告诉我要有成为圣贤的决心,不要放任自流。"

王阳明听他这么一说,觉得学生已经学到圣贤之道的方法了,自己也没有什么可再教授给他了。

学生觉得自己并不懂圣贤之道,于是,再三恳求王阳明教他。

王阳明说:"你一个人从浙江过来,路途十分遥远,一路上你也遇到不少的困难,但是你并没有因为旅途未知的坎坷而半途而废,是不是有人强迫你呢?"

学生说:"我因为对一些道理不明白,所以想投身于先生门下学习,虽然路途劳累,十分艰难,但是我不觉得辛苦,相反我的内心却无比愉快。旅途中的这点劳苦比起要学的决定就太渺小了,根本用不着别人来逼迫我!"

听学生这么说,王阳明抚须而笑:"你所说的证明你已经得到了你想要的答案。你有投入到我的门下学习的志向,根本不需要任何人告诉你要怎样来,你就越过千山万水,长途跋涉,克服一切困难来到这里。如果你发现内心想成为一位圣贤,用这种坚持不懈的方法,就能达到。别人能告诉你什么呢?你为了到我这里来,克服重重困难的方法,没有人教给你,但是你还是做到了。"

经王阳明这么一说,学生才恍然大悟。

心态,对于一个人来说很重要。其实可以说,心态决定了一个人的成败。因为如果下定决心,人就会尽一切努力去实现它、完成它。

比塞尔是西撒哈拉沙漠中的一颗明珠,每年有数以万计的旅游者来到这儿。可是在肯·莱文发现它之前,这里还是一个封闭而落后的地方。这儿的人没有一个走出过大漠,据说不是他们不愿离开这块贫瘠的土地,而是尝试过很多次都没有走出去。

　　肯·莱文当然不相信这种说法。他用手语向这儿的人问原因，结果每个人的回答都一样：从这儿无论向哪个方向走，最后还是转回到出发的地方。为了证实这种说法，他做了一次试验，从比塞尔村向北走，结果三天半就走了出来。

　　比塞尔人为什么走不出来呢？肯·莱文非常纳闷，最后他只得雇了一个叫阿古特尔的比塞尔人带路，看看到底是怎么回事。他们带了半个月的水，牵了两峰骆驼。肯·莱文收起指南针等现代设备，只挂一根木棍跟在后面。10天过去了，他们走了大约800英里的路程。第11天早晨，果然又回到了比塞尔。

　　这一次肯·莱文终于明白了，比塞尔人之所以走不出大漠，是因为他们根本就不认识北斗星。在一望无际的沙漠里，一个人如果凭着感觉往前走，他会走出许多大小不一的圆圈，最后的足迹十有八九是一把卷尺的形状。比塞尔村处在浩瀚的沙漠中间，方圆上千公里没有一点参照物，若不认识北斗星又没有指南针，想走出沙漠，确实是不可能的。

　　肯·莱文在离开比塞尔时，他告诉跟他合作的那个比塞尔人：只要你白天休息，夜晚朝着北面那颗星走，就能走出沙漠。阿古特尔照着去做了，三天之后果然来到了大漠的边缘。阿古特尔因此成为比塞尔的开拓者，他的铜像被竖在小城的中央。铜像的底座上刻着一行字：新生活是从选定方向开始的。

　　比塞尔人之所以走不出那片大漠，是因为他们的心中没有一个确定的方向与目标，因而，他们只能在一望无际的沙漠里一直转圈。人生就是一段旅途，我们必须寻找到属于自己的前行方向，这一点至关重要。

　　远大的目标就是推动人们前进的梦想。随着这梦想的实现，你会明白成功的要素是什么。没有远大的目标，人生就没有瞄准和射击的目标，就没有更崇高的使命能给你希望。正如道格拉斯·勒顿说的："你决定人生追求什么之后,你就作出了人生最重大的选择。要能如愿,首先要弄清你的愿望是什么。"有了理想,你就看清了自己想取得什么成就。有了目标,你就有一股无论顺境逆境都勇往直前的冲劲,目标使你能取得超越你自己能力的东西。

阿基米德说过:给我一个支点,我可以撬起整个地球。是的,坚定目标,自强不息,就能奔向成功的彼岸。给自己点信心,就会离成功不远。

3.要有一个清晰可行的蓝图

萧惠问死生之道。先生曰:"知昼夜即知死生。"问昼夜之道。曰:"知昼则知夜。"曰:"昼亦有所不知乎?"先生曰:"汝能知昼?懵懵而兴,蠢蠢而食。行不著,习不察,终日昏昏。只是梦昼。惟息有养,瞬有存,此心惺惺明明。天理无一息间断。才是能知昼。这便是天德,便是通乎昼夜之道而知,便有甚么死生?"

——王阳明

懂得白天与黑夜,就能懂得生死之道,如果不想浑浑噩噩地活着,就要用心生活,就要认真做自己。在人的一生之中做什么其实并不重要,重要的是你为什么去做。

王阳明的弟子萧惠向他请教生死的问题,王阳明说:"生死之道就与白天和黑夜一样,如果你知道白天与黑夜,那么也就知道什么是生与死。"接着萧惠又问王阳明,白天与黑夜的学问。王阳明说:"白天与黑夜,只要你知道其一，那自然就会贯通其中了。"萧惠听后说："先生所说的白天与黑夜，就是我们日常生活中的时空吗？"王阳明说："其实你并不懂。那些在清晨迷迷糊糊起床，接着开始盲目地开始一天的生活，整日糊里糊涂地过日子，就像是生活在梦中的人永远都不会懂得白天与黑夜真正的意义。只有用心生活，明明白白做人，才能真正懂得白天与黑夜，才能明白自然规律，生与死的问题自然也就可以看得透彻。"

正德五年，也就是公元1510年，那年的秋天，宦官刘瑾终于被诛，而王阳明被贬谪龙场的期限也到了，朝廷便命他做了庐陵的知县。庐陵也就是江西的吉安。不要小瞧了这个地方，欧阳修、文天祥等很多名人都出生于此，也是在这个地方让王阳明上任的第一天就遇到了大麻烦。原来在他来到县衙第一天的时候，这里一下子就涌进了几千个当地的居民，这些人个个情绪激动，王阳明的手下建议将这一帮"刁民"撵走。王阳明走下公堂，找到其中的一些老人了解事情的原因，原来几年前来了一位太监，说朝廷需要葛布，县里必须上贡，如果不出产，那就必须交钱才可以。因为上交葛布，这里被摊派一百零五两的银子，百姓对此当然不满了，税赋原本就很沉重，何况要加上这些，对于他们来讲，这简直就是雪上加霜。

原来的县衙负责任，因为收不上这些银子，索性就自己赔上了；到了第二年，仍然收不上，不得已又自己搭上了。就这样一直到王阳明上任前，有官员来催这笔银子，百姓们实在是忍无可忍了，这原本是临时增加的赋税，怎么能年年收呢？王阳明听完这些之后，当时就做出决定，上贡葛布摊派的一百零五两银子不交了，而且其他的赋税也不用交了，然后就让这些居民回家去了。紧接着他向朝廷上书，将这里的事情写在了上书之中，并且说如果朝廷因此追究责任，他愿意一人承当，就算是被罢官了，也心甘情愿，无怨无悔。

王阳明为什么这么说，他心里清楚得很，这个决定很可能会得罪朝廷，而他也即将面临着朝廷的又一次责罚。既然知道结果，那为什么非得这么做不可呢,这不是自找无趣、横生枝节吗?但是王阳明12岁的时候就立下了要做圣人的伟大志向,加上在龙场这几年的磨炼,他早就将自己的生死荣辱放在了一边。

做任何事情,他唯一遵循的就是圣贤之道。每一次遇到事情,他都要想一想如果是圣贤之人在这种情况下该如何去做。很显然,解除百姓的赋税,让百姓因此可以安居乐业正是圣贤之人要做的,所以王阳明当机立断,冒着被惩罚的风险,不仅免去了葛布的赋税,更是免去了其他的赋税。这一次王阳明是幸运的,因为刘瑾已死,他的举动没有遭到朝廷的责罚,事情也就这样过去了。

这件事,让人不禁想到了王阳明曾经因为上书得罪刘瑾而不幸遭遇的那场牢狱之灾。其实当初刘瑾当权,朝廷中的官员因为害怕刘瑾的报复,再也没有人敢说话了,而这些情况对于身在京城的王阳明自然再明白不过了。可是那时候他依然上书朝廷,依然站出来公然说真话,其可能得到的结果,他当然也是知道的。但是那时候他觉得如果是圣贤之人,在那种情况下也必定会选择上书,选择正义。他一生都想做圣人,在这种情况下当然不会让自己缩起头来,明哲保身。

在人的一生中,选择走什么样的路,做什么样的事情,其实并不重要,重要的是你要明白自己为什么要这么选择,为什么要做这样的事情。只有清楚明白地做人,做事,方可成功!

我国西汉时期杰出的军事家和外交家班超,从小就胸怀大志,不拘小节。汉明帝永平五年(62年),班超和母亲跟随被聘为校书郎的哥哥一起来到洛阳。因为他字写得很好,刚劲有力,所以被官府雇用,以抄写文书谋生。班超很珍惜这份工作,起早贪黑地抄写文书,非常认真。

当时,北方的匈奴时常侵犯汉朝的边境,边境人民生活在水深火热之中，班超对此特别愤慨。同时，他又看到西域各国与汉朝已绝交50多年了，谈和是不可能的，整日忧心忡忡。有一天，他正在抄写文书，突然，他觉得自己是在浪费时间，这份工作实在太无聊了，想到自己远大的志向，他站起来，将毛笔狠狠地掷在地上说："我身为大丈夫，怎么在这种抄抄写写上浪费生命呢？我心中的理想何时才能实现呢？为什么不像傅介子、张骞那样，为国家作贡献呢？"此时，周围的人笑他异想天开，班超则回应说："燕雀安知鸿鹄之志？"于是，他决定"投笔从戎"，成就一番事业。

后来，班超凭借自己的聪明才智，终成一名将领，在对匈奴的战争中取得胜利。接着，在他的建议下，朝廷派人出使西域，重新打通了丝绸之路，他也因此成为我国历史上杰出的外交家，流芳千古。

拿破仑说："一个人能飞多高，并非由其他因素决定，而是由他的心态所致。假如你对自己目前的环境不满意，想力求改变，则首先应该改变你自己。"

平庸与非凡的最大区别就是我们对自己要做的事有没有一个清晰的愿景。我们的人生就像是一粒一粒的沙子，没有目标的人生，就如一盘散沙。为了使人生更美好，我们必须好好想一想，到底自己想要过什么样的生活，想要什么样的人生。

4.舵手先行，功夫方有着落

为学须得个头脑，功夫方有着落。纵未能无间，如舟之有舵，一提便醒。

——王阳明

无论是做事、修身或者学习,都必须有一个明确的目标。如果一个人没有人生目标,就算是有再大的力量和潜能,也会常常忘记自己应该做什么才能成功。目标就像是人生大船上的舵,在关键的时刻可以让自己把握方向,拥有自由的人生。

1499年,王阳明第三次参加会试,终于金榜题名,从此他也一脚踏入了大明朝的政治舞台。1500年,他被朝廷授予刑部主事的职位,奉命去淮安等地执行公务。在这期间他平反了很多冤案,在百姓心中留下了许多美名。但是在公事办完之后,他那喜欢山水的毛病就又开始泛滥了,于是出游九华山,并在那里拜访了很多奇人异士。

蔡蓬头是一位在九华山隐居修仙多年的道士,王阳明听说后就赶紧前去拜访,等见到此人,王阳明一看便知道这是高人,于是虚心请教修道的方法,谁承想这道士对他爱理不理,只是说了两个字"尚未",然后掉头就走掉了。王阳明见状,屏退掉身边的随从,屁颠屁颠地跟在道士后面,一再求教,结果人家还是用那两个字打发他。

王阳明哪里肯就此罢休,于是发挥穷追不舍的韧劲,再三鞠躬,虚心请教。最后这道士实在没办法了,就说了一句:"你自以为执礼甚恭,但是在我看来,你终不忘官相。"然后微微一笑将虚心好学的王阳明扔在了原地。

王阳明在那里久久地回味着道士的话,不禁哑然失笑。原来道士的这句话正中他的心脏。爱修道,但是又爱当官;喜欢山水,却又无法舍弃庙堂。这些纠结被道士一句道破。等到了第二天,王阳明又听说在一个天然洞穴之中,有一位不食人间烟火的天然哥,所以决定前去拜会。

攀爬上悬崖峭壁,行走过陡峭险峰,等王阳明好不容易找到这位天然哥后,却发现此哥们正在那里呼呼大睡。王阳明毫不客气地坐在他的身边,以为他在假睡,便摸着他的脚,结果这天然哥一个激灵就给醒过来了,他十分诧异地看着王阳明这不速之客,说道:"路险,何以至此?"

王阳明听说却微笑着反问道："何为修道最上乘的功夫呢？"第一次见面就问如此高深的问题，天然哥深知来者并非一般人物，于是非常真诚地与他一起探讨了起来，谁承想这两个人不聊不要紧，一聊竟然甚为投机，从儒、释、道谈及朱熹的格物致知，然后说禅宗的明心见性，两个人还聊起了北宋的程明道和周濂溪两位儒家。临别之时，天然哥跟王阳明说："周濂溪与程明道也不过是儒家的两个好秀才而已。"

九华山一行对王阳明影响很大。到了1502年，他从九华山回到京城复命，而这时候京城的文人才子们正在搞"文艺复兴"。

其中以李梦阳和何景明为首的一群愤青的文人们，正在倡导"学古诗文"，对八股文的假大空展开了一场空前的批判和进攻。王阳明原来也非常喜欢跟这些文人墨客掺和在一起，偶尔也会动笔写一些诗文或者是骂骂官场之中的腐败等，但是自从九华山归来，他对这些早就没有了兴趣。

"焉能以有限的精神用在这无用的虚文之地！"他从此便跟李梦阳这些人划清界限，说了拜拜。其实王阳明少年时期就对诗词不感冒，随着年龄的增长，对道的进一步体悟，如今的他非常不喜欢这种龇牙咧嘴的愤青姿态。但是李梦阳等人却为失去王阳明这样的干将而扼腕叹息。王阳明微笑着对他们说："韩、柳不过是文人；而李、杜也不过是诗人，如果有志向学习心性之学，以颜回、闵损为期，非第一德业乎？"

既然要追求自己的"第一德业"，那就说到做到，王阳明不仅立即与李梦阳等人说了再见，还以自己养病为理由给皇帝写了一份报告，要求回家休养。那时候王阳明的职位也不过就是个芝麻绿豆的小官，在皇帝的心中根本就是无所谓的，所以他的报告很快就被批了下来。王阳明向来就是一个言行一致的人，丢掉乌纱帽之后，他立刻回到家乡，当然也不住在家中，而是远离凡尘琐事，跑到山中一心一意地在阳明洞中潜心修道去了。

一个人一旦确定了自己的目标，就会放弃其他与之无关的所有，热情、狂热地追逐，目的只有一个，那就是实现自己的目标。为了实现目标，所有的

一切都可以克服,而蕴藏在心底的潜能也会被激发出来。王阳明就是这样,在洞中静坐内观,进入物我两忘的状态,逐渐感觉天地消泯,内心一片光明,为龙场悟道打下了基础。

那些所谓的天才,其实是以一种忘我的精神去对待自己的目标,而事业也会以最好的状态回报他们,让他们创造出生命中的奇迹。

一代儒学大师、"关学"创始人张载的人生经历,正是这样一个典型的例子。

张载年少时,父亲就病逝了,全家以数亩薄田维持生计。虽自幼丧父家境清贫,张载却很有志气,自强自立,性格豪迈,尤其喜欢谈论研究兵法。

范仲淹一见张载,认为他是可造之才,便引导他说:"读书人自有格物致知、修齐治平的事情可做,何必非要谈兵呢?"并劝他钻研《中庸》。

张载听从了范仲淹的劝告,专心致志地读了《中庸》后,受益匪浅。后来他中了进士,先后当过几任地方官,因为敢于直言,与当时的执政大臣政见不合,他49岁就主动辞去官职,专心讲学著书。

回到横渠之后,张载虽有几亩薄田,但收入微薄,只够维持最低的日常开支。然而张载对此却泰然自若,根本不把外在物质条件的好坏放在心上。他穿着破旧的衣服,每天粗茶淡饭,与众弟子讲学时,经常告诫他们要将外在的礼仪通过实践内化于心,要弟子"学必如圣人而后已"。

在讲学的同时,张载还进行了艰苦的理论创作。他常常一个人坐在一间房里,闭门苦读,身边左右都放满了书籍,时而俯下身子认真读书,时而抬起头来若有所思,有了心得体会马上记下来。他思考问题常常达到废寝忘食的地步。深夜,家人都早已睡着了,他躺在床上脑子中还思考着白天学习的问题,有时想到妙处,灵感迸发,即使半夜三更,他也马上起来,取过蜡烛点燃,把想到的东西写下。

由于张载学问日高，声望日隆，有很多青年学子慕名前来拜师求学。有些学生因为家庭困难，交不起学费，他不但一视同仁地向他们讲授学问，还让他们在自己家里吃住，同甘共苦。

张载一生历尽坎坷，生活清贫而丝毫不以为苦，一如既往地钻研学问，"其志道精思，未始须臾息，亦未尝须臾忘也"。他立志做学问，苦读深思的精神，始终没有一刻停止，也始终没有一刻忘记。正是凭着这种努力，他才完成了《正蒙》这部划时代的儒学著作。

王明阳认为："志不立，如无舵之舟，无衔之马，飘荡奔逸，亦何所底乎？"宋代文学家苏轼说："古之立大事者，不惟有超世之才，亦必有坚忍不拔之志。"明代思想家程颢有言曰："治天下者必先立其志。"明代文学家冯梦龙则说："男儿不展风云志，空负天生八尺躯。"法国古典作家拉罗什富科认为"一个人如果胸无大志，即使有壮丽的举动也称不上伟人"。英国作家塞缪尔·迈尔斯也说过："人若有志，万事可为。"由此可见，志向对人生的引导作用是古今中外许多名人所推崇的。人生短暂，光阴易逝，要想使自己的人生充实、有意义，就应该胸有大志，所以要早立志、立大志。

5.志向可行，人生才能走对路

后儒不明圣学，不知就自己心地良知良能上体认扩充，却去求知其所不知，求能其所不能，一味只是希高慕大，不知自己是桀、纣心地，动辄要做尧、舜事业，如何做得？终年碌碌，至于老死，竟不知成就了个甚么。可哀也已！

——王阳明

在王阳明看来,后世的很多儒生根本没弄明白圣人的学说,也不知道体察扩充自己的良知良能,反而去追求一些自己不了解的事物,不顾实际情况,去做自己不能做也做不好的事情,这时,求知,变味了,成了好高骛远、爱慕虚荣。这就好像桀、纣,要做尧、舜的事业,这怎么可能呢?碌碌无为直到老死是唯一的结局,这样的人很可怜!

这其实是告诫人们要有自知之明,在确立人生方向时不好高骛远,而要量力而行,才不至于招致失败。

许多人在确定人生志向时好高骛远,给自己定了异常远大、不切实际的目标,这种违反自然规律的行为,实施起来十分困难,结局也只会使自己失望,深感挫折而已。要知道,每个人都是有极限的,最好不要为自己制定超过极限的目标。

王阳明在龙场讲学期间,他的爱徒徐爱在安徽祁门遇到一个叫傅凤的人,这个人终生的理想就是要孝顺自己的父母。但是他却没有像样的工作,也赚不来钱,所以也就无法照顾好自己的父母。徐爱就推荐他去见王阳明,王阳明就跟他讲心学。傅凤听完之后,开始下决心修行的时候,突然意识到自己早已经年老的父母及傻弟弟都急需他来养活。所以他抛弃心学,开始日夜不停地读书,想要考个进士,求个一官半职来养活家人。

但是事与愿违,因为他总是吃不饱,加上拼命读书,后来身体越来越不好,最终得了重病,卧床不起。然而为了养活父母和弟弟,傅凤在重病的情况下依然坚持读那些科举之书,但是王阳明的一些学生们总是想尽办法让他以自己的身体为重,告诉他,这样坚持下去,只能让自己的身体越来越不好,这种情况下最好还是先保重身体才为上策。傅凤为此心中特别烦闷,于是去请教王阳明。

王阳明听后叹息地说:"你啊,一生立志孝亲,但是却因此陷入到了不孝的深渊之中。"傅凤听完非常吃惊地问："先生，我想尽办法去做官赚钱来养活父母和弟弟，这怎么成了不孝了？"王阳明听后反问道："你为了科举，为了做官赚钱而照顾自己的父母和弟弟，但是却因此把自己搞成病夫，这难道是孝吗？"

傅凤听后非常疑惑。王阳明此时又说："看你现在这病怏怏的样子，你自己觉得能考上进士吗？"傅凤听后非常坦诚地回答："不能！"王阳明接着说："你现在把自己的身体搞垮了，不要说无法参加科举，得不到官职，就你现在的身体状况，不要说照顾好自己的父母兄弟了，恐怕还要让你的父母来照顾你吧。你说，你这不是大不孝，又是什么？"

傅凤听完这番话潸然泪下，随即请王阳明为他出个主意。王阳明回答道："宇宙中最真最好的孝，就是不让自己的父母担心。只要知道了这个，就知道如何去孝顺自己的父母了。"王阳明所说的孝，其实就是不让父母担心的学问。孝顺父母，物质条件其实并不是那么重要，重要的是让他们安心。在这个世界上，所有的父母都希望自己的儿女平安、健康，那么将心比心，我们作为儿女的也希望自己的父母平安、健康。要想做到这一点，我们就要让自己的身心平安，否则一切都是空谈。世界上的事情都是在不断变幻的，当良知没有被遮蔽的时候，对于孝顺的要求是万古不变的，想要真的孝顺，就要做到"让父母安心"这五个字。

从傅凤的故事中，可以看出一个人立志尽管很好，但是如果立志的方向错了，那就会过于偏激，那就会走向错误的道路，这样下去是十分危险的。无论是古代还是现代，有很多人都会犯下南辕北辙的错误。想要做好事，想要成就一番事业，立志的同时要反省自己，发现错误就立刻改正，才会步入梦想的旅途。

有弟子问王阳明，学习朱熹理学格物致知的方法很简单，只要去外面格物，把格物得到的道理用静坐思考的方法与自己的心吻合就是了。您这个学问要怎么学会它呢？王阳明听后说了四点：第一，就是要立志。也就是要打定主意，下决心做圣贤。第二，要勤学。做圣贤就要勤奋学习，就要努力学习知识来提升自己的品德。第三，改过。有错就要改，不可姑息。第四，就是要以责备的方式去劝善朋友。

在一座深山里，有一位高僧隐居于一座千年古刹，很多人慕名而来，有的人想求高僧指点迷津、点化心智，有的人想拜高僧为师，学习武功。

当他们来到深山时，正巧高僧从山谷里挑水回来。一看，两只木桶里的水都没有装满。

按他们的想象，高僧挑得应该是大桶，而且挑得满满的。

于是，他们不解地问："大师，这是什么道理？"

高僧说："挑水之道并不在于多，而在于够用。贪婪只会适得其反。"众人仍然疑惑，于是，高僧让他们中的一个人，从山谷里挑满满的两桶水回来。结果，那人挑得非常吃力，摇摇晃晃，没走几步，就跌倒在地，水洒了不说，那人的膝盖也受了伤。

"水没了，还得回头重新挑去；膝盖受伤，水挑得更少。"高僧说。

"那么大师，究竟应该挑多少水呢？"

高僧笑道，指着桶里说："你们看。"

原来，桶里画了一条线。

高僧说："这条线就是桶的底线，水绝对不能超过这条线，这是水桶能够承受的极限，能力之内能够控制的。一开始会常看那条线，挑的次数多了，不用看就能感觉到合适了。这条线实际是在提醒我们，凡事要尽力而为，量力而行。"

众人又问："那么底线应该定多低呢？"

高僧说："一般来说。越低越好，因为低的目标容易实现，而且，比较容易能培养起更大的兴趣和热情，循序渐进，慢慢地就会挑得更多、更稳了。"

现实生活中，每一个人心中都应该有一杆秤，都要对自己进行公正、公平、不偏不倚、不轻不重的评价，因为一个人只有准确把握好自己，才能实事求是，才可以恰如其分地感知自己，并完善自己。

在人生的旅途中，树立心中的志向之时，要问清楚自己真正想要做什么，应该去做什么，到底要怎么做，才能确立正确的志向，才能避免错误出现，才能懂得量力而行，才可以朝着对的方向一直坚持不懈地走下去，获得成功。

6.自信乃圣人第一等事

卜筮者，不过求决狐疑，神明吾心而已。《易》是问诸天。人有疑，自信不及，故以《易》问天。

——王阳明

很多人都想通过占卜或者人脉圈来找到自己的贵人，其实这是不自信的表现。做人只要拥有足够的自信，就可以挖掘出深藏在内心深处的潜力，让自己的人生变得无比辉煌！

王阳明认为，古人总是用占卜的方法来试图解决自己心中难以明断的疑惑，使得自己的心变得聪慧起来。研究《周易》是问天，当人遇到事情，犹豫不决的时候，自信也不足，因此才会想通过《周易》来向上天请教，解答自己所遇到的问题。王阳明自己也曾经亲身经历，用占卜解答自己的疑难问题。

在王阳明被贬谪到贵州龙场的时候，他在去往龙场的路上，发现自己的身后总是有人不远不近地跟随，王阳明断定这是宦官刘瑾为了报复自己而企图在去往龙场的路上加害自己，所以他日夜兼程，利用自己在军事上学到的知识，在钱塘江将这些锦衣卫的爪牙摆脱了。但是王阳明的心中却一片灰暗，感觉到了从未有过的心灰意冷，于是他打算隐居山林之中，逃避现实世界的黑暗。

在一所寺院之中，大难不死的王阳明偶遇铁柱官的道长。两人攀谈之中，王阳明就将自己想要隐居山林的想法说了出来。道长听了之后说："你隐居山林倒是没什么，但是你还有亲人啊，万一刘瑾因为找不到你而将罪名加到你父亲身上，然后将你父亲抓起来，给你安上一个叛国投敌的罪名，那时候你该怎么办？"王阳明听后身上不觉有冷汗出来，道士说的对，刘瑾绝对可以做得出来。

道长见王阳明不说话，于是为他占卜一卦，结果占卜出来后是"明夷"两个字。这两个字意味着什么呢？道士解卦说"明夷"两个字的意思就是指一个人暂时遇到了艰难险阻，而导致郁郁不得志，但是不要那么悲观，如果可以将这些艰难险阻看作对自身的磨砺，那么未来是充满希望的，最终也会迎来光明的世界。

经过了道士的劝解以及占卜的帮助，王阳明知道逃避终究也不是办法，于是鼓足勇气，将隐居山林的念头抛开，将那些消极的想法也都摒弃，重新踏上了通往贵州龙场的路途。到了贵州龙场，面对荒芜的山林，王阳明就像是卦中所说，将这里看作通往圣贤之路上对自己的考验和心智的磨炼，终于在瘴疠和虎虫肆虐的龙场领悟了人生的真谛，迈出了人生中通向圣贤之路最关键的那一步，从而最终创立了自己的心学，成为中国哲学历史上的圣人。

所谓的占卜，其实就像是王阳明领悟到的一样，那不过是为了解决自己心中的疑惑，让自己的心重新获得自信和力量。其实，如果一个人真的有一种信心和定力，那么就算是不用占卜也同样可以成功。

任何时候，都不要轻易动摇信心。只要是你所向往的，如果你想实现终极目标，即使是你始终未曾接触过的范畴，也一定要从心里建立起"有信心"的信念。你得从此刻便开始学习感受那份信心，相信自己有资格、有力量取得成功。

你想做一个什么样的人，达到什么样的人生目标，只要你相信自己，并不断为此而努力，你就会发现一个全新的自己，所有的一切也终将会实现。

7.抱定梦想，全力以赴

只念念要存天理，即是立志。能不忘乎此，久则自然心中凝聚。犹道家所谓结圣胎也。此天理之念常存。驯至于美大圣神，亦只从此一念存养扩充去耳。

——王阳明

王阳明作为宋明道学中"心学"一派的代表人物，强调个人的主体意识和自主精神。他认为，只要心中念念不忘存天理，就是立志。能不忘记这一点，久而久之心自然会凝聚在天理上，就像道家说的"把凡胎修炼成圣胎"。如此将天理时刻铭记于心，逐渐达到宏大神圣的境界，正是从心中最初的意念不断坚持并发展下去。

"心之所想"虽然只是停留在脑海中的意识，看似虚无缥缈，却有着不可小觑的力量。王阳明所言的"念念存天理"，才能做到心无旁骛、专心致志；倘若心无所思，则难以排除杂念，难免陷入胡思乱想之中。

"心之所想"的力量远不止于此。在奋力追求成功的人生道路上，"想"成

功是必不可少的前提条件。缺少这份"心之所想"的动力,抑或受外界干扰而无法将之坚持到底,则难以发挥潜在的能力,难以超越自我,挑战极限。

明朝后期是中国古代科学技术史上最灿烂最辉煌的一段时间。此时出现了一位伟大的地理学家、探险家——徐霞客。

徐霞客自幼聪明好学,喜欢读历史、地理、游记之类的书籍,立志成人之后遍游国家的大好山川。

但是父亲去世后,老母无人照顾,徐霞客的游览计划被打断,终日闷闷不乐。母亲看出了他的心思,对他说:"男儿志在四方,哪能为我留在家里。"母亲的支持,坚定了徐霞客远游的决心。

徐霞客有了勇气和力量,便辞别母亲游历他乡了。他先后游历了太湖、洞庭湖、天台山、雁荡山、泰山、武夷山和北方的五台山、恒山等名胜,并且记录下了各地的奇风异俗和游历中的惊险情景。

几年后,徐母去世,徐霞客把他的全部精力放在游历考察事业上。他跋山涉水,到过许多人迹罕至的地方,攀登悬崖峭壁,考察奇峰异洞。

在湖南茶陵,徐霞客听说这里有个深不可测的麻叶洞,便决心去探访。可是当地人说洞里有神龙和妖精,没有法术的人不能进去。刚走到洞口,向导得知徐霞客不会法术,就吓得跑了出去。徐霞客毫不动摇,独自手持火把进洞探险。当他游完岩洞出来的时候,等候在洞外的当地群众纷纷向他鞠躬跪拜,把他看成是有大法术的神人。

徐霞客白天进行实地考察,晚上就借着篝火记录当天的见闻。三十多年里,他走遍大江南北,对曾走过的地方之地理、地质、地貌、水文、气候、植物等做了深入细致的调查研究,并用日记体裁进行详细、科学的记录。就是在这种环境中,他写下了闻名世界的《徐霞客游记》。

很多人虽然都心有所想,却很少有人为了愿望而坚持不懈地努力下去,也很少有人为了一个目标而坚定地执行下去。因为总是会有来自外界各种各样的干扰。

我们每个人都向往成功，但是心有所想的同时需要排除外界的干扰，需要在心里不断地提醒自己，不断地想着朝目标前进。当我们想着"下次考试提高二十分"、"六个月减肥十公斤"、"五年后就要买房子"……的时候，自己都不太相信，因为身边已经有无数的人这么想，却同样有无数的人无法实现。倘若就这样气馁了，放弃了，那我们距离成功将越来越遥远。

相反，要相信自己的心之所想，清楚地告诉自己想要的是什么，并为之而努力奋斗。只有时刻保持这种"想要"的念头，才能彻底抛开所有阻挠它实现的因素。最后我们会发现，所有的"我想"，都变成了"我要"、"我一定"。想都不敢想的事情，未必就是我们无法做到的事情。大胆地坚持心之所想，方知自己的潜力有多大。

提起"西单女孩"任月丽，相信很多人都不陌生，这个怀揣着梦想来到北京拼搏的女孩，打动了无数人。

2011年春节联欢晚会现场，当主持人宣布西单女孩任月丽上场时，全场响起了热烈的掌声。这一刻，不仅月丽及其家人激动得热泪盈眶，连全国人民也为之感动。大家心里都清楚，这一刻的到来是多么的不易。

2004年，16岁的任月丽为了梦想，带着300元钱从河北老家来到北京时，她经历了很长的一段艰难时期。梦想对于不能解决温饱问题的人来说，真的只能是梦想，或者是"等等再说"的海市蜃楼。

为了生计，任月丽出现在了地铁的通道里。在地下通道里，春夏秋三季还算好，可一到冬天，阴冷的风像要钻进骨缝。尽管如此，她每天仍要坚持唱七八个小时。当时，与她一起追寻梦想的有几个年轻人，他们都钟爱自己的音乐，可面对"前方"黑漆漆的一片，很多人都选择了放弃，只有任月丽仍在坚持着。两年后的一天，月丽才将自己在北京的实情告诉了父亲，父亲认为

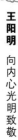

给别人打工至少还能有温饱,不至于在街头苦成那样。但月丽一想到自己的梦想,心里就觉得任何困难都是可以克服的。

因为对梦想的这份执著,任月丽终于站在了春晚的舞台上,用一首《回家》打动了现场所有观众。

在人生的征程中会经历许多艰难、困苦,但美好的梦想会支撑我们坚强地走下去。梦想不是功名利禄的敲门砖,而是人生忠诚而美好的旅伴。任月丽喜欢唱歌,并为她的音乐努力付出着。这就是她,一个执著的女孩,一个为梦想起飞而又脚踏实地行走的女孩。

正如放风筝。风筝能飞多远,取决于手中的线有多长。如果线断了,再好的风筝也飞不起来。我们想要成功的心,就是牵着风筝的线,不要让线在风筝飞上云端之前断掉,更不要在"心想事成"之前放弃最初的念想。

成功不仅需要奋力拼搏,更需要一份坚持不懈的动力支持。坚持心之所想,最终将成为力之所及。

8.求人不如求己,你就是自己的贵人

笃信固亦是,然不如反求之切。

——王阳明

王阳明18岁之时,于江西成亲后同夫人回老家途中拜访了娄谅先生。娄先生十分欣赏王阳明,并且告诫他:必须通过学习才能达到圣人的境界。这句话王阳明深深记在了心底。它不仅坚定了王阳明成圣的志向,还让他得出了一条成圣的标准：只有通过自身不断的努力，读书和实践，最终达到一定的程度和境界，才会实现成圣的愿望。

自古以来，圣人指点迷津、贵人相助成功的典故比比皆是，备受推崇。每个人都期望如王阳明遇到娄谅先生的点拨一样，在迷茫时能够得到圣人的指点，在困境中能够得到贵人相助。然而圣人的指点往往并不明朗，仍需要自己去琢磨推敲；贵人的帮助更不是无理由的，他们或是看中你的才华横溢，或是看中你的八面玲珑，即便是看中你天生的敦厚正直，也需要靠自己的努力去积累、去创造。

"必须通过学习才能达到圣人的境界"。实际上，真正的圣人和贵人，并不是伟人、神佛抑或他人，而是自己。在做学问方面，王阳明认为，虽然做学问也需要老师的指点教化，但始终不如自己去探究来得彻底。为人处世方面，只有自己肯上进，不断完善自我，关键时刻充分发挥自己的能力，才有可能青云直上，闯出一片蓝天。历史上诸多求人不如求己的故事，也说明了在任何时候都必须看重自己的能力，而不是依赖他人的提携和帮助。

一书生在屋檐下躲雨，看见观世音菩萨撑着伞走过，便说："菩萨，普度一下众生吧，带我一程如何？"观世音菩萨说："我在雨里，你在屋檐下，而檐下无雨，你无需我度啊。"书生立刻走出屋檐，站在雨中说："现在我也在雨中，该度我了吧？"观世音菩萨："你在雨中，我也在雨中，我不被淋雨，是因为我有伞，你被雨淋是因为你没有伞。所以不是我度你，是伞度你。你要想得度，请找伞去！"说完就走了。

第二天，书生又遇到了难事，便去庙里求菩萨。走进庙里，发现观世音菩萨像前也有一个人在跪拜，那个人长得和观世音菩萨一模一样，丝毫不差。书生很惊讶，问他："你真是观世音菩萨吗？"那个人说："我就是。"书生又问："那你为什么还自己拜自己呢？"观世音菩萨笑道："我也遇到了难事，但我知道,求人不如求己啊!"

学佛之人,更多的是自我修行。禅者大都有放眼天下,舍我其谁的气概,力求"自修自悟"、"自食其力"。王阳明曾在回答学生提问时说道:"子夏笃信圣人,曾子反求诸己。笃信固亦是,然不如反求之切。今既不得于心,安可狃于旧闻,不求是当?"他认为,相信圣人固然没错,但不如自己反省探究来得真切。如果自己心里都没有搞清楚,又怎么可以因循守旧,而不去自己探究正确的答案呢?学佛之人如此,做学问如此,世人同样如此。

无论是神佛还是圣人,都是人们精神上的寄托和强大的动力,但失去了他们,人生并不会由此走向暗淡;贵人相助固然能够令人一夜成名甚至功成名就,但没有他们的帮助,有志者同样能够凭借自己的力量获得成功。圣人和贵人指出的捷径并不意味着一片坦途,有时可能会扼杀个人的潜能和创造性思维。真正能够帮助自己的,还是自己。此所谓"天助自助者"。

道理虽然浅显,但往往只有少数人才能彻悟。孔子便是少数深谙此理的人之一。在面对士大夫的刁难时,他能够轻松地以此向对方还以颜色。

卫国的王孙贾曾问孔子:"与其向比较尊贵的祭祀场所'奥'祈祷保佑,不如向并不尊贵但作为五祀之一的'灶神'祈祷保佑,这是什么意思?"

孔子曰:"此言差矣。如果犯了滔天大罪,向什么神祈祷也没用了。"王孙贾想要告诉孔子,他与其跟各国诸侯往来,不如来拜访他们这些士大夫,祈求他们在君王面前替他说几句好话!孔子却认为,一个人若真的做了坏事,那他怎样祷告都没有用,任何菩萨都不能保佑他。言下之意就是他不需要那些王孙贵胄帮腔求情,因为自己没有做错事,君子坦荡荡,无愧于心。

现代社会，个人的发展受诸多因素的影响，社交网络、家庭背景在求职创业的过程中发挥了重要作用，几乎成为官场、职场的潜规则。"求人不如求己"的古训则略显乏力。即便如此，也应如王阳明所言："笃信固亦是，然不如反求之切。"个人的成功应从完善自身入手，不断地主动创造条件使自己在他人心目中留下深刻印象，而不是寄希望于他人偶然间对自己的青睐。即便是上天的眷顾，也只会降临在有准备的人身上。

第三章

学之道:博观而约取,需从心上下功夫

1.探真理学格竹,读书需要有质疑精神

夫学贵得之心,求之于心而非也,虽其言之出于孔子,不敢以为是也,而况其未及孔子者乎?求之于心而是也,虽其言之出于庸常,不敢以为非也,而况其出于孔子者乎?

——王阳明

格竹这件事,发生在王阳明识得娄谅之后。那次跟娄谅探讨之后,王阳明不仅知道了"圣人可以学而至",还知道了如何至,那就是"格物"。用娄谅的话来说,他的师父吴与弼就是专业那个的,虽然对于天地万物、人心思想了解颇多,但还是会到地里面去干活,就是因为知识是知识,行动是行动。

想当年王阳明几乎将理学名著《近思录》翻烂,也没弄清楚到底怎样才算格物致知,怎样才能格物致知。如今被娄谅一说,王阳明茅塞顿开,重新想

了一下朱熹的"理"，可不是，朱熹曾经说过"理"存在于大自然的万事万物中，就连一草一木也是有"理"的，所以如果能每天都格一物，积累得多了，总有一天会明白的。顿时，王阳明对格物燃起了无比的热情，心想格物格明白了就可能成圣了。

就在王阳明四处寻找到底要格什么的时候，恰巧看到了爱竹如痴的爷爷种下的那片竹林，脑中灵光一闪：竹林涛涛，静坐其中，有意境，那就格竹子吧。本着独自探索太寂寞的想法，王阳明与他的朋友一起格竹。

俩人第二天在竹林碰头，找了一棵竹子便神色凝重地坐下来，四只眼睛直直地盯着竹子，一门心思、竭尽全力地去格竹中的道理。不过理想很丰满，现实很骨感，朋友在第三天就准备放弃了。王阳明笑他不中用，说才三天就放弃了，朋友已经没有力气计较了，默默道了句您多保重，就挥挥手回家了。王阳明一面感叹成圣人的道路是寂寞的，一面收摄心思继续格竹。

到了第七天，嘲笑朋友的王阳明遭到了报应，而且所耗心力比友人更严重，直接病倒了。这场为期七天、轰轰烈烈的"阳明格竹"也就无疾而终了。

王阳明本想格物，反被物格，所受的打击的确不小，这么多年来，他翻遍朱熹遗书，耗费巨大的精力去钻研理学，可是却落得如此结局，不仅仅是沮丧能够形容的，甚至可以说是直接动摇了王阳明成圣的信念。

不过，此次格物所遭遇的打击，却让王阳明对朱熹的理学产生了怀疑，他忽然之间明白了他所认为的"理"与朱熹理学的"理"是不同的。朱熹理学讲究"存天理，灭人欲"，所谓天理就是世间万物的规律，人欲是吾心。可是王阳明认为的格物致知是以吾心为出发点的，他认为吾心对所有的事物都会有一个直接感受，这是一种直觉，所有的学问、道理都会根植于这种直觉。因此王阳明认为朱熹理学寻找到的经验和知识是间接的，是没有意义的。

从对朱程理学开始起疑那天起，或许王阳明潜意识里就已经开始默默地孕育着自己的心学了。

所以,一个人如果想要彻底弄明白一件事情,就要学会怀疑,有了怀疑之后,再坚持求索,独立思考,证明自己的怀疑。这样才不会被错误的观念牵着鼻子走,才能找到真理的方向。

读书需要有质疑精神,就如孟子所说的:"尽信书,则不如无书"。孟子的话,就是告诫我们不要迷信书本,对于书中所言,不仅不要轻信,还要多问几个为什么,进行一番仔细的甄别和思考。

读书做学问,怕的不是有疑难,而是终日读书没有疑问,书上说什么就信什么,是不会有进步的;书上说什么,不懂装懂,是无法进步的。知识并不等同于智慧,要真正使自己成为有智慧的人,必须学会思考。现实中的"书呆子"只因书读多了,思维能力渐渐丧失,结果只知按照书本办事,自然就成了呆子。

所以,书读得太多,如果不用思维消化,的确不是一件好事。如果思维退化,非但不能使我们聪明,而且还会让我们变得更加愚蠢。所以,在开卷而读后,要掩卷而思。

清代学者戴震指出:"学者当不以人蔽己,不以己自蔽。"意思是说,读书人头脑要清醒,不要让别人的观点蒙蔽住自己的思想,当然也别自己蒙自己。戴震后来能成为一代宗师,皆因他在童年时期就表现出这样一种本能。

据说他10岁时,老师教他读《大学章句》。读到一个地方,他问老师,怎么知道这是孔子所说而曾子转述的?又怎么知道这是曾子的意思而被其门人记录下来的呢?老师说,前辈大师朱熹在注释中就是这样讲的。戴震就说,朱熹是南宋时的人,而孔子、曾子是东周时的人,中间相隔约两千年,那么朱熹是如何知道这些细节的呢?老师无言以对。

这也恰如梁启超在《清代学术概论》中所言:"盖无论何人之言,决不肯漫然置信,必求其所以然之故。"古人曾这样总结:"读书贵能疑,疑乃可以启信。读书在有渐,渐乃克底有成。"

没有怀疑就没有超越，没有怀疑就没有创造。怀疑是一种基本的读书态度，也是一种勇敢的读书精神。读书时，要对书中的知识敢于怀疑，认真分析，这样才既能进入书中，又能跳出书外；既不盲目信古，也不轻信新学说。尤其是不能人云亦云，而要批判扬弃。

明人陈献章说：前辈谓学者有疑，小疑则小进。疑者，觉悟之机也。叶圣陶先生也说过：教任何功课，最终的目的都在于达到不需要教，自能读书，不待老师讲。

大科学家爱因斯坦一生对读书始终兴趣十足，其中重要的原因就是他总是带着疑问读书。疑，常常是获得真知的先导，是打开知识宝库的钥匙。著名科学家李四光有句明言：不怀疑不能见真理。一般来说，大胆见疑与科学释疑往往是连在一起的，问题是在怀疑中提出的，又必然会在深入研究中解决，而问题的解决，便是获得真知灼见的开始。

读书贵有疑，可贵之处，就是解放思想，独立思考，敢于大胆地探索和追求。但是，提倡读书有疑，并非是不从客观实际出发，违背科学原理的胡猜乱疑。要疑得正确，疑得有长进，还要善于疑。否则，当疑时不疑，不当疑时又乱疑，那非但得不到任何知识和长进，还会把思想引上歪路，这决不是我们应取的学习态度。

2.学海无涯，永无止境

与其为数顷无源之塘水，不若为数尺有源之井水，生意不穷。

——王阳明

宁愿做只有数尺之高的有源井水,也不要做数顷无源的塘水。王阳明的这句话与朱熹在《观书有感》中写道的"问渠那得清如许,为有源头活水来"不谋而合。朱熹认为,生活是写作的源头活水,用心观察才能发现它。我们应该汲取源头活水,做一个生活的有心人,才能看到别人看不到的奇观。

王阳明认为,几尺有"活水"汇集的井水好过没有源头的一潭死水。因为,一潭死水到最后要么干涸,要么会发霉发臭,两个结果都不是好的结果。而几尺有源头的井水却能源源不断地流淌着,取之不尽用之不竭。我们学习也是同样的道理,学习是一个终生的事业,没有人能提前毕业或退休,只要你还活在这个世界上,就应该随时学习,偌大的世界,需要你知道和了解的还有很多。这也是成就王阳明大事业的原因之一,无论是处庙堂之高还是居江湖之远,他都保持着学习的势头,每日学习,从不间断。

这个道理,在很早以前,《论语》里就记录了孔子的话:"学如不及犹恐失之。"蔡元培先生解释说,一个人真正用心做学问,就会像孔子说的那样,总觉得自己还不够充实,还有许多进步的空间。就好像去追赶什么,总怕赶不上,赶上了又怕被甩掉,有这样的求学精神,就不需要怕有的学问和修养会退失。不管做什么、学什么,总有很多知识是你没有学到的,做学问不要骄傲自满。人生只有放下自我,才能成为一个空的容器,继续容纳事物。

曾经有这么一个故事:

在古代曾有一名徒弟跟着一位名师学习技艺,三年之后,徒弟技能大有长进,他觉得自己的技术已经达到炉火纯青的地步,足以自立门户,就收拾好行囊,准备向师父告辞。

师父得知了他的情况之后问道:"你确定你已经学成了,不需要更上一层了吗?"徒弟指着自己的脑袋回答说:"我这里已经满了,再也装不下了。"

"是吗?"师父说着拿出一只大碗放在桌上,让徒弟把这只碗装满石头,一直到石头在碗中层层堆出一座小山后，他才问徒弟："你觉得这只碗装满了吗？"徒弟马上回答说："已经满了。"师父听后从屋外抓来了一把沙子，慢慢地放入石头的隙缝内，然后再一次问徒弟："那么现在呢，满了吗？"徒弟考虑了一会儿，恭恭敬敬地回答说："满了。"师父听后又取了案头上的香灰，倒入那看似再也装不进去的碗中，看了看徒弟然后轻声问他："你觉得它真的满了吗？"徒弟再次回答说："这次真的满了。"师父听后再也没有多说什么，只是拿起了桌上的水壶，慢慢地把茶水倒入碗中，而水竟然一滴也没有溢出来。

徒弟看到这里，终于明白了师父的良苦用心，赶紧跪地认错，诚心诚意地请求师父再次收他为徒。意大利艺术大师达芬奇说过："微少的知识使人骄傲，丰富的知识则使人谦虚，所以空心的禾穗总是高傲地举头向天，而充实的禾穗则低头向着大地。"一个人只有虚心向学，永不自满，才能在各个领域走上事业的巅峰。

故事里的师父想要告诉徒弟，学习，是永无止境的。著名数学家华罗庚也曾说过类似的话："人，活到老，要学到老。"只有不停歇地探索，才能让自己学习更多的知识，让自己得到质的升华。我们熟知的金庸先生，在他80高龄的时候修改了《射雕英雄传》，使这部经典名作再次受到众人瞩目。这也是活到老，学到老的精神所在。

这样的故事不仅发生在我国，国外很多著名学者也是在不间断地学习和积累后才著有各种文献。马克思和恩格斯在暮年时仍坚持不懈地完成了《资本论》，为我们留下一笔财富，而他们的友谊也在不间断的互相学习中越发浓厚，成为世人榜样。

不间断的学习能使心灵更加纯净，得到升华，也能增加自身的魅力。波兰著名钢琴家阿瑟·鲁兵斯坦，3岁学习钢琴，4岁登台演奏。他的天赋异禀没有让他感到满足，因为他知道学海无涯，艺术无止境的道理，直到他已是95岁的暮年老人，也没有放弃对艺术的追求。

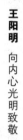
学习是光明,无知是黑暗。试想,谁愿意长久地面对黑暗不见天日？没有。那么,只有天天做学问,时时不忘知识更新才能走向光明、使人生更亮丽。只有在不断求知的过程中,我们才会真正得到乐趣。

而越是到了高的境界,人越会感到自己的不足,因此,把握你生命的每分每秒,好好弥补这些不足。人外有人,天外有天,巅峰之上,还可以再创巅峰。这一切的前提是——学无止境。

3.业精于勤,天才是如此炼成的

夫学、问、思、辨、笃行之功,虽其困勉至于人一己百,而扩充之极,至于尽性知天,亦不过致吾心之良知而已。

——王阳明

对于天才的定义,王阳明是这样认为的:学习、提问、思考、分辨、笃行的功夫,尽管一些人领悟能力低,需要付出比他人多数倍的努力,但努力到了一个程度,让自己能彻底领悟本性,了解自然规律,至于能不能成为天才,只不过是额外之物了,最主要的是我已经对得起我的良知。

这段话想说的是,一个天性稍微愚笨一点的人,只要通过自己加倍的努力追求成功,成功便会如期而至。古往今来,很多成功的人都不是所谓的"神童"。他们往往都是一些看似天资不好,并没有什么天赋的人,没有人会相信他们能成就此后伟大的事业。但是,通过他们加倍的努力和不懈的坚持,他们让所有人都刮目相看,他们为我们树立榜样,用自己的行动和成果告诉我们,只要肯努力,你就是下一个天才！

而那些从小看似聪明伶俐，能成大器的人，往往都是在人们的赞美中被冲昏头脑，认为自己天资过人，无需努力，最终一事无成，亲手埋没了自己的天赋。

努力、勤奋、持之以恒可以让普通的人变成天才；反之，堕落、懒惰、半途而废也可以让天赋异禀之人沦落为庸才。

大诗人杜甫与李白齐名，但是，小时候的杜甫与同龄的小孩相比，资质并不高，甚至还稍显逊色于他人。

杜甫的爷爷杜审言曾经中过进士，是一位博学多才之人。由于杜甫的爸爸资质不高，无法继承杜审言"诗书传家"的事业，杜审言便将厚望寄托在了杜甫身上。

但是，事与愿违，杜甫继承了其父不高的天资和不太灵光的脑子。五岁的杜甫甚至不能背诵出一首短诗，而与他年龄相仿的许多小孩都能背诵十首以上的短诗。尽管爷爷日日伴读，但杜甫的提高也是屈指可数。终于有一天，爷爷的耐心到达了极致，他很生气地斥责杜甫天资愚笨，没有继承他的半点才学。

受到训斥的杜甫心里难过至极，但他并没有因此怀疑自己的智慧，他决定用苦读的方式来提高自己的阅读和背诵能力。此后，每天天刚蒙蒙亮，在杜甫家的小院里总会出现一个正在背诵诗歌的小孩的身影，他就是杜甫。

刚开始自学的杜甫感到十分吃力，一首短诗阅读多遍都无法理解其中的含义，他便选择死记硬背，他觉着背得多了，理解能力应该会有所提升。果不其然，当杜甫将整个身心都投入到阅读和背诵诗歌后，他发现自己对诗歌的领悟能力和记忆能力都有很大的提升。不久之后，他在一天内就能理解并且记住五首诗。这让全家人都惊诧不已，开始感慨这孩子超强的理解能力和记忆力。如此奋发图强一年之后，杜甫便能将300多首诗背得滚瓜烂熟，并且还常常将一些喜爱的诗歌默写下来以增强记忆。

12岁的杜甫，理所应当地成了家乡远近闻名的神童。杜甫的"神童"的荣誉，并不是与生俱来的，而是通过他自己的努力得到的。

从来就没有无需勤奋努力便能成功的天才。爱迪生说："天才是百分之九十九的汗水加百分之一的灵感。"一句话道出了天才之为天才的真谛。大凡学有所成者，无一不是勤奋刻苦的知识追求者。就像冯友兰所言：世界上，历史上，凡在某方面有大成就之人，都是在某方面特别努力的。古人说："业精于勤。"

美国著名作家杰克·伦敦在19岁以前还从来没有进过中学。他的童年生活充满了贫困与艰难，他曾是一个把大部分时间都花在偷盗等勾当上的问题少年。然而有一天，当他拿起《鲁滨孙漂流记》时，人生从此发生了巨大的变化。在看这本书时，饥肠辘辘的他竟然舍不得中途停下来回家吃饭。第二天，他又跑到图书馆去看别的书，另一个新的世界展现在他的面前——一个如同《天方夜谭》中巴格达一样奇异美妙的世界。

从这以后，一种酷爱读书的情绪便不可抑制地左右了他。一天中，他读书的时间达到了10—15小时，从荷马到莎士比亚、从赫伯特斯宾基到马克思等人的所有著作，他都如饥似渴地读着。19岁时，他决定停止以前靠体力劳动吃饭的生涯，改成以脑力劳动谋生。

杰克·伦敦进入加利福尼亚州的奥克德中学后，不分昼夜地用功，从来就没有好好地睡过一觉。他用三个月的时间就把四年的课程念完、通过考试后，他进入了加州大学。

他怀着成为一名伟大作家的梦想，一遍又一遍地读《金银岛》、《基督山伯爵》、《双城记》等书，之后就拼命地写作。他每天写5000字，也就是说，他可以用20天的时间完成一部长篇小说。他有时会一口气给编辑们寄出30篇小说，但它们统统被退了回来。

后来，他写了一篇名为《海岸外的飓风》的小说，这篇小说获得了《旧金山呼声》杂志所举办的征文比赛头奖，但他只得到了20美元的稿费。五年后的1903年，他有6部长篇以及125篇短篇小说问世。他成了美国文艺界最为知名的人物之一。

一个人知识的多寡，和他的勤奋程度永远是成正比的，无论古今中外，凡在某一方面成大功，立大名的人，都是在某一方面勤于工作的人。一个在某方面勤于工作的人，不一定在某方面有成，但不在某方面勤于工作的人，决不能在某方面有成。此即是说，在某方面勤于工作，虽不是在某方面有成的充足条件，而却是其必要条件。有人说：一个人的成功，要靠"九分汗下，一分神来"。

古罗马有两座圣殿：一座象征勤奋，另一座象征荣誉。若想到达荣誉的圣殿，必须要经过勤奋的圣殿，勤奋是通往荣誉的必经之路。也有人试图绕过勤奋的圣殿获得荣誉，但终拒之门外。有一些人，有很好的天赋和理解能力，旁人都认为他们会取得成功，成为一个获得荣誉被世人称赞的名人。但是，这种人往往凭借自己的天赋而忽略勤奋，最终止步于荣誉的圣殿。而那些看似愚笨，无出头之日的人们，选择了笨鸟先飞和持之以恒，最后，顺利走进荣誉的殿堂，受到世人尊重。

历史上的精卫填海、悬梁刺股、凿壁偷光等故事，都在讲述勤奋制胜的道理。王阳明在描写如何获得良知的时候，也反复强调保持专一、勤恳的态度才能让良知长存。若想有一个美好的前程，我们离不开学习，而学习又离不开专一和勤奋的精神，只有静下心来持之以恒地学习，才能让我们看到胜利的曙光，获得成功的瑰宝。

4.掌握知识并不等于拥有智慧

凡饮食只是要养我身,食了要消化;若徒蓄积在肚里,便成痞了,如何长得肌肤?后世学者博闻多识,留滞胸中,皆伤食之病也。

——王阳明

许多人将王阳明的"心学"当成一种学问,而事实上,他所讲的只是修证的方法。如果只是当成知识学习,不修证、不开悟,用处并不大。王阳明熟知道家、佛家的修证方法,后来专行于儒道,跟其他读书人一样,从知识求道,于修证并未尽力,直到后来开悟,才知道做了半辈子"书呆子",他写了一首《再过濂溪祠用前韵》,描述了自己的心境:

曾向图书识道真,半生良自愧儒巾。

斯文久已无先觉,圣世今应有逸民。

一自支离乖学术,竟将雕刻费精神。

瞻依多少高山意,水漫莲池长绿萍。

诗中之意,半生错用工夫,只知向书中求道,读书人中早就没有可以"以先觉觉后觉"的行觉者了,当今之世只有我这个散人。从寻章摘句中做学问,白白浪费了许多精力。"瞻依多少高山意,水漫莲池长绿萍",是开悟的境界,只可意会,不可言传。

王阳明后来教学,不太要求学生在知识上求解,只要求做切身功夫,求真实体验。

有一次，他问学生九川："于'致知'之说体验如何？"

九川说："自觉不同往时，操持常不得恰好处，此乃是恰好处。"

王阳明说："可知是体来的与听讲不同。我初与讲时，知尔只是忽易，未有滋味。只这个要妙，再体到深处，日见不同，是无穷尽的。"

九川说："此功夫却于心上体验明白，只解书不通。"

王阳明说："只要解心。心明白，书自然融会。若心上不通，只要书上文义通，却自生意见。"

与王阳明不同，许多读书人，只是求知，不求开悟，装了一脑门子学问，消化不了，还自以为志大才高，受到重用，必负所托；不受重用，便一肚子怀才不遇的怨气，知识都变成酸水，直往外倒。

客观地说，知识对开悟并无坏处，往往知识越丰富，开悟的可能性越大。但知识丰富跟开悟却是两回事。

国学大师冯友兰先生曾经说："就一个人的学问和修养来说，他必须是一个理论联系实际的人，如果仅读了一些经典著作，掌握了一些文献资料，懂得一些概念或范畴，而不能够解决实际问题，这种人不是我们所需要的，这种人也不是生活所需要的。"

哲学家、数学家坐船渡河，数学家问正在用力划桨的船夫："你懂数学吗？"船夫摇摇头，数学家不无遗憾地说："太可惜了，那样你将因此失去三分之一的生命。"

接着哲学家又问："那么，你懂哲学吗？""不懂。"船夫还是摇摇头。哲学家感慨地说："真是可惜，那你就只剩下一半生命了。"

这时，一阵狂风吹来，小船即将翻沉。船夫大声地问哲学家和数学家："你们会游泳吗？"

两人大叫："不会！"船夫深深地叹息道："嗨，那么你们将失去全部的生命！"

哲学家和数学家都是人们所认为具有很多知识的学者,但是在面临生活中的突发状况时,他们的知识并不能帮助他们保全性命,或者说无法帮助他们解决迫在眉睫的问题。我们也许是知识丰富的哲学家,但我们并不一定是具有创造力的哲学家,并不一定能接受新事物,不能对新鲜、新奇的事物做出敏感和及时的反应。但智慧不同,智慧的力量是无限的,真正的智慧能帮助我们面对生活中的各种难题。所以说,一个有知识的人并不一定拥有智慧。

善财童子四处参学、拜谒善知识者。有一次,他去拜会妙月长者,问道:"自我的顿悟,是否可由听闻他人谈论般若波罗蜜而得?"

"般若波罗蜜"是梵文音译,大意是"智慧成就到彼岸"。

妙月长者说:"不能。因为般若波罗蜜,是亲自悟入一切事物的真知妙知。"

善财童子不解地问:"知识,岂不是由听闻而来?对事物的认识,岂不是由思考与推理而来?自我开悟,为何不能由听闻知识、思考认识得来?"

妙月长者耐心地解释说:"自我开悟,永远不能仅从思考而来。比方说:在一片广袤的沙漠中,没有泉,没有井,没有河流。在烈日炎炎的夏天,一个旅人从西向东穿行沙漠,途中,他遇到一个从东面来的人,就说:'我极其干渴,请您告诉我,何处可以找到泉水与阴凉,让我能够解渴、沐浴,恢复体力?'从东而来的人说:'再向东走,路会分成两条叉道,一左一右。你走右边一条,再继续往前,一定会找到清泉与阴凉。'你想,这位旅人听到了关于泉水与阴凉的知识,他的焦渴是否就解除了呢?"

善财童子说:"不能。因为只有当他按对方的指示,真正到达泉水之处,喝饮它,并在其中沐浴,才能解除渴热,恢复体力。"

妙月长者说:"年轻人,修行的生活也是这样。仅是学习、思考与增进知识,永远不能悟明真道。我所举的例子中,沙漠即是生死:从西而东者,即是一切众生;热是一切外境,渴是内心贪欲;从东而来者,是佛或菩萨,他是开悟的觉者，住于大智慧之中，而能透视一切真谛，他所告诉我们的，都是他自己已经亲自实践过的：饮清泉、解渴、除热。再者，年轻人，我要说另一个比喻：假如佛陀在世间再留一劫，用尽一切精确言词，用尽一切比喻描述，让众人得知甘露的美味与种种妙处。你想，世间众生，是否因听闻了佛说甘露的美好，就能亲身体验到它的美妙呢？"

善财童子说："不能！甘露的滋味，只有亲口品尝才能知道。"

妙月长者说："是啊！仅仅听闻与思考，永远不能使我们认知般若波罗蜜。"

善财童子心领神会。后来，他继续参学，终于功德圆满，大彻大悟了。

掌握知识并不等于拥有智慧。但只要你能将知识运用到实践中去，知识就可以转换为智慧，解决我们生活中的问题，这也是王阳明所推崇的"致良知"之道。

5.专注于心，巅峰可成

我辈致知，只是各随分限所及。今日良知见在如此，只随今日所知扩充到底；明日良知又有开悟，便从明日所知扩充到底。如此方是精一功夫。

——王阳明

罗曼·罗兰曾说过："与其花大量的时间和精力去凿许多浅井，不如花同样的时间和精力去凿一口深井。"在时间有限、精力有限的情况下，我们不可能把所有的事情做到最好，但却一定可以把其中的一件事做到能力范围内的最好。心无旁骛地做一件事，更容易成为强者，治学尤其如此。

综观世间学有专长之人，都是由于其对某一领域有所偏好，专注于心，穷根究底，终于"守得云开见月明"。

王阳明在龙场悟道后，其心学有了发展的基础和方向。历史上对于"龙场悟道"的描写都有些神秘色彩，但无论多么神秘，有一点可以肯定的就是，王阳明在悟道之前无时无刻不在努力思考着心中的问题。他认为，每天都要把今天所得的知识扩充到底、研究到底，这样才能做成学问，才是"精一功夫"。

东晋大书法家王羲之被后人誉为"书圣"，王献之是王羲之的第七个儿子，天资聪颖，机敏好学，他七八岁时始习书法，师承其父。王献之天赋异禀，父亲王羲之对他的要求也甚高。

一次，王羲之看着儿子说："儿啊，你只有写完了院里的十八缸水，你的字才能有筋有骨、有血有肉，直立稳健。"年少的王献之不以为然，认为自己有天赋所在，不必修炼如此之久。五年后，当他写完院里的三缸水，自觉写有所成，便将自己的作品交予父亲观看。父亲边看边摇头，直到看见一个"大"字，脸上略显微笑，在下边添了一点。少年王献之又将作品给他母亲大人欣赏，只见母亲的脸上也出现了方才父亲的表情，最终将手指在"太"字，说道："吾儿磨尽三缸水，唯有一点似羲之。"此时，王献之才知道自己与父亲的差距还很大，便下狠功夫练字。当家里的十八缸水都写完后，王献之的书法果然到了炉火纯青的地步。自此，书法界又出"一王"，即王献之，父子俩也被人们誉为书法界的"二王"，受世人敬佩。

专注于心是做学问的大原则，博而不专，杂而不精，必然会成为学术研究的最大阻力。

世界上有座"人人都是语言学家的城市"，然而，就是这座每位市民至少都会三种语言的城市，却从来没有出现过一个大文豪。

这个以语言见长的国家即卢森堡，它处于欧洲"十字路口"，夹在德、法、比三国当中，人口仅四十万，其中外籍人口占到26%。其首都卢森堡市，有八万人，是欧洲金融中心和钢铁基地之一，外国人占的比例更高。由于对国外经济的依赖性，在卢森堡，每人精通三种语言是刚出娘胎就注定的。

当婴儿咿呀学语时，母亲首先教其说本国的卢森堡方言，这是国人日常交谈的口语；进入幼儿园后开始学德语和法语，因为二者是官方语言，而德语更是教学宣教的语言，不懂德语就不能跟着神父念圣经唱圣诗；小学同时用德、法两种语言授课；中学修第三门外语，如英语、拉丁语等，因为国内没有大学，要深造必须出国留学。

在卢森堡，约定俗成的是，报纸用德文出版，杂志用德、法文出版，学术杂志只有法文。广播用德、法语，电视用法语。招牌、菜名、各种票证、车票、单据也是法文。议会辩论语言只许用法、卢两种。法庭审讯犯人使用卢语，宣判用法语，判决书用德文打印……走进一户人家，你会看到父亲在读德文报，儿子在念法文书，女儿在唱英文歌，母亲在用卢语唠叨。

对于外国人高度赞美的语言的多样化，卢森堡人却不以为然。他们埋怨为了谋职和生存，将大半精力都消耗在三四种语言的学习与运用上。虽然他们懂得的语言多，但能够真正精通的却太少。透视卢森堡，该国之所以难以诞生一个文学巨匠，并非是其文化底蕴的匮乏，而是各种泛滥的语言阻碍其走进文学殿堂的纵深处。

斯蒂芬·茨威格曾说过："一切艺术与伟业的奥妙就在于专注，那是一种精力的高度集中，把易于弥散的意志贯注于一件事情的本领。"一个人如果能做到除了追求完整意志之外把一切都忘掉，完全沉浸于对自我的提升之中，那他就能在求知的路上走得更远。

生活中，专注不是一种枯燥的实践。许多成功人士，在对事业的追求中做事专注,像小朋友搭积木,拆了做,做了拆,乐在其中;辛劳惯了的农民,让他闲上三五天,他便心里发慌,不如在田里劳作开心;作家爬格子苦不堪言,但如果一天不看书,不动笔,便会觉得魂不守舍,大抵各行专注其事的人都如此。王阳明也是这样,晚年的他身体虚弱,就是因为在年轻时候落下的病根,专注于学习的他,白天除了准备科举考试之外,晚上还挑灯夜读,常常整夜整夜不睡觉。

"衣带渐宽终不悔,为伊消得人憔悴。"在爱情故事里,这是凄美,纯粹的恋爱境界。而如果这里面的"她"换成事业,那么为它受苦不也正是人生一大乐事吗?

做一行爱一行,乐在其中便是专注。因为乐于所做之事,专注便顺理成章,曹操之于权谋,李白之于诗酒,还有法国拿破仑之于战争和冒险,毕加索之于绘画。他们专注其中,既取得了非凡成就,也得到了无限快乐。若无自娱的乐趣或让他们放弃自己的乐趣,他们便不会有最后的成就。

作家冰心曾说:"成功的花,人们只惊慕它现实的明艳,然而当初它的芽儿,浸透了奋斗的泪泉,洒遍了牺牲的血雨。"的确,成功的路是漫长、辛苦的,但是专注于成功的人,也正像是专注于恋爱的人一样,纵使瘦了累了憔悴了也不会后悔,纵使千帆过尽也不会懊恼,因为没有专注于"她"的境界也就不会成就纯美的爱情,没有不辞辛劳地专注于事业的态度,就不会享受成功的喜悦,尽在其中的陶醉与乐趣也就无从谈起。

6.见多识广才能更好地致良知

良知不由见闻而有，而见闻莫非良知之用、故良知不滞于见闻，而亦不离于见闻。

——王阳明

在王阳明看来，良知虽然不是来自人们平时的见闻，但人们的知识大都是从见闻中产生的，即见闻都是良知的运用。因此，良知不局限于见闻，但也离不开见闻。

对于见闻这个问题，王阳明认为人们要做到"博文"即是"唯精"，"约礼"即是"唯一"。即人们只有广泛地在万事万物上学习存养天理的方法，才能求得至纯至精的天理，才能求得天理的统一与完整，因为天理只有一个。总之，在王阳明眼里，见多识广才能更好地致良知，才能获得心灵的平静和喜悦。

《礼记·中庸》有云："博学之，审问之，慎思之，明辨之，笃行之。"这里说的是为学的几个层次，或者说是几个递进的阶段。"博学之"意为"学"首先要广泛地猎取，培养充沛而旺盛的好奇心。好奇心丧失了，为学的欲望随之消亡，博学遂为不可能之事。"博"还意味着博大和宽容，唯有博大和宽容，才能兼容并包，使为学者具有世界眼光和开放的胸襟，真正做到"海纳百川，有容乃大"，进而"泛爱众，而亲仁"。因此博学乃为学的第一阶段，没有这一阶段，为学就是无根之木、无源之水。

张衡，东汉建初三年出生在现在的河南省南阳县的石桥镇。他的祖父张堪做过太守，为官清廉。他的父亲早逝，因此张衡家里很贫穷。张衡从小就勤奋好学，加上天资聪颖，很早就闻名乡里。

据史书记载,他10岁时就"能五经贯六艺",过目成诵。他兴趣很广泛,常常涉猎自然科学方面的读物,而且写得一手好辞赋。

一天,张衡从一本诗集里读到四句诗,描述了北斗星在各个季节傍晚时的变化:"斗柄指东,天下皆春;斗柄指南,天下皆夏;斗柄指西,天下皆秋;斗柄指北,天下皆冬。"他觉得这太有意思了。天上的繁星闪烁,有的像箕,有的像斗,有的像狗,又有的像熊,它们的运行又各有怎样的规律呢?这简直是太美妙了。于是张衡根据诗的内容又参考别的书籍画成了天象图,每夜只要是没有云彩,他就默默地对着天象图仔细观察着夜空。广漠的星空有多少难解之谜呀,他观察着、记录着、思考着,他的脑袋里装满了各式各样的问题,充满了五颜六色的幻想。后来,他终于确认那四句诗里描述得不够准确,事实上斗柄早春指东北,暮春却指东南。

少年时代对日月星辰的观察,激发了张衡努力探索天文奥秘的决心。后来他两度出任中央政府专管天文的太史令,在这方面取得了辉煌的成就。

渴求知识的张衡总是感到自己知识的不足,不满17岁时,他辞别父母独身一人到外地访师求学。在古都长安,他游览了当地的名胜古迹,考察了周围的山川形势、物产风俗和世态人情。在当时的京都洛阳,他结识了不少有学问的朋友,其中有一个叫崔瑗,精通天文、数学、历法,还是很有名气的书法家。张衡登门向他求教。正是由于他这种虚心好学的精神使得他在各方面获益匪浅。

张衡一生做了很多的事情,但是,他最有名的发明就是"地动仪"了。那个时期,经常发生地震。有时候一年好几次。发生一次大地震,就会给老百姓和国家带来很多的伤害。

当时的皇上和老百姓都把地震看作是不吉利的征兆,认为是鬼神造成的。张衡却不信神邪,他对记录下来的地震现象经过细心的考察和试验,发明了一个能测出地震的仪器,叫做"地动仪"。

地动仪是用青铜制造的,形状像一个酒坛,四围铸着八条龙,龙头伸向八个方向。每条龙的嘴里含着一颗小铜球，龙头下面，蹲了一只张着大嘴的蛤蟆。哪个方向发生了地震，朝着那个方向的龙嘴就会自动张开来，把铜球吐出。铜球掉在蛤蟆的嘴里，发出响亮的声音，就告诉人们那边发生地震啦。

公元138年2月的一天，地动仪正对着西方的龙嘴突然张开来，吐出了铜球，这是报告西部发生了地震呀。可是，那天洛阳一点地震的迹象也没有，更没有听说附近有什么地方发生了地震。于是，朝庭上下都议论纷纷，说张衡的地动仪是骗人的玩意儿。过了没几天，有人骑着快马来向朝廷报告，离洛阳一千多里的金城、陇西一带发生了大地震，连山都有崩塌下来的。大伙儿这才真正地信服了。

张衡虽然后来在政治上并不顺利，但是，他的这些科学发明和实验在我国科学史上留下了光辉的业绩。

人要成功，首先就要做到博学；而博学的首要任务就是读书学习，正如吴兢在《贞观政要·崇儒学》中所说："虽然上天给予了人好的品性和气质，但必须博学才能有所成就。"这就像一块璞玉，只有进行打磨才能使它趋于完美；木材虽本性包含火的因素，但要靠借助外力才能燃烧；人的本性中包含着聪明和灵巧，但要经过不断地学习进取才能将聪明和灵巧发掘出来。

一般说来，知识越渊博、阅历越丰富的人，应变能力就越强。他们反应灵敏，在与人的交往中遇到紧急情况能够调动长期积累的生活经验和各种知识思考来解决，从而使"山重水复疑无路"转化为"柳暗花明又一村"。

清代著名戏曲理论家李渔，儿时读《孟子》中的一句"自反而不缩，虽褐宽博，吾不惴焉"，再看朱熹的注释："褐，贱者之服，宽博，宽大之衣。"

李渔十分纳闷，因为他自小生长在南方，所见的"衣褐者"多是富贵之人。于是，他向老师提问："褐是贵人所穿，为何说是穷人的衣服呢？既然是穷人的衣服，那就当处处节约布料及人力，却为何不裁成窄小的反而却如此宽大呢？"老师默然不答。李渔一再追问，老师只是顾左右而言他。

李渔颇感失望，疑问数十年未解。直到远游塞外，才终于揭开谜底：原来塞外天寒地冻，牧民自织牛羊毛以为衣，皆粗而不密，其形似毯，所以"人人皆褐"。可是牧民为什么不知节约物力人力，一律穿那"宽则倍身，长复扫地"的"毯"式服呢？原来这种服装是日当蓝衫夜当被的，"日则披之服，是夜用以为衾，非宽不能周其身，非衣不能尽覆其足"。

一个人的社会知识多了，阅历丰富了，他就懂得了一些社会因素、心理因素，那么在与人交谈时就更得体、更有分寸。所以，要成为一个成功者就要多掌握一些知识，这不仅是人际交往之必须，更是做学问的诀窍。

7.克服浅尝辄止的毛病

辨既明矣，思既慎矣，问既审矣，学既能矣，又从而不息其功焉，斯之谓笃行。

——王阳明

王阳明认为，如果一个人对世界辨析明白了，思考谨慎了，询问仔细了，学习也长进了，却还能坚持用功不懈，那他就做到了"笃行"。

现如今的社会，人们大多急功近利，对事物的认识也多是浅尝辄止——略微尝试一下就停止，不肯下功夫深入钻研，害怕因此浪费自己的时间。比如，人们在学习基础知识时往往只停留在表面，看起来好像对这些问题已经了解了，却没有深入思考、触类旁通和向外拓展，因而题目稍有变化就不知道该如何解答了，这就是浅尝辄止的坏处。

南北朝时期，梁朝有个人，名叫江淹，他年轻时家境贫寒，却好学不倦，诗和文章都写得很好，成为当时负有盛誉的作家。中年为官以后，有一天晚上，他梦见一个自称郭璞的人，对他说："我的五彩笔在你处多年，请你还给我吧！"江淹听了这话以后，到自己怀中去摸，果真摸到了五彩笔，便还给了郭璞。从此以后，江淹写诗作文便再也没有优美的句子了。

据史学家考证，江淹确有其人，他的诗文到后来退步也真有其事，但他的文采一落千丈的根本原因不是上文还五彩笔的传说。他早年家境贫寒，所以学习刻苦，"留情于文章"，而且非常注意向有成就的前辈学习，"于诗颇加刻画虽天分不优，而人工偏至"，也就是说他虽缺乏做学问的条件，但却加倍去努力、去钻研。他的成就不是天意神授，而是来自于勤奋不息，好学不倦，这就是他前半生誉满朝野的根本原因。

到了后半生，官做大了，名声也大了，江淹认为平生所求皆已具备，功名既立，须及时行乐了。于是他由嬉而随，耽于安乐，自我放纵，再不求刻苦砥砺了。他自己说他性有三短，其中的"体本疲缓，卧不肯起""性甚畏动，事绝不行"等就属于"随"的劣性。"随"导致他事业心消磨，他只"望在五亩之宅，半顷之田"，什么治国平天下的雄心壮志都烟消云散了。后来诗文褪色，"绝无美句"，这就成了必然的结局。

世间之事正如逆水行舟，不进则退。有大学问的人，贵在有勤勉和持之以恒的努力。成大事之人，贵在对事业的不懈追求。取得一点成就就沾沾自喜、骄傲自满，自认为高人一等，再聪明的人也会有栽跟头的那一天。

如果人们能在学习了解的基础上再深入思考，将所学知识不断反馈到大脑的深处，让这些信息一次次地刺激潜意识，以便把知识提炼、消化，就可以灵活自如地运用这些知识。在拥有了深入思考的习惯后，人们就能避免浅

尝辄止的毛病,学会深入地了解事物,即儒家所说的"笃行",也就是人们常说的坚持到底的做事精神。

唐代大诗人李白自幼天资聪颖、活泼好动,是远近闻名的"小才子"。在众人的赞赏声中,年幼的李白逐渐变得骄傲自满起来,一味贪恋玩耍,读书时只是敷衍了事,不太愿下苦功学习。

李白的父亲看到儿子这样不思进取,很是担忧,便送他到山中去读书,希望他能静下心来专心学习。然而,李白一点也没有改变。

过了一段时间,父亲想看看李白有没有进步,就考他对一首诗的理解,李白自恃其才进行解说,却解说得乱七八糟。父亲很生气,斥责他:"如此读书,何时成才?"李白却不以为然,认为自己已经记住了那首诗,不明白父亲为什么会生那么大的气。他说去练书法,就借机溜出去了。面对顽劣的儿子,父亲叹息不已。

李白正在写字时,面前飞过一只蝴蝶,一下把他吸引住了,他忙放下笔,蹦蹦跳跳地去追蝴蝶。一路追逐着蝴蝶,李白不知不觉就来到了山脚下的一条小涧,他看到一位老婆婆正在那里磨一根铁棒。

李白好奇地问:"老婆婆,你在这里做什么呢?"

老婆婆抬起头来,答道:"我在磨这根铁棒呀。"

李白感到更奇怪了:"你磨铁棒干什么用呀?"

老婆婆说:"我呀,我想把这根铁棒磨成一根绣花针。"

李白惊呆了:"那么粗的一根铁棒,什么时候才能磨成绣花针啊?"

老婆婆回答道:"这你就不懂了。常言说得好,世间无难事,只怕有心人。不论做什么事,没有成不了的。这根铁棒虽然粗,但只要坚持,总有一天会磨成绣花针的。"

看到这一切,又听了老婆婆的这番话,李白的心灵受到了极大的震撼,他深深地感到自己以往不论做什么事都浅尝辄止,与老婆婆要将铁棒磨成绣花针的精神相比，真是太惭愧了！

从此，李白痛改前非，无论射箭、练书法、读书都非常用心，力求精益求精。经过持久不懈的努力，他最终成了名垂千古的"诗仙"。

李白作为天资聪颖的一代大诗人，尚且要如此笃行才能成功，我们普通人，要想取得成就，就更要下苦功夫去克服浅尝辄止的毛病了。

笃行，即坚持，一个再简单不过的词汇，却也是一个鲜有人达到的标准。国学大师冯友兰曾说："我们在一生中，所想做的事不一定都能成功，而尤其是新兴的事业，那更没有把握了。所以我们无论做什么事，即使遇到失败，千万不要灰心，一定要继续做下去。"也正是秉持着这份坚持，冯友兰大师才在哲学领域达到如此高度。

许多人都有过这样的经历：做一个决定，总是很容易，但当事情发展下去时，会出现越来越多的问题：没有时间、外界干扰、条件不允许……分歧也在此产生。很多人开始动摇，开始心存疑惑：我真的能做完这件事吗？接着，开始气馁、灰心丧气，随后便是退缩与放弃，成功也就此夭折。相反，如果在面对诸多阻挠与困难时，能够坚持不懈地继续努力下去，跨越一个又一个障碍，往往能迎来期望中的成功。

很多时候，成功并没有想象中那么遥远。大戏剧家莎士比亚说："千万人的失败，都失败在做事不彻底；往往做到离成功还差一步，便终止不做了。"这样的失败，无疑令人扼腕叹息。其实，我们与成功只有一步之遥，这一步便是坚持不懈、锲而不舍。

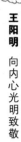
8.学问,在自省后更加明澈

学须反己。若徒责人,只见得人不是,不见自己非。若能反己,方见自己有许多未尽处,奚暇责人?

——王阳明

王阳明认为,"人们应该学会自我反省。如果一味地责备别人,往往只看到别人的不是,却忽略自己的不足。如果能时常反省自己,就能看到自己身上的很多不足之处,并加以改正,哪里还有时间去责备他人呢?"

不是人人都能从一开始就清楚地认识到自省带来的积极作用。实际上,当我们的心灵经过自省的洗礼,心里的杂念和纷扰也会如流水般流走。

有一位老人,每天都带着他的小孙子摇头晃脑地读着《诗经》《春秋》《三国志》等古书籍,书声琅琅。

一天,小孙子问道:"爷爷,我读《道德经》但都猜不透里面的意思。有时似乎理解了一点,可是一合上书又很快就忘了。这样读书又有什么收获呢?"

爷爷把煤扔到炉子里,很平静地转向孙子,说:"拿着这只装过煤的篮子,到河里去盛水回来给我。"

孙子照他说的去做,但是在他到家以前,水都漏光了。爷爷笑着说:"下次你得走快点。"又让小孙子去河边去再试试。这次孙子飞快地跑回来,但满篮子的水仍然漏光了。他喘着粗气,对爷爷说:"爷爷,不可能用篮子打到水的,换成桶吧!"老人说:"我不想让你用桶打水,想让你用篮子,你没有尽力。"说完他走到门外,要孙子再去试一遍。

这孙子很听爷爷的话,听到爷爷这么说,就又到河边打水去了。可是无论他如何尽力快跑，水还是在回到家以前就漏光了。他上气不接下气地说："爷爷，瞧啊！没有用的，我说过，没用就是没用，你非让我……"

"你真的认为没有用吗，孩子？你看看篮子。"

孙子看了看篮子，发现篮子已经不一样了，它变得十分干净，已经没有煤灰沾在竹条上面了，连提手也变得有光泽了。"孩子啊，这和你诵读古典书籍是一样的。也许你只记住了只言片语，也许你一丁点儿也不明白其中的意思。但当你诵读后，你已经在不知不觉地改变了，那些文字会影响你，会净化你的心灵。"

其实，我们每一个人都应该有一本心灵的书，即使我们未曾记住一句话、一个字，却依然会受益终生。因为，它会让我们的心灵如泉水般清澈、纯净，这就是自省的作用。

有一男生和一女生一起去参加某公司的招聘考试，该公司对这两人分三天做三次考核。第一次考试，男生取得99分，而女生则以95分排在第二。第二次考试试卷发下来时，男生感到纳闷，因为试卷与第一次的完全一样。但监考人员说没有发错，他便懒得去想，潇洒地重做了一遍。

第二次分数出来后，他还是以99分位居第一，那位女孩则还是排在第二，不过这回她得了98分。

第三天的考试准时进行，令他意想不到的是，这次试卷仍然和前面两次完全相同。但监考的人员还是那句话："认真答卷，不要有疑问！"两位考生老实地再答了一遍。只是当他自信而从容地用了不到半小时就完成试卷时，他瞥了一下那位女孩，她似乎还在绞尽脑汁冥思苦想，时而修改，时而补充，直到考试时间结束后，她才把试卷交上去。

第三次考试成绩公布了，他依然是99分，只是这次女孩也考了99分，但是他一点也不担心被挤下来，因为他觉得自己足够优秀。可是第四天公布的录用结果却让他大吃一惊,公司录取的竟然是那个女孩,而不是他!总经理笑着告诉他:"我们很欣赏你的考分。但我们没有承诺谁考了最高分就录用谁。不错,你每次都考了最高分,可惜你每次的答案都一模一样,一成不变。如果我们公司也像您的答案一样,总用一种模式去经营,能摆脱被淘汰的命运吗?我们需要的员工不但要有才华,更应该懂得反思,善于反思善于发现错漏的人才能有进步,职员有了进步公司才能有发展,我们之所以用同一张试卷对你们进行考核,不仅仅是在考你们的知识,也在考你们的反思能力。"这一番话说得他哑口无言,羞愧难当。

一个不会反思,甚至不去反思的人,是不会有所成长的。所谓反思就是指通过思考来省视自己,检讨自己的言行举止,看自己在哪里犯了错,看看有没有需要改进的地方,为以后的发展做准备,以便于以后再有同样的事情发生时,能够采取正确的应对措施,至少要比第一次好。

第四章

行之道：知行合一，良知为本

1.外物勿扰与事融为一体

陆澄问："主一之功，如读书则一心在读书上，接客则一心在接客上，可以为主一乎？"

先生曰："好色则一心在好色上，好货则一心在好货上，可以为主一乎？是所谓逐物，非主一也。主一是专主一个天理。"

——王阳明

要想把每一件事情做好，就要脚踏实地，不浮躁，让心与事融为一体，达到一种忘我的状态，才能将事情做得完美。

王阳明认为，每一个人的心只有与所做的事情融为一体，才能说是真正的专注，才可以进入到自然而宁静的境界。就像他回答一位朋友提问的一样，致吾心内在的良知功夫，是不能急于求成的，掌握本心的主宰之处，并切合实际的用功,才能体悟透彻。这个时候才能忘掉心外之物,心与事才能达到合一的境界。

1517年,大明朝正在进行大规模的剿匪行动,土匪们逃窜到象湖山一带,割据一方,难以应付。此时福建和广东两省的领兵之人对作战战术发生分歧,福建一方认为土匪逃入山中,占据有利地形,但是却是惊弓之鸟,应该乘胜追击,向大山发起总攻。而以广东领兵为首的另一方却认为官兵在大山之中作战有很多不利因素,要等到秋后,等援兵来了再进攻。王阳明听后对福建的部队说,敌人已经进了大山,地形对他们非常有利,如果强攻会导致敌人奋力一搏,对官兵非常不利,不是上策。而广州官兵畏首畏尾,一味退避,也不是上策。

王阳明分析了敌人的情况之后,给双方的将士下达命令:第一,要麻痹敌人,让所有的部队向外宣扬,土匪进山不打了,等到秋后再说,要求犒赏三军,并做出部队要解散的样子,但是强调部队不能走太远,必须要保证一声令下能够很快集结起来。第二,让两支部队在暗中加紧操练,加紧备战,派出士兵打探土匪的情况,只要发现时机成熟就立即出兵攻击。第三,所有部队必须随时准备迅速集结。第四,部队的分工要明确。第五,在作战之时,要以敌军的首领为主要目标。第六,两支部队不能再有分歧,必须思想统一,行动统一。

王阳明下达这样的命令之后不久,战斗发生了转机,机会终于到来了,那些表面被解散的士兵都去种地了,土匪看到之后心中自然产生了懈怠。没有过去多少天,王阳明就以护送官员的名义,调集了1500名精兵强将突然对象湖山发起了总攻,紧接着后面的四千多援军也都到了,王阳明亲自率领军队赶到作战的前方,指挥战斗,布置任务,包围象湖山。两军对垒,战斗异常激烈。几个小时之后,象湖山被王阳明攻克,那些土匪纷纷四处逃窜,首领也被活捉。

在漳南的这场战役之中，攻克象湖山是其中关键的一步。王阳明在这里消灭了敌人的有生力量，从而转变了战局，剩下的事情就是去围剿那些逃跑的土匪了。又经过了一个月的作战，部队集结在一起将土匪的余党都一一铲除，十几年的匪祸自此被王阳明清除了。

15岁的时候，王阳明就对兵法产生了非常浓厚的兴趣，他不仅熟读兵法，还对当时的边关战役非常关心。那时候正值少年的他独自一人骑马去边关考察，回来后便将自己在边关的感受写成奏折要求父亲上书给皇帝，当然他的父亲没有同意，认为他一个少年怎么可以上书皇帝，这在他父亲眼中简直是无稽之谈。但是王阳明这种将书本的知识付诸实践之中，并让自己全身心去体验的精神却伴随了他的一生。后来王阳明遇到许璋开始专心攻读兵书，学习兵法，从此一发而不可收。在家中他会用瓜子、花生等进行排兵布阵，在客人那里会与他们一起讨论兵法。从这些也可以看出，王阳明在任何学问面前，都能够让自己全身心投入，全身心体验，其实也就是知行合一的重要表现。

学习知识贵在践行，在政治中学习政治，在战争中学习战争。王阳明在这次剿匪当中，特别强调了福建与广东的两个部队务必要配合完美，切不可让土匪逃入广东与福建的深山之中，一定要切断他们的后路，让这些土匪之间不能联络，然后再进行各个击破。由于王阳明将知识与实践融为一体，全身心去体验，去学习，去实践，他指挥的剿匪战役才能够获得完胜，可以说是他知行合一思想的最好诠释。

　　一个人在学习和工作之中离不开有效的思考，但是也需要全身心去投入，去实践，只有如此，才能将潜力投入到行动之中，才能跑得更快，最终达到自已的目标。

明朝儒学大师陈献章，自幼聪慧过人，读书过目不忘，但参加两次科举考试都落第了,27岁时,他开始发愤学习,拜当时名重一时的大儒吴与弼先生为师。

陈献章虽然很有才气,但不够勤奋,早晨常常贪睡不起。

吴与弼先生治学严谨,对学生要求也相当严格,这时就会在门外大叫:"读书人!你现在假如因为懒惰的话,什么时候才能学到前辈大师的精髓,将他们的思想发扬光大呢?!"

将陈献章从舒服的床上叫起来后,吴与弼并不急于给他讲授各种学问,而是通过各种杂事来磨练他,让他去挖地,簸谷,割禾,种菜,编扎篱笆,自己写字的时候,就让他研墨,或者客人来时,令他接待沏茶。这样过了几个月,就让他回去了。

刚开始时,陈献章对这种独特的教学法感到失望,觉得在老师那里,除了学会干一些农活杂事之外,什么也没学到。回乡之后,他静静地思索在老师那里求学的经历,想起了这样一件事:一天在田里割禾时,老师不小心被镰刀割伤了手指,十指连心,自然非常疼痛,老师却说:"人怎么能够被外物所胜呢?"竟然面不变色、若无其事地继续割禾。

陈献章终于恍然大悟,体会到了吴与弼先生的良苦用心,原来老师这是在身体力行,用自己的实际行动来教育学生要有过于常人的人格和意志,不要匍伏在任何外物之下。自己平时自恃聪明过人,不愿痛下苦功,这不正是自己最大的弱点吗?而老师早已洞察到了自己的这个毛病,对症下药,从各种小事入手来提升自己的意志力。

从此之后,陈献章开始了真正的勤奋治学,他闭门读书,足不出户一年有余,精益求精地穷研古今典籍,有时钻研一个问题到了关键时刻,彻夜不寝,实在困倦了则用凉水浸泡双足,以刺激自己清醒起来。他还自筑阳春台,整日静坐其中,潜心学习思考,他用功到如此地步,以致家人只能从墙壁挖一个洞把食物递进去。

陈献章以过人的意志力,一心修身治学,就这样坚持数年,终于有悟,成为了明代著名的哲学家、思想家、教育家、诗人及书法家,桃李满天下,更开启了明朝一代的心学新风。

后人评价说:"先生（陈献章）之学，激励奋发之功多得之康斋（吴与弼）。"陈献章尽管聪明多才,智商高,记忆力好,但聪明的人往往容易去找捷径,不肯下苦功去做学问。如果没有吴与弼先生用各种农活杂役来磨练他的意志,使他从此痛改前非、发奋努力的话,他能否成就那么大的学问还是个问题。

在这种坚持不懈的探索中,陈献章通过亲身实践,终于悟到了掌握自己意志的奥秘。他说:"古之善学者,常令此心在无物处,便运用得转耳。"这就是说,在修身治学、磨炼意志的过程中,最关键的一点是:要善于把真我置于虚无处,向不认同你的头脑学习。

一个人,如果对某一事物倾注了全部的感情,那么它就被赋予了生命。它有了生命,就能与你息息相通,达到合二为一的境界,然后,最大限度地激发出自己的才能,所以不管什么事,只要竭尽全力,结果必然不差。

到底怎样做才能达到完全投入的境地呢?

首先要让自己明白这样的好处。想一想,如果完成不了它,人生将有什么样的遗憾。其次,当自己的思维受到干扰时,要立即调整,把注意力集中到事物上,要控制好唯一能够把握的"此刻"。最后,当你为了一件事克服重重困难、全力以赴时,你就会惊讶于你的改变,发现一个全新的、认真的、充满力量的你。

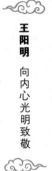
2.知是行之始,行是知之成

知是行之始,行是知之成。圣学只一个功夫,知行不可分作两事。

——王阳明

爱曰:"古人说知行做两个,亦是要人见分晓。一行做知的功夫,一行做行的功夫,即功夫始有下落。"

先生曰:"此却失了古人宗旨也。某尝说知是行的主意,行是知的功夫。知是行之始,行是知之成。若会得时,只说一个知,已自有行在;只说一个行,已自有知在。古人所以既说一个知,又说一个行者,只为世间有一种人,懵懵懂懂的任意去做,全不解思惟省察,也只是个冥行妄作,所以必说个知,方才行得是。又有一种人,茫茫荡荡悬空去思索,全不肯着实躬行,也只是个揣摸影响,所以说一个行,方才知得真。此是古人不得已补偏救弊的说话。若见得这个意时,即一言而足。今人却就将知行分作两件去做,以为必先知了,然后能行。我如今且去讲习讨论做知的工夫,待知得真了,方去做行的工夫。故遂终身不行,亦遂终身不知。此不是小病痛,其来已非一日矣。某今说个知行合一,正是对病的药,又不是某凿空杜撰。知行本体原是如此。今若知得宗旨时,即说两上亦不妨,亦只是一个。若不会宗旨,便说一个,亦济得甚事?只是闲说话。"

阳明先生说:"知是行之始,行是知之成,若会得时,只说一个知,已自有行在,只说一个行,已自有知在。"意思是说,知是行的开端,行则为知的完成,二者互为始末,因此行一件事之前,必先有知,行者必以知为前提。再浅显些说,如人饮水,冷暖自知,各种食物的味道,除非以自己的舌头去品尝,以自己的心体去体会，否则无法知道它的真味。事同此理，没有亲身的经历，也无法体悟其中顺、逆的切实情境。

唐代，中原有一片山脉盛产灵蛇，蛇胆和蛇心都是很好的药材，虽然蛇毒剧烈，见血封喉，可是为了赚钱，很多人不惜冒着生命危险去捕蛇。有一天，有三个从南方来的年轻人来到附近的村子，准备进山捕蛇。

年轻人甲在村里住了一天，第二天清晨便收拾行装上山捕蛇，但是几天过去了，他都没有回来，他不懂得蛇的习性，在山里乱窜，惊扰灵蛇；而他又不懂如何捉蛇，最终因捕蛇而丧命。

年轻人乙见状，心中害怕不已，再三思虑要不要去山里捉蛇，他每天都站在村口，向大山的方向望去，时而向前走几里路，不久又走回来，终日惶惶然行走于村子与大山之间。

年轻人丙则充分考虑了如何找蛇穴、捕蛇、解毒等问题，并经常向村里人讨教，掌握寻找蛇穴、引蛇出洞等捕蛇的技术，学习制作解毒的药剂。经过半个月的准备，年轻人丙带着工具上山了。七天过去了，大家都以为他已经丧命，可是年轻人竟然背着沉重的箩筐回到了村里。他捕到了上百条灵蛇，赚了很多银两，之后还做起了药材生意，成为著名的捕蛇之王。

三个年轻人一起捕蛇，一个毫不考虑、鲁莽行动；一个思来想去、迟迟不动；一个经过深思熟虑之后付诸行动。三个人对待思与行的不同态度，注定了他们的际遇截然不同。思考与行动是相辅相成的。无论偏向于哪一方，都难成大事。诸如乱猜结果蒙对、想发财就捡到钱等意外、碰巧之事，不过是人生乐章中少之又少的特殊音符，难以用它来谱写一生的成就。

思考与行动，对于一个正常人而言，是人生至关重要的一件事，如人之生老病死，难以避免。小到处理家庭琐事，大到掌握国家命脉，不假思索地行动和多番思虑却不见行动的人，轻则败家，重则亡国。思与行，不可偏其

一，这便是中国两千多年的历史积淀下来的沉痛教训，也是王阳明知行合一的观点所在。

3.对的时间，做对的事

纵有传者，亦于世变渐非所宜。风气益开，文采日胜，至于周末，虽欲变以夏商之俗，已不可挽，况唐虞乎？又况羲黄之世乎？

——王阳明

世界瞬息万变，人们只有顺应外界的变化而变化，用发展变化的眼光和思维来对待生活中的万事万物，才能因地制宜、因时变化，从而获得真正的自由和幸福。

1517年，江西南部以及江西、福建、广东交界的山区一带，爆发了农民起义。当地的农民凭借山区地势易守难攻的优势据洞筑寨，招募军队，成为一方威胁。地方官员难以镇压，最后上奏朝廷，朝廷委派王阳明前去平定暴乱。

当时，王阳明采取的首要平定策略就要从当地的实际情况出发。每到一地，王阳明总是先考察当地的特殊情况和地域特色，然后才制定行之有效的策略。最让人称道的是，王阳明看待农民起义绝对不是单纯地站在地主阶级的立场上，而是对起义的民众进行"市场细化"，哪些是被穷困生活逼迫的，哪些是被人蛊惑的，哪些是生性胆大妄为的，他都认真地加以区分。另外，起义者究竟是首恶还是胁从，在王阳明的工作"日记"里都备案得清清楚楚。甚至在具体处理某些罪犯的时候，王阳明也是本着谨慎的原则，对那些虽然犯了罪但是认错态度比较好的人从轻发落，对那些不思悔改坚决和大明王朝对抗到底的人则严肃处理。

此外，王阳明在每次开展大规模的清剿行动之前，都会提前发布告示，规劝那些误入歧途的随大流者迷途知返，从而让这些铤而走险的非亡命之徒改过自新。在告示发布一段时间之后，如果仍然有人拒不悔改的话，王阳明就会以武力对这一部分人进行教育。平定叛乱之后，王阳明还会根据当地的实际情况向皇帝进行汇报，请求批准增设县治从而加强管理。此外，为了及时发现民变的风吹草动，王阳明还请求上级设置关隘检查的巡检司，建立良好的监督管理机制，杜绝因缺乏信息来源而直接面临大规模农民起义的尴尬局面。

在对待农民起义这件事上，王阳明按照"具体问题具体分析"的方法处理，因此能够很快地平定这次叛乱。反过来，要是他对待所有农民义军都是一刀切，那只能激化地主阶级和农民阶级之间的矛盾，其结果将会让封建统治阶级付出更大的代价，而且还会因为征剿的血腥程度遗留严重的社会隐患，无法达到治标治本的效果。可见，王阳明以他的心学为指导思想，对自己的工作作风进行了最人性化和最科学化的规整，因此才能手到擒来，事半功倍。

王阳明根据社会制度和风俗习惯的不同，因地、因事、因时以制宜，并没有死守绳法。其实，任何事物的发展都会与原有的计划有所不同，面对改变的时候，智慧之人往往能看到直中之曲和曲中之直，并不失时机地把握事物迂回发展的规律，通过迂回应变，达到既定的目标。

孔子周游列国时，曾被围困在陈国与蔡国之间，整整十天没有饭吃，有时连野菜汤也喝不上，真是饿极了。学生子路不知从哪里弄来了一只煮熟的

小猪,孔子不问肉的来路,拿起来就吃,子路又不知用什么方法弄来了酒,孔子也不问酒的来路,端起来就喝。

可是,等到鲁哀公迎接他时,孔子却显出正人君子的风度,席子摆不正不坐,肉类割不正不吃。子路便问:"先生为什么现在与在陈、蔡受困时不一样了呀?"孔子答道:"以前我那样做是为了生存,今天我这样做是为了讲礼呀!"

孔子处理事情能从容淡然,就在于他有着因时而化、因地制宜的头脑。所以说,在遇到困难时,我们应懂得改变自己的思路和行为,因为变则通,变才能克服困难,达到目的。

当今社会,各种事物都在飞速发展变化着,身处其中的人如果不能审时度势,顺势而变,就很难适应社会的发展。我们在生活中如果能做到针对不同的时间和地点,随机应变、顺势而动,无疑会对我们适应生活,适应现实变化有很大的帮助。正如王阳明所说:"天下事虽万变,吾所以应之。"

4.成功不在难易,而在身体力行

今却不去必有事上用工。而乃悬空守着一个勿忘勿助。此正如烧锅煮饭。锅内不曾渍水下米。而乃专去添柴放火。不知毕竟煮出个甚么物来。吾恐火未及调停,而锅已先破裂矣。

——王阳明

获得成功的方法有很多种,然而不论是哪一种,即便是最简单、最投机取巧的成功之道，也无法在空想中实现。原因很简单，思想的力量只有在行动中才能发挥作用。为学如此，处世亦如此。要想收获成功，必须首先在身体力行上下功夫。

俗话说，火车跑得快，全靠车头带。火车头不只是方向的象征，更是力量的体现。很多人往往因为低估了自身的能力或者惧怕了眼前的困难而放弃行动，殊不知，当人们行动起来的时候，其威力往往超乎原有的想象，甚至能够轻松突破障碍，超越自我极限。前提就是，必须行动起来。

张溥是明代大学者，他有一套非常独特的读书方法，那就是通过多次抄写、多次阅读、多次焚烧，加深理解，熟读精思，所以叫"七焚法"或"七录法"。张溥的"七焚法"分三步。第一步，每读一篇新文章，就工工整整地将它抄在纸上，一边抄一边在心里默读。第二步，抄完后高声朗读一遍。第三步，朗读后将抄写的文章立即投进火炉里烧掉。烧完之后，再重新抄写，再朗读，再烧掉。这样反复地进行七八次，一篇文章要读十几遍以上，直至把文章彻底理解，背熟于心为止。张溥非常赞赏这种读书法，他把自己的书房叫做"七焚斋"，也叫"七录斋"，还把自己著的文集命名为《七录斋集》。

张溥反反复复练习，在不知不觉中就把自己雕琢成器了。人们常说，我们生活在一个很现实的世界里。"现实"不仅仅体现在人情冷暖上，更体现在行动的力量上。行动，是一个人的知识、智慧、思想境界等"虚"的东西的现实的载体。人们往往看重"知识就是力量、智慧就是财富"，却忽略了行动，忽略了行动带来的无穷力量。实际上，只要开始行动，就算成功了一半。因为行动能够将知识、智慧、思想境界的力量切实可行地发挥出来，从而形成一股强大的推动力，在正确的前提下，能够推动行动者更快地迈向成功。

世界上牵引力最大的火车头停在铁轨上，为了防滑，只需在它8个驱动轮前面塞一块一英寸见方的木块,这个庞然大物就无法动弹。然而,一旦这只巨型火车头开始启动,这小小的木块就再也挡不住它了;当它的时速达到100英里时,一堵5英尺厚的钢筋混凝土墙也能轻而易举被它撞穿。

从一块小木块令其无法动弹到能撞穿一堵钢筋水泥墙,火车头威力变得如此巨大,原因不是别的,因为它开动起来了。

其实,人的威力也会变得巨大无比,许多令人难以想像的障碍也会被你轻松地突破,当然前提是:你必须行动起来。不然,只知道浮想,如停在铁轨上的火车头,那就连一块小木块也无法推开。

俗话说,火车跑得快,全靠车头带。火车头不只是方向的象征,更是力量的体现。很多人往往因为低估了自身的能力或者惧怕了眼前的困难而放弃行动,殊不知,当人们行动起来的时候,其威力往往超乎原有的想象,甚至能够轻松突破障碍,超越自我极限。前提就是,必须行动起来。

曾经有一位乡下青年,自幼爱好诗歌,且写有大量作品,后来得到一位年事已高的文学大师的赏识和提携,青年的作品被发表在一些文学刊物上,但反响不大。不过,文学大师对青年有信心,依然要求青年把作品寄给他,保持书信往来。

在文学大师的帮助下,青年慢慢地开始小有名气,只是他们的书信交往变得越来越少,青年的语气也越来越狂妄。有一次来信,青年告诉文学大师,他觉得写抒情小诗没有意义,自己是大诗人就写长篇史诗。但是,在以后的书信中,青年却很少提起自己的"巨作"。直到有一天,他在信中告诉文学大师,这段时间,自己什么都没写。所谓的"巨作"只是空想而已。好高骛远,不切实际,不知天高地厚的乡下青年埋葬了自己的前途。

乡下青年的故事,印证了王阳明的观点:才华再高,如果无法做到身体力行,也不会取得成功。所以,想和行要结合起来,才能够让生活充实而美好。

5.巧干比苦干更重要

问:"孟子'巧、力、圣、智'之说,朱子云:'三子力有余而巧不足。'何如?"

先生曰:"三子固有力,亦有巧。巧、力实非两事,巧亦只在用力处,力而不巧,亦是徒力。三子譬如射,一能步箭,一能马箭,一能远箭。他射得到俱谓之力,中处俱可谓之巧。但步不能马,马不能远,各有所长,便是才力分限有不同处,孔子则三者皆长。然孔子之和只到得柳下惠而极,清只到得伯夷而极,任只到得伊尹而极,何曾加得些子。若谓'三子力有余而巧不足',则其力反过孔子了。巧、力只是发明圣、知之义,若识得圣,知本体是何物,便自了然。"

——王阳明

有弟子问王阳明道:"孟子主张'巧、力、圣、智'的说法,朱熹先生说:'三子力有余而巧不足。'这样说对吗?"

王阳明回答说:"伯夷、伊尹、柳下惠三个人不仅有'力',而且还有'巧','巧'与'力'实际上并非两回事,'力'中要有'巧'。有'力'却无'巧',不过是白费力气罢了。如果用射箭作比喻,他们三个人里,一个能够步行射箭,一个能够骑马射箭,一个能够远程射箭。只要他们都能射到靶子那里,便都能叫作有力;只要能正中靶心,便都能叫作巧。但是,步行射箭的不能够骑马射箭,骑马射箭的又不能远程射箭,他们三个各有所长,才力各有不同。但孔子则是身兼三长,然而,孔子的'和'最多也只能达到柳下惠的水平,而'清'最多能够达到伯夷的水平,'任'也最多只能达到伊尹的水平,未曾再添加什么了。如果说'三子力有余而巧不足',那他们的力加在一起反倒能超过孔子了。巧、力只是为了阐明圣、智的含义,如果认识到了圣、智的本体,自然就能够了然于心。"

生活中,有人日出而作,夜深才息,一天甚至埋头苦干十一二个小时,但结果却不尽如人意,一生平庸,碌碌无为。有人却深谙巧干远大于苦干的奥妙,总能找到更简单、更轻松、更快捷的方法,让自己获得成功。

当"酒店大王"希尔顿在盖一栋新酒店时,突然发现资金链断了,如果没有钱就根本无法继续盖新酒店。又由于无法从银行贷款,所以他非常着急。

突然,他想到了一个妙计:找那位卖地皮的商人协商!要他给自己"免费"盖酒店!

对此你是不是觉得太奇怪呢?哪有人傻到卖地皮给你,然后还把楼给你盖好的?但是希尔顿却做到了!

希尔顿找到那个地产商坦率地对他说没钱继续盖酒店了!地产商漫不经心地说:"那就停工呗!等有钱了再盖吧!"

希尔顿回答道:"这个我当然知道,但是,假如我的酒店总拖着不盖,恐怕受损失的不只我一个吧!说不定你的损失比我更大呢?"

听希尔顿这样说,当时地产商感到疑惑不解。随后,希尔顿又说:"你应该知道,在我买了你这块地皮之后,周围的地价已经涨了很多。如果我的酒店突然不盖了,你的这些地皮的价格就会受到影响。如果有人趁机告诉别人,我不盖酒店是因为你的地方不好,那结果对谁会更不利呢?"

"那你想怎么样?"地产商紧张起来。

"很简单,你暂且帮我一把,将房子盖好再卖给我,我当然会付钱给你的,但不是现在给,而是从我的利润里分期支付!"

地产商虽然很不情愿,但是考虑到整体利益,还是决定做一回"傻子",就同意盖这栋楼了。

生活中,会苦干,更要会巧干。会巧干的人,不一味走别人走过的路,总会努力开辟一条新途径,寻找新的机遇;会巧干的人从不循规蹈矩,他们往往放荡不羁,喜欢标新立异、独辟蹊径,以新的方法去干老的工作;会巧干的人具有独立性,他们具有独立工作的能力,有时喜欢独处,对自己的信念和愿望总会坚定不移地坚持下去;会巧干会变通的人看问题具有与常人不同的眼光,他们具有特殊的综合能力,往往别出心裁。如当别人说1+1=2时,他们却说1+1>2或1+1=11。

总之,会巧干的人不满足于浅显的东西、世俗的东西、平庸的东西或陈腐的东西;不满足于对问题的固有答案;并在不断的追求和探索中感到其乐无穷,因此,他们往往能够避免王阳明所说的"有力却无巧,只是白费力气"的做事误区。

6.千里之行,始于足下

我辈致良知,是各随分限所及,今日良知见在如此,只随今日所知扩充到底,明日良知又有开悟,便从明日良知扩充到底,如此方是精一功夫。

——王阳明

"活在当下",所谓"当下",就是现在正在做的事,现在所处的环境,现在遇到的人。"活在当下"就是要把关注的焦点集中在这些人、事、物上面,全心全意地认真去接纳、品尝、投入和体验这一切。活在当下是一种全身心地投入生活的人生态度。当你活在当下,没有过去拖你的后腿,也没有未来让你担忧时,你全部的能力都会集中在这一刻,生命也因此更具有一种强烈的张力。

"当下"之所以如此重要，是因为它是千里之行的起点。人生漫漫长路，都从当下开始，无论是过去的，还是即将到来的，都不如当下的一切来得真切、来得实在。王阳明说："我辈致良知，是各随分限所及，今日良知见在如此，只随今日所知扩充到底，明日良知又有开悟，便从明日良知扩充到底，如此方是精一功夫。"意思是说，我们致良知，因各人的差异而达到不同的程度。今天到达这样的程度，就根据今天所能理解的扩充下去，明天又有了新的理解，便从明天理解的扩充下去，这才是专注于一个目标的功夫。王阳明认为，初学者对于修身养性的功夫，应当循序渐进，着眼于当下，而不是妄图将来。

活在当下，意味着要抛开往事的牵绊。人活一世，不可能不做错事，也不可能完美无缺。关键在于能够接受遗憾。倘若一味沉浸在过往的痛苦或对完美的觊觎之中，则难以关注当下的一切，更难以开启未来之门。

在古时候，有户人家有两个儿子。当两兄弟都成年以后，他们的父亲把他们叫到面前说："在群山深处有绝世美玉，你们都成年了，应该做探险家，去寻求那绝世之宝，找不到就不要回来。"

两兄弟次日就离家出发去了山中。

大哥是一个注重实际又不好高骛远的人。有时候，发现的是一块有残缺的玉，或者是一块成色一般的玉甚至是一些奇异的石头，他统统装进行囊。过了几年，到了他和弟弟约定的汇合时间。此时他的行囊里已经满满的了，尽管没有父亲所说的绝世完美之玉，但造型各异、成色不等的众多玉石，在他看来也可以令父亲满意了。甚至那些酷似各种动物树木的奇石，在他看来也是不可多得的珍宝。

后来弟弟来了，两手空空一无所得。弟弟说，他一直未找到父亲所描述的绝世美玉。

弟弟看了哥哥的所获后说，你这些东西都不过是一般的珍宝，不是父亲要我们找的绝世珍品,拿回去父亲也不会满意的。

弟弟说,我不回去,父亲说过,找不到绝世珍宝就不能回家,我要继续去更远更险的山中探寻,我一定要找到绝世美玉。

哥哥带着他的那些东西回到了家中。父亲说,你可以开一个玉石馆和一个奇石馆,那些玉石稍一加工,都是稀世之品,那些奇石也是一笔巨大的财富。

短短几年,哥哥的玉石馆已经享誉八方,他寻找的玉石之中,有一快经过加工成为不可多得的美玉,被国王御用作了传国玉玺,哥哥因此也成了倾城之富。

在哥哥回来的时候,父亲听了他介绍弟弟探宝的经历后说,你弟弟不会回来了,他是一个不合格的探险家,他如果幸运,能中途所悟,明白至美是不存在的这个道理,是他的福气。如果他不能早悟,便只能以付出一生为代价了。

很多年以后,父亲的生命已经奄奄一息。哥哥对父亲说要派人去寻找弟弟。

父亲说,不要去找,如果经过了这么长的时间和挫折都不能顿悟,这样的人即便回来又能做成什么事情呢?世间没有纯美的玉,没有完善的人,没有绝对的事物,为追求这种东西而耗费生命的人,何其愚蠢啊!

弟弟不懂欣赏,不懂抓住当下,因此失去了本该收获的美好。其实,世界并不完美,人生一定会有遗憾。对于我们来说,不完美是客观存在的,并不需要怨天尤人。

活在当下,意味着要踏踏实实地努力于眼前的事情,把握眼前的时机,而不是寄希望于明天,寄希望于一个新的开始。无论人生的目标有多么明确,未来总是充满了诸多的未知因素,足以令计划赶不上变化。如果我们时时刻刻都将力气耗费在未知的未来,却对眼前的一切视若无睹,那么就永远也找不到通往未来的道路。我们的努力只有从现在开始,才有可能获得成功。

昨天是作废的支票，明天是一张期票，因此，千里之行始于当下，有志之人，必当从现在做起，日积月累，为实现伟大的理想奠定坚实的基础。而那些连今天都把握不住的人，又何谈未来。

7.言行一致是立身之本

"不逆、不臆而为人所欺者，尚亦不失为善，但不如能致其良知，而自然先觉者之尤为贤耳。"

——王阳明

在王阳明看来，诚信是一个人的立身之本，一个人存在于社会之中，诚信是最基本的道德依存。如果一个人能够坚持以忠实诚信为行事的准则，坚定做圣人的志向，不被时局动摇，不被名利诱惑，德行修养就会越来越高，事业也会越做越大。

孔子在《论语·为政》中也曾说："人而无信，不知其可也。"意思是说，如果一个人不讲信用，说话不算数，这个人就不可能做成什么事情，更不可能在社会上立身处事。

曾子杀猪教子示诚信的故事一直流传至今。

有一天，曾子的妻子到集市上去，她的儿子哭着跟着她。曾子的妻子骗孩子说："你回去，等一会儿我回来给你杀猪吃。"

孩子信以为真，一边欢天喜地地跑回家，一边喊着："有肉吃了，有肉吃了。"

孩子一整天都待在家里等妈妈回来，村子里的小伙伴来找他玩，他都拒绝了。他靠在墙根下一边晒太阳一边想着猪肉的味道,心里甭提多高兴了。

傍晚,孩子远远地看见妈妈回来了,他一边三步并作两步地跑上前去迎接,一边喊着:"娘,娘快杀猪,快杀猪,我都快要馋死了。"

曾子的妻子说:"一头猪顶咱家两三个月的口粮呢,怎么能随随便便就杀猪呢?"

孩子哇的一声就哭了。

曾子闻声而来,知道了事情的真相以后,二话没说,转身就回到屋子里。过一会儿,他举着菜刀出来了,妻子急忙上前拦住丈夫,说道:"家里只养了这几头猪,都是逢年过节时才杀的。你怎么拿我哄孩子的话当真呢?"

曾子说:"在小孩面前是不能撒谎的。他们年幼无知,经常从父母那里学习知识,听取教诲。如果我们现在说一些欺骗他的话,等于是教他今后去欺骗别人。虽然做母亲的一时能哄得过孩子,但是过后他知道受了骗,就不会再相信妈妈的话。这样一来,你就很难再教育好自己的孩子了。"

曾子的妻子觉得丈夫的话很有道理,于是心悦诚服地帮助曾子杀猪去毛、剔骨切肉。没过多久,曾子的妻子就为儿子做好了一顿丰盛的晚餐。

曾子用言行告诉人们,为了做好一件事,哪怕对孩子,也应言而有信,诚实无诈,身教重于言教。虽然曾子杀猪的做法遭到一些人的嘲笑,但是他却教育出了诚实守信的孩子。他的人品一直为后代人所尊敬。

倘若曾子因可惜那头猪而失信于孩子,那么家中的猪是保住了,可孩子纯洁的心灵上却会留下不可磨灭的烙印。曾子用他的实际行动向孩子证明他是信守承诺的,也给后世之人留下了千古传颂的佳话。

近代学者梁漱溟先生曾说,中国文化的最大特征是"人与人相与之情厚",也就是说人和人之间感情非常深厚。这种深厚的感情唯有以互信为基础方能长久。世人常言"说到做到",真正的行动才是对诺言最好的证明。倘若只在口头上夸下海口、许下诺言,却无法以实际行动去证明,即便能够蒙蔽一时,最终也难欺骗一世。

王阳明提倡知行合一,真知就必须要行动,而真正的行动也必须要达到"知"的目的。所谓,言必信,行必果,以实际行动对自己的诺言负责,这是先贤们留给我们的人生智慧,这不仅仅是个人道德修养问题,更关乎社会责任感。现如今,人人都希望建立一个诚信的社会,却甚少有人能够一生都遵循"言必信,行必果"的原则,有的甚至以"善意的谎言"作为信口开河、言而无信的幌子。人类社会发展至今,虽已进入高度文明的时代,无论治国安邦还是学术科研领域,都取得了比过去更为显著的成就。然而,人与人之间的信任程度却低至无以复加的地步。反观历史,古人十分看重诚信,认为"言必信,行必果"才是君子所为,"一言既出,驷马难追"才堪称大丈夫之举。

张劭和范式同在太学学习,二人脾气相投,结拜为兄弟,后来两人分别返乡,张劭与范式约定第二年重阳将到范式家拜见他的父母,看看他的孩子。当约好的日期快到的时候,范式把这件事告诉他母亲,请他母亲准备酒菜招待张劭。

然而,范式左等右等,直到太阳西坠,新月悬空,仍不见张劭来赴约,母亲问:你们分别已经两年了,相隔千里,你就那么相信他吗?范式回答:张劭是一个讲信用的人,他一定不会违约的。范式一直候在门外,直至深夜时分,才见一黑影隐隐飘然而至,仔细一看,来的却是张劭的鬼魂。原来为了养家,张劭忙于经商,不知不觉忘了二人重阳之约,直到当日早上才回想起来。可是从张劭所在的山阳到这里足有一千里路,一天之内无论如何都走不到了。为了守约,他想起古人曾说过:人不能一日千里,而鬼魂可以。于是挥刀自刎,让鬼魂来赴约。

"请兄弟原谅我的疏忽。看在我一片诚心上,你去山阳见一见我的尸体,那我死也瞑目了。"张劭的鬼魂话音未落,便飘走了。而范式在赶到山阳见了张劭灵柩后，自愧张劭为己而死，也挥刀自刎来回报张劭的信义！众人惊愕不已，后来就把二人葬在了一起。汉明帝听说此事，非常赞赏二人之间的真诚与心意，在他们墓前建了一座庙，称为"信义祠"。

为了以行动来履行当年的承诺，张劭不惜以放弃生命为代价；范式为回报故友的一片赤诚之心，同样以命相陪。虽然此事未必属实，然张、范二人的故事能够流传至今，备受推崇，可贵之处便在于那份"生命诚可贵，诚信价更高"的为人处世之道。

生活中，我们经常需要用承诺来取信于他人，与此同时，我们更需要用实际的行动来支撑我们的承诺。没有行动的证明，一切口头承诺都只是空谈。倘若将一时的失信于人看做无伤大雅的小错，那么，最终将铸下一生都无法弥补的遗憾。失信于人，不仅会侵蚀一个人的良知，更会令其失去他人的信任，生命也会因此变得暗淡无光。只有能够坚持"言必信、行必果"的守信之人，才能够得到他人的信任与器重，才有可能站到巨人的肩膀上，成就一番丰功伟业。他的人生，将会因此而绽放出灿烂夺目的光芒。

8.实干兴邦,空谈害己

若不用克己功夫，终日只是说话而已，天理终不自见，私欲亦终不自见。如人走路一般，走得一段，方认得一段。走到歧路时，有疑便问，问了又走，方渐能到得欲到之处。

——王阳明

王阳明是一个实干家而非空想家,他一旦立志,就会采取行动,去做"栽培之功"。他幼年时的志向是成为一个纵横疆场的将军,于是他勤练武功,击剑射箭,无不精通。后来他带兵时,在校场表演,三箭皆中,令人啧啧称奇。青少年时,他立志修炼"长生久视"之术,于是四处寻访名师,探讨玄理,打坐修炼。成年后他立志做圣贤,走上了儒家"经国济世"之路,于是他勤学各种切身功夫,提升领导素质。他本是文人,为何能统领大军、立下赫赫军功? 那绝对不是天赋才能,而是平日勤做功夫的结果。

　　弘治十二年(1499年),28岁的王阳明考中进士,"观政工部",即在工部担任一个实习官员。当时明朝的北部边疆受到瓦剌的侵扰,而朝廷官员都无进取之志,不敢领军出征。对这一现状,心怀报国之志的王阳明很是不满,于是向皇上上书,提出八项措施,请求革故鼎新,改革经济、政治和军事,增强国力。他的上书得到了皇上的肯定,但八条措施都未施行。王阳明深知空言无益,于是下决心学习兵法,以备将来为国出征。据《王阳明年谱》说:"当时边报甚急,朝廷举将才,莫不惶遽。先生念武举之设,仅得搏击之士,而不能收韬略统驭之才。于是留情武事,凡兵家秘书,莫不精究。"以此可见,王阳明学兵法的志向是成为"韬略统御之才"。

　　王阳明读过多少兵书,不得而知,但从有关文献的记述看,他至少读过《孙子兵法》、《司马法》、《尉缭子》、《六韬》、《吴子兵法》、《三略》、《唐李问对》,而且他对这些兵书都有自己独到的见解。例如,他论《司马法·天子之义》说:"先之以教民,至誓师用兵之时,犹必以礼与法相表里,文与武相左右,即'赏罚且设而不用',直归之'克让克和',此真天子之义,能取法天地而观乎先圣者也。"他论《李卫公问答》说:"李靖一书,总之祖孙、吴而未尽其妙,然以当孙、吴注脚亦可。"他对《尉缭子》的心得是:"巧者不过习者之门。兵之用奇,全从教习中来。若平居教习不素,一旦有急,驱之赴敌,有闻金鼓而目眩者矣,安望出死力而决胜乎?"他还从《六韬》、《三略》中悟到了一条宝贵的成功理念："古者寓兵于农，正是此意。无事则吾兵即吾农，有事则吾农即吾兵，以佚待劳，以饱待饥，而不令敌人得窥我虚实，此所以百战百胜。"后来，毛泽东提出"兵民乃胜利之本"的英明决策，与王阳明的认识神合意同，真可谓"英雄所见略同"。

王阳明最推崇的是《吴子兵法》，认为它的实用价值超过《孙子兵法》，他说："彼孙子兵法较吴岂不深远，而实用则难言矣。想孙子特有意著书成名，而吴子第就行事言之，故其效如此。"后来，王阳明带兵作战，在战略思想上取法孙子，而在具体指挥上取法吴子，真可谓善于学习、融会贯通。

王阳明讲究"知行合一"，按他的观点，只有学习、没有实践，不可能获得真知，那他饱读诗书，又怎能精通兵道呢？

王阳明当然不会满足于纸上谈兵，一有机会就实践自己的兵法功夫。他29岁时，以钦差身份，奉派去督造威宁伯王越的坟墓。于是，他找到了用武之地，以兵法为统御之方，进行军事化管理。他组织民工演练"八阵图"，让民工劳逸结合，按时作息，对管理人员，也以兵法约束和指挥。当然，他还会根据实际情况，对管理方法不断改进。其结果是，在他的领导下，工程的效率极高，远胜平常。当工程完毕，他对兵法的领悟也就更深了。

此后二十多年，他一直没带兵，但并未停止在这方面做功夫，不仅如此，他还把自己的心学融入到兵学中，练成了自己的"独门功夫"。后来，当他真正带兵时，对兵法运用娴熟，有如神助，屡建奇功。

古来有论："实干兴邦，空谈误国。"世界上有两种人：一是实干家；一是空想家。空想家们想象丰富，善于夸夸其谈，总是设想做各类大事情；而实干家则是着重于做！空想家往往不管怎样努力，都无法完成那些自己应该完成或是可以完成的事情；而实干家虽然没有空想家那样富丽堂皇的说辞，却往往能获得成功。

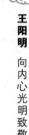

战国时候,秦国派王龁攻下上党,意欲进攻长平。

赵孝成王听到消息,命廉颇率20万大军驻守长平。廉颇叫兵士们修筑堡垒,深挖壕沟,跟远道而来的秦军对峙,做好了长期抵抗的准备。

王龁几次三番向赵军挑战,廉颇只是坚守。秦昭襄王请范雎出主意,范雎说:"要想打败赵国,必须想办法让赵国把廉颇调回去。"

过了几天,赵孝成王听到左右纷纷议论,说:"秦国就是怕让年富力强的赵括带兵。廉颇不中用,眼看就快投降啦!"

赵王听信了左右的议论,立刻把赵括找来询问。赵括说:"要是换上我,打败王龁不在话下。"

赵王听了很高兴,就拜赵括为大将,去接替廉颇。

蔺相如对赵王说:"赵括只懂得读兵书,不会临阵应变,不能派他做大将。"可是赵王听不进去蔺相如的劝告。

范雎得知赵括替换廉颇的消息,知道自己的反间计成功,就秘密派白起为将军,指挥秦军。白起一到长平,就布置好埋伏,然后故意打了几阵败仗。赵括不知是计,拼命追赶。白起把赵军引到预先埋伏好的地区,派出精兵25000人切断赵军的后路,另派5000骑兵直冲赵军大营,把40万赵军切成两段。

赵括的军队内无粮草,外无救兵,兵士叫苦连天,无心作战。赵括带兵想冲出重围,秦军万箭齐发把他射死了。40万赵军,就在"纸上谈兵"的主帅赵括手里全军覆没了。

赵括是个空谈家,自以为读过兵书,深谙兵法之道,但没有亲身经历过战争,书本在他头脑中构筑的虚无缥缈的军事空中楼阁,在真实的刀光剑影中不堪一击,赵括也因"纸上谈兵"而被作为空想家的代表贻笑千古。

良好的理论基础固然很重要,但是理论基础若不经过实践的检验,在真正的应用中就不可能转化为有效的力量。无论是空谈者，还是空想者，往往自以为有了知识就有了一切，这是极度错误的想法。掌握知识是为了应用，有了目标也要实干才能实现理想，否则，单凭理论异想天开，将会导致重大的失误。因此，我们应少空谈，多实践，将所学知识灵活运用在实践中。

第五章

律之道:破除心中贼,修己以安身

1.直面自己最难面对的一面

圣人只是顺其良知之发用,天地万物俱在我良知的发用流行中,何尝又有一物起于良知之外能作得障碍?

——王阳明

真正的障碍来源于我们不够强大的内心,只有你敢于直面不想面对的那一面,超越了内心的障碍,才能超越自己。等回头重新审视曾经时,你会发现,一切都已经没什么了,只是在当时因为自己的怯懦没有看透那一点罢了。

1519年,王阳明独自一人,身边没有任何兵马,想尽办法与宁王朱宸濠周旋。他利用一系列的反间之计让宁王心中产生疑虑,不敢贸然进军南京,不战而屈人之兵，王阳明将这反间之计运用得恰到好处，为调兵遣将赢得了宝贵的时间。朱宸濠自此不敢轻易北上，换做攻打安庆，但是就是如此，朝廷的军队仍然是没有半点的抵抗能力。面对强敌，王阳明又该何去何从呢？

　　缓兵之计尽管起到了作用，但是朱宸濠派出去的探子也不是吃干饭的，到了七月初二，朱宸濠得到回报，沿途并没有发现任何官兵的行动，朱宸濠才幡然醒悟自己是上了王阳明的当，于是不再理会这些，立刻将一万多兵马留在南昌，带着九万兵马进攻安庆。对此行动，王阳明再清楚不过了，朱宸濠意图沿着长江东下，最终攻打南京。但是王阳明手中根本没有兵将，而且向邻省求援兵的文书也没有反应，打？要怎么打？正所谓巧媳妇难为无米之炊，王阳明万分焦急的情况下，再次以自己四省提督军务的身份，分别向广东、福建等地请求援兵，希望大家可以同仇敌忾。

　　王阳明除了向周边省市求援，还要求各个府县立刻集结兵力，然后在七月十五日与伍文定一起向樟树进发。到了七月十八日，王阳明终于集结了三万人马，说是三万人马其实也就是各个府县的民兵罢了，比起正规军队，也就是一群乌合之众。朱宸濠带兵已经将安庆围困，尽管遭到强烈的阻击，没有攻下城池，但是如何为安庆解围已经成为了王阳明面临的首要难题。

　　很多的官员面对这样的情形，主张率领部队夹击朱宸濠。但是王阳明经过分析后认为，想要围攻安庆的敌军，就必须要越过南康，而此时的南康早已经在宁王的管辖之中了，如果攻打安庆的敌军，那么必然会遭到朱宸濠的后围，遭两面夹击，那么也就意味着自己的军队将陷入围困之中。

　　三万乌合之众如何能抵挡宁王九万正规军队，这是王阳明必须要面对的现实，经过思虑他决定攻打南昌，并做好了工程部署。这三万多民兵在王阳明的带领下兵分十路，发现伏兵，就地清除。经过几次战役之后，他们终于到达了目的地，在城中王阳明给各种人发布公告称，宁王谋反，自己已经率军十万攻城，大家不必惊慌。等到宁王破城的时候，希望将城门大开，管好自己的府库，投诚却不必逃跑。然后对宁王的叛军说，破城之时要放下武器不抵抗,反攻就会有奖,顽抗的就格杀勿论。而对于部分留守的官员,则奉劝认清形势,否则一样杀无赦。

王阳明的这些告示可以说起到了至关重要的作用,等到了七月十九日率军到达市汊,挥军攻城之时,他规定,第一次击鼓附城,第二次击鼓登城,第三次击鼓不克杀敌,第四次击鼓不克斩将。发布完军令之后,十三路大军一起发起总攻,最终攻破城池。一战告捷,这对于朱宸濠军队的战斗意志起到了削弱的重要作用。王阳明进入城中,宁王府已经被烧,而大火蔓延危及到民房,他便对死去的人全部按照当地的丧葬礼仪进行安葬。

朱宸濠攻打安庆不下数日,却始终攻城不下,等到十八日他得到密报说王阳明已经屯兵丰城,随即心急,便与心腹军师商量对策。军师提出不能理会南昌,要继续攻打南京,但是朱宸濠不同意,结果双方意见发生分歧。因为当初王阳明使用了反间计,朱宸濠心中依然存疑,根本无法证实那密信的真假,所以率军支援南昌。朱宸濠领兵六万返回南昌,对于王阳明来说,这么多的军队回援,他又将面临非常重要的难题,面对这六万大军,他又将如何应对。

孤身斗宁王,简直就是鸡蛋碰石头的战役。王阳明集结的三万民兵虽然要面对宁王十万王牌军队,但是他没有惊慌失措,也没有恐惧,他冷静淡然自处,对宁王朱宸濠的每一步行动都做出非常细致的分析,然后利用各种军事手段对其进行打压,进行绝地反击,依靠智慧,依靠成熟的军事思想,创造出战争历史中的奇迹,最终依靠自己的军事智慧赢得了这场以少胜多的战役。

绝境之中把控自己,忍耐自己,等待机会来临,顺势再进行反攻,就可以获得全胜。

《菜根谭》中有这样一句话:"风斜雨急处,要立得脚定;花浓柳艳处,要看得眼高;路危径险处,要回得头早。"意思是说,立身于混乱时局时,要立场坚定,一定要把握住方向;身处于绝世佳人中间,要把自己的目光放得高远,把持住一时的情感冲动,抵挡住美色的诱惑;而身处在人生的困苦之中时,同样需要保持清醒的头脑,不要陷入困惑的泥沼之中。

公元208年夏天,中原大地热成了一只大蒸笼。张辽却接到曹操一纸军令:"火速领兵出发,移防长江!"

张辽马上传令:"召集众将官,半个时辰内做好一切准备,待命出发!"半个时辰后,军士们都准备妥当,在张辽的督促下,整整齐齐、有条不紊地行进。

张辽没想到的是,军中居然有人叛乱。这批人借着夜色掩护,点燃大火,肆意制造声势。突如其来的变故严重扰乱了行进中的队伍。转眼间,张辽的军营内一片大乱。有人急步冲到张辽马前,气喘吁吁地报告:"张将军,有人作乱,军心不稳!"

张辽镇静异常,微笑着冲身边的官员说:"不要乱!这肯定不是整个军营的将士全反了,一定是少数歹人在闹事,他们正要扰乱军心。"

张辽沉思了片刻,传下一道命令:"没造反的全坐在那里不动!"四个传令兵遵命而去,骑上快马,轮流穿过各个营盘,传令之声此起彼伏:"张将军有令,没造反的全坐在那里不动!"一刹那整座军营鸦雀无声,大家争先恐后坐下。刚刚坐定,只见几十位壮士慢慢走来。打头的是张辽。他扫视大家后,站在队伍正中央,一言不发。这一招,把造反的人给镇住了。没多久,军心稳定。张辽迅速逮捕了带头闹事者,马上将他们推出斩首。军队正常如初,众将官不得不佩服张辽临危不乱的大将风度。

古往今来,凡成大事者,皆具有"泰山崩于前而面不改色"的风范。即使是在最紧要和最混乱的关头,他们也能清醒地认识眼前的形势,从而做出正确的判断,这样的冷静和客观让人不得不敬佩。我们要想成就一番事业,也必定要具备这种能力，从一团繁乱复杂的局面中抽丝剥茧，做出正确的分析，从而让事情朝着有利于我们的方向发展。

要想在混乱之中保持清醒冷静的头脑，不被他人左右，我们首先要克服自己情绪上的弱点，做事要忍住冲动，更不能一时冲动之下，做出鲁莽的决定。无论当前状况多么糟糕，我们都要保持理智的头脑，这样才能有利于问题的顺利解决。

2.别让缺点成为你人生的标签

人须有为己之心，方能克己；能克己，方能成己。

——王阳明

一个人若想取得一番成就，实现心中的梦想，就必须下决心克服自己身上的那些弱点和缺点，修炼自己的心灵，完善自己的人格，才能成就人生的理想和事业。

有一次，有位管理员为了显示他对富兰克林一个人在排版间的不满，把屋里的蜡烛全部收起来。这种情况一连发生了好几次。有一天，富兰克林到库房里赶排一篇准备发表的稿件，却怎么也找不到蜡烛了。

富兰克林知道是那人干的，忍不住跳起来，奔向地下室，去找那个管理员，当他到那里时，发现管理员正忙着烧锅炉，同时一面吹着口哨，仿佛什么事都没有发生。

富兰克林抑制不住愤怒，对着管理员就破口大骂，一直骂了足有5分钟，他实在想不出什么骂人的语句了，只好停下来。这时，管理员转过头来，脸上露出开朗的微笑，并以一种充满镇静与自制的声调说："呀，你今天有些激动，是吗？"

他的话就像一把锐利的短剑，一下子刺进了富兰克林的心里。

富兰克林的做法不但没有为自己挽回面子，反而增加了他的羞辱。他开始反省自己，认识到了自己的错误。

富兰克林知道，只有向那个人道歉，内心才能平静。他下定决心，来到地下室，把那个管理员叫到门边，说："我回来为我的行为向你道歉，如果你愿意接受的话。"

管理员笑了，说："你不用向我道歉，没有别人听见你刚才说的话，我不会把它说出去的，我们就把它忘记吧。"

这段话对富兰克林的影响更甚于他先前所说的话。他走向管理员，抓住他的手，使劲地握了握。在走回库房的路上，富兰克林的心情十分愉快，因为他鼓足勇气，化解了自己做错的事。

从此以后，富兰克林下定了决心，以后决不再失去自制，因为凡事以愤怒开始，必以耻辱告终。你一旦失去自制之后，另一个人——不管是一名目不识丁的管理员，还是有教养的绅士，都能轻易地将你打败。

在找回自制之后，富兰克林身上也很快发生了显著变化，他的笔开始发挥更大的力量，他的话更有分量，并且结交了许多朋友。这件事成为富兰克林一生当中最重要的一个转折点。后来，成功的富兰克林回忆说："一个人除非先控制自己，否则他将无法成功。"

王阳明所说的"为己之心"当然不是大家普遍认为的那种"自私自利，为自己着想"的思想。他认为，人要先有为了自己好的心思，才能够克制自己，才能有勇气、有恒心克服自己的种种弱点；能克制自己，才能够使自己有一番成就。

他叫夏查·范洛,是比利时一个普通的盲人。他一直不明白上帝为何要这样惩罚他。从小时候起,他就不得不努力倾听周围的一切声响,来辨别方位,躲避危险。

他讨厌过马路,因为常常会撞到别人身上,或被一些车撞倒,这令他总是伤痕累累。直到17岁那年,他撞在了一辆响着铃的自行车上。

骑自行车的女孩生气地冲戴着墨镜的他大声质问:"你为什么要故意撞倒我,看不见吗?"他当时身上撞得也很痛,就激愤地说:"是,我是个瞎子,怎么样?"

"铃按得那么响,不会用耳朵听吗?"女孩丢下这一句话,扶起自行车愤怒地离开了。他愣在那里,回味着那句话,才突然想到了自己的耳朵。是啊,没有了眼睛,还有耳朵。这是上帝赐予他的和别人一样的礼物,却很特别。因为,他的耳朵不仅是用来听的,还要代替他的眼睛"看见"这个世界。

从此,范洛开始锻炼自己的听力。他不知吃过多少苦,流过多少汗,受过多少伤,但他一直没有放弃。十几年的艰苦练习,让他练就了天下无双的敏锐听力。后来他进入了警队。

他凭借窃听器里传来的嘈杂汽车引擎声,就能判断犯罪嫌疑人驾驶的是一辆标致、本田还是奔驰;当嫌疑人打电话时,他能根据不同号码的按键声音差异,分辨出嫌疑人拨打的电话号码;在监听恐怖嫌疑人打电话时,就可以推断出嫌疑人此时身处机场大厅,还是藏身于喧闹的餐馆,或是在呼啸的列车上。

由于听力超群,他可以辨别不同语言发音的细微差异,这让他成为一个优秀的语言学家和训练有素的翻译。他会说7种语言,包括俄语和阿拉伯语。他还自学了塞尔维亚语和克罗地亚语。可以说,他的脑子就像图书馆一样汇集了各种语言,正是这种语言能力使他成为警局中对抗恐怖主义和有组织犯罪的珍贵人才。

他从警的时间不长，但他利用听力的优势，屡立奇功，获得过各种奖励和荣誉，成为比利时警界里"失明的福尔摩斯"。

这位超级英雄手里握着的不是手枪，而是一根盲人手杖，他身边通常没有警车而是跟着一只导盲犬。

范洛从不忌讳别人说自己是个盲人，他常说："如果我能看到光明，我现在可能还是一个平庸的人。正因为我看不见，我才会专心努力地去听，结果我听到了别人无法听到的声音。"

的确如此，很多时候，你身上最大的缺陷背后往往藏着你最大的优势。其实，世界上很多成功人士的知识和能力并不一定高人一等，只是他们能清楚地看清自己的不足和缺陷，然后努力克服弱点，扬长避短，不断进步，最终走向成功。正是印证了那句话：能克己，方能成己。

3.情绪是你的仆人，别被它左右

古人为治，先养得人心和平，然后作乐。

——王阳明

人生不如意十有八九。王阳明觉得，能够容忍他人的侮辱、冒犯，能够坦然接受失败和挫折，这样的人都是有担当的人，这样的人能在紧急的事情面前调整心态，做好事情。

35岁的王阳明在官场中得罪了宦官刘瑾，而被廷杖40，之后流放到贵州龙场做驿丞。在龙场的经历对于王阳明来说,是他一生当中经历的最大的一次磨难,是他生命中的一道生死大关,或许但凡成就一番大业的人都要经历上天的考验,也或许人只有经历生死考验才能将内心所有的能量激发出来,总之危难之中的王阳明迈得过这一关,老天就会将天下重任交付于他。

翻过千重山,越过万重岭,风餐露宿,忍饥挨饿,饱受筋骨疲惫,躲过明枪暗箭,王阳明终于到达了流放之地——贵州龙场。尽管所有的人都对龙场这个边远的深山老林做好了吃得苦中苦的准备,但是真正到达的时候,还是被这里所有的一切吓到了,所有人看着荒无人烟的穷山恶水心顿时变得哇凉哇凉的。没办法,既然来了,赶紧找驿站吧,因为要解决食宿,他们心中将唯一的希望寄托在驿站之中,等他们满怀着希望找到所谓的驿站之时,彻底傻眼了。

眼前的驿站已经不能用破败不堪来形容了,茅草屋顶被风刮得没剩下多少,墙壁也早就倒了一面,里面的床铺破烂不堪,而且生出了很多长毛,就算是这样他们也不能住在这里,因为大明朝规定,所有流放的官员是没有资格住在驿站的。至于吃的,就更不用想了,如此艰苦的环境,如此的驿站,是所有人都没有想到的,大家都累得一个个瘫坐在地上,心中有着说不出的悲凉。要知道他们原本生活在京城,原本过着衣食无忧的生活,哪里见过这样的穷山恶水,哪里见识过如此的居住环境。

王阳明静静地站着,看着眼前那崎岖的山路,心中也有着说不出的滋味,但是这人生不就是像这山路一样吗,爬上去,走过去了,才能站在顶峰,既来之则安之吧。不是要做圣人吗,这么一点点艰难都不能扛过去,如何做圣人。想到这里,王阳明最初的彷徨消失不见,取而代之的是一股豪情壮志在胸中汹涌。

"心外无物"这外界的环境又如何能束缚自己呢?弘扬心学,担当重任,就必须要克服这穷山恶水。为了有个安身之所,为了能够生存下去,王阳明带头砍树割草,开始搭建茅草屋。说来也奇怪,尽管大家都累得要命,但是在王阳明的带领下，大家不分尊卑，都一起动起了手，刚刚那苦不堪言、落魄的没有半点力气的样子一点都不见了。

一个人只有在最艰难的时刻，潜能才能被激发出来。王阳明惊奇地发现，所有的人在搭建茅草屋的时候，在面对困难的时候，精神状态都不知不觉地比原来好了起来，仿佛力气也恢复了好多，而且每个人的身上好像都有一股神秘的力量被激发了出来。尽管所有的随从都不曾留意，但是王阳明却发现这一奇怪的现象。他想是什么力量让他们在这种疲惫不堪的情况下，再次恢复了精神和活力呢？

王阳明一边干活一边思索着，他想到了孟子的那句话："生于忧患，死于安乐。"这一句话一遍遍地在他心中出现，他的心猛然一动，突然明白这一股神秘的力量就是当前这困境所逼出来的。这世界上所有的人大概都是这样，只有在面临不可避免的艰难和挑战之时，才能全身心投入，内心的力量才会被激发出来，才会唤醒深藏在心中那强大的意志力。当然，如果一个人不能直面所处的困境，只是一味地在悲苦与失落之中徘徊，那么就算是有潜能也不会被激发出来。

经过了一番辛苦的劳作，茅草屋终于搭建好了，尽管这屋子矮小，但是一行人总算有了一个容身之所，所有人都很欣慰，这也让王阳明明白了一个道理：人的本性只要不受到那些私欲的束缚，只要知行合一，就没有克服不了的困难，就没有摆脱不了的情绪。

当一个人生活在平庸之中，当一个人每天都觉得无所事事，每天都处在萎靡不振的时候，其实就是这个人在生活和工作之中没有一点挑战和压力。试想一下，如果王阳明一直在京城，一直在仕途之中一帆风顺，或许就没有后来的王阳明，就没有伟大的知行合一的心学理念，而我们中国的历史之中也不会有这样一位五百年难遇的圣贤之人。

想要成就一番事业，就要做到对自我的控制，就要有一种自律的精神，坦然面对生活中的那些不如意,不让负面情绪影响自己,修身养性,在生活和工作中发挥自己的作用。

韩信年少时,十分喜爱宝剑,他还时常将宝剑佩戴在身上。当时,一个年少的屠夫十分看不惯韩信这种看似炫耀的举动,便堵住韩信的路,挑衅地说道:"你看似高大强壮,且喜爱佩戴宝剑,但依我看,你只是色厉内荏,想用强大的外表来伪装你胆小如鼠的内心而已。"年少的屠夫还得寸进尺道:"若是你不赞同我刚才的说法,你就用你身上的宝剑一剑杀了我来证明你的勇气;但如果你不敢杀了我,就说明了你内心的胆小,你就必须从我的胯下爬过去!"

韩信被突如其来的询问惊呆了,他两眼无神地盯着少年屠夫,内心十分纠结。但是,不一会儿时间,他调整好自己的心态,做出了常人都无法做到的决定。他看着那个少年,俯下自己的身子,慢慢地从少年的胯下爬了过去,甩甩身上的泥土,默默走开了。只听见身后无数的嘲笑和谩骂声平地而起。

此后,韩信奋发学习兵法,终于当上了刘邦的大将军。他四处征战,在战场上所向披靡,成就了自己一番伟业。被封为楚王的韩信,在某一日召见了曾经侮辱过他的少年,此时的他已是一位中年屠夫。韩信并没有利用自己的位高权重惩罚这个屠夫,反而赐予他一个官职。他对官员们解释道:"此人曾经侮辱过我,我受过他的胯下之辱,而今,我却不能杀了他,反而要重赏他。因为,正是经历了这般侮辱后,我才能有动力为此后的成就付出努力和艰辛,才能成就我今天的丰功伟绩!"

生活里,很多人都会遭受不同的痛苦和挫折。一些人可以如韩信一般通过自己的努力自我完善、自我提高,以达到脱离困境的目的。但大多数的人却选择了怨天尤人、自我放弃,最终让自己走进彻头彻尾的黑暗。如此看来,能否走上光明之路,全看是否能把握住自己,能把握住自己的人,便能拥有美好的未来。

怎么做才能把握自己呢？我们需要做的是返观内照，看看自己的内心世界，把握自己的情绪，而把握自己的情绪，就必须客观地感受和认识自己的情绪。

那又怎样认识自己的情绪呢？

我们需要为自己的心灵腾出一片安静的空地，让自己置身其中。然后，我们则需要将脑中复杂的思绪一一整理一遍，整理完后，让自己一条一条地脱离这些思绪，如同旁观者一般分析这些情绪，看看是非对错。

也许，你会被一两条思绪所吸引并且纠结其中。这时，你需要提醒自己，我只是个旁观者，看清对错就好，无需纠缠其中。

如此，经过长久的练习，我们心中的杂念便会慢慢消失殆尽，让自己的心灵进入一种恬静美好的状态，如同刚出淤泥的荷花一般干净。此后，你对自己的思绪的观察会越来越深入，你会知道，其实自己的情绪和思想本来是没有任何力量的，它们之所以在以往的日子里能支配你的行动，是因为我们的心灵不够平静强大，无法控制和把握这些杂念而已。

一个人的心只要平静无杂念，内心就会形成一种强大的定力和魄力。当面临突如其来的刺激和挫败时，也能冷静且理性地分辨其中的利害，并且做出正确的补救和选择。

如此一来，不管以后面临怎样的情绪时，我们都能清楚地洞悉这些情绪的真实面目，从而不再浪费时间和精力纠结于此。我们要做的只是一笑了之，放下这些杂念，做更加有意义的事。我们应该成为情绪的主人，支配它们让自己更健康，而不是被情绪左右，沦为它们的奴隶，让自己离成功越来越远。

4.无论他人荣与谤,坦荡处之

> 人若着实用功,随人毁谤,随人欺慢,处处得益,处处是进德之资。若不
> 用功,只是魔也,终被累倒。
>
> ——王阳明

问:"叔孙武叔毁仲尼,大圣人如何犹不免于毁谤?"

先生曰:"毁谤自外来的虽圣人如同免得?人只贵于自修,若自己实实落落是个圣贤,纵然人都毁他,也说他不着;却若浮云揜日如何损得日的光明。若自己是个象恭色庄、不坚不介的,纵然没一个人说他,他的恶意终须一日发露。所以孟子说:'有求全之毁,有不虞之誉。'毁誉在外的,安能避得,只要自修何如尔。"

王阳明平定宁王朱宸濠的叛乱之后,诽谤和议论他的人越来越多。关于原因,有人认为王阳明的功绩越来越大,权势也越来越大,天下嫉妒之人就越来越多;也有人认为王阳明的学说越来越普及,所以为宋朝的学者争辩的人越来越多,等等。但王阳明对诽谤和议论并不在意,只是一心一意地修养自己的心性,尽心尽力地传承"致良知"的思想。他深知"浊者自浊、清者自清"的道理,即当谣言、诽谤来临的时候,不需要汲汲务求去澄清,只需要自己心境坦荡,谣言、毁谤自然不攻自破。

庄子在《庄子·齐物论》中写道:"所谓夫大道不称,大辩不言,大仁不仁,大廉不谦,大勇不忮。道昭而不道,言辩而不及,仁常而不成,廉清而不信,勇忮而不成。"意思是说,至高无上的真理是不必称扬的,最了不起的辩说是不必言说的,最具仁爱的人是不必向人表示仁爱的,最廉洁方正的人是不必表示谦让的，最勇敢的人是从不伤害他人的。总之，真理完全表露于外那就不算是真理，逞言肆辩总有表达不到的地方，仁爱之心经常流露反而成就不了仁爱，廉洁到清白的极点反而不太真实，勇敢到随处伤人也就不能成为真正勇敢的人。能具备这五个方面的人可谓是悟到了做人之道。

真理不必称扬，会做人不必标榜。真正有修养的人，即便面对诽谤也是极有君子风度的，他们会以坦然的心境面对诽谤。

苏轼因"乌台诗案"入狱，一年后，皇帝为了试探他是否有意谋反，特意派一个太监装成犯人入狱和苏轼在同一个监牢。

白天吃饭时，太监用言语挑逗他，苏轼牢饭吃得津津有味，答说："任凭天公雷闪，我心岿然不动！"夜里，他准备睡觉，太监又撩拨道："苏学士睡这等床，岂不可叹?！"苏轼不理不睬，倒头就睡，而且鼾声大作。

第二天一大早，太监推醒他，说道："恭喜大人，你被赦免了。"要知道，那一夜可是危险至极啊！苏轼晚上若有不能安睡的异样举动，太监就有权照谕旨当即处死他！

在现实生活中，言来言去，自难免产生失真之语。诽谤就是失真言语中的一种攻击性恶意伤害行为。俗语云："明枪易躲，暗箭难防。"也许，在很多时候，诽谤与流言并非我们所能够制止的，甚至是有人的地方就有流言。而我们对待流言的态度则显得尤为重要，正如美国前总统林肯所说："如果证明我是对的，那么人家怎么说我都无关紧要；如果证明我是错的，那么即使花十倍的力气来说我是对的，也没有什么用。"这与王阳明对待诽谤的态度——遇谤不辩如出一辙。

用坦然的心态来应对诽谤，浊者自浊、清者自清，诽谤最终会在事实面前不攻自破。这是我们从圣人思想中撷取的智慧之花，在现实生活中，拥有"不辩"的胸襟，就不会与他人针尖对麦芒，睚眦必报，这才是拥有圣人智慧的表现。

面对诽谤和侮辱，在王阳明看来，既要有超然面对的心态，更要有超越它的勇气。如果能脚踏实地、扎扎实实地痛下苦功，就能在诽谤和侮辱中得到益处。

美国石油大王洛克菲勒曾在给儿子约翰的信中深刻地阐述了他对侮辱的理解和处理方式：

"亲爱的儿子，还记得我一直珍藏的一张照片吗？那张照片里并没有我，有的只是我的富裕家庭的同学们。时光荏苒，多少年过去了，我仍然珍藏着这张并没有我的照片，你知道这是为什么吗？

"还记得，那是一个阳光灿烂的日子。我亲爱的老师兴高采烈地告诉我们，一会儿会有一位很棒的摄影师来为大家照相，拍下我们刻苦学习的照片。我亲爱的儿子，在我们那个年代，照相是一件十分奢侈的事情。当听到这个消息时，我们都十分兴奋，我也不例外。我甚至还提前设计好自己拍照时的表情，想留下自己儿时的开心一刻。

"当那位摄影师端着神奇的相机对着我们的时候，我笑得合不拢嘴，实在难掩快乐的心情。然而，摄影师在取景后，用手指着我对我们老师说：'你那位学生穿得实在太寒酸了，和别的孩子完全不搭调，不如让他离开座位吧！'亲爱的老师用命令的口吻让我离开了座位，我只能望着同学们开心的笑容独自离开。

"但是，我亲爱的儿子，面对这样的状况，我并没有愤怒，也没有自怨自艾，更没有埋怨我穷困潦倒的父母无法给我准备体面的衣衫，让我如愿地融进这张照片。相反，我更加感激我的父母，他们在忍受饥饿的时候还为我提供如此良好的教育环境，我一定不能辜负他们的期望。当时的我一边看着摄影师为同学们拍照，一边暗下决心：总有一天，我要成为世界上最富有的人，让摄影师刮目相看！我还要找最有名的画家为我画只属于自己的画像！

"我亲爱的儿子，当你拿到这封信的时候，说明我已经成功了，我将誓言变成了现实。如此看来，我儿时遭到的侮辱并没有将我击倒，它反而更加鼓励我前进，侮辱并不是剥夺我尊严的利刃，而是一股排山倒海的动力，催促我去实现我的财富梦想，追求我的美好人生。"

从这封信中，我们可以看到，洛克菲勒想要告诉自己的儿子：只要有一颗强大的心，诽谤和侮辱都会成为成功的动力，震撼你的心灵，壮大你的灵魂，促使你改善自己，让你发挥出自己巨大的潜力和能力，成就一番事业。但如果我们消极地面对侮辱，人生将会到达另一个极端，那便是失败，最终一无所获。

所以，面对侮辱，我们要坦然面对，将它转换为学习的动力，催促自己更好地做事做人，完成理想和抱负。只有你的成功，能让侮辱你的人对你刮目相看；只有你的成功，能封上诽谤者的那张恶毒的嘴；只有你的成功，才能成就你美好的未来。

5.不攀比，修炼自我

"……若除去了比较分两的心，各人尽着自己力量精神，只在此心纯天理上用功，即人人自有，个个圆成，便能大以成大，小以成小。不假外慕，无不具足。此便是实实落落、明善诚身的事。后儒不明圣学，不知就自己心地良知良能上体认扩充，却去求知其所不知，求能其所不能，一味只是希高慕大。不知自己是桀纣心地，动辄要做尧舜事业，如何做得？"

——王阳明

生活中，一个非常普遍而又具有毁灭性的心理就是与别人攀比。由于"人外有人"，所以这种攀比永无止境。结果可想而知,你的自尊心在攀比中受到的打击远比满足要多,负面情绪也就由此而生,幸福如躲避瘟疫一样与你遥遥相望。

一个有钱人过得很开心,他常常开着车子或坐飞机到处与人谈生意,生活虽忙碌,但充实富足,因此有钱人很有成就感。但他快乐的生活却被一家茶水店的老板给打破了。

这位茶水店主过得也很开心,他的生活主要就是烧水、倒茶、招待顾客、与顾客交谈……虽然简单清贫,但却自得其乐。然而,自从遇到这个有钱人,这位快乐的茶水店主就开始有了烦恼。

一天,两人在茶水店相遇了。那时,因为时间还早,茶水店内还没有客人,店主就趴在桌子上打瞌睡。有钱人口渴了,就走进了店里,看到茶水店的简陋与店主的清贫,有钱人感到很吃惊,便跟店主交谈起来。

有钱人先讲了自己的灯红酒绿的生活,讲他怎样快乐地挣钱又快乐地将钱大把大把地花掉。他说,过着这样的生活,他才感到自己是在享乐人生。

茶水店主越听越着迷,也说起了自己的生活,虽然不是什么大富大贵,但也安宁而快乐,因为自己不与人争,也就没有得失的烦扰。

有钱人也被茶水店主悠闲的生活方式吸引住了,离开茶水店后,他一直在想,尽管自己有钱,却没有茶水店主的惬意自在。想到最后,他感觉到自己太可悲了,因为自己从来没有过过一天像茶水店主那样悠闲自在的日子!

而茶水店主在有钱人离开后也一直在想着有钱人的话,他想自己每天守着这个清淡的茶水店,不但没赚到钱,而且还浪费了生命,自己真是白活了。想到最后,他开始盼望自己也能够过上有钱人的那种富足的生活。

于是两个人找到了上帝,求上帝帮忙,上帝笑着说这还不容易,我给你们交换一下身份不就行了?

于是,茶水店主变成了有钱人,每天去和不同的合作伙伴谈生意、喝酒。有钱人则坐在了悠闲的茶水店里。结果没过几天,两个人又吵吵嚷嚷地来到

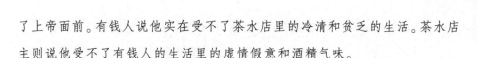

了上帝面前。有钱人说他实在受不了茶水店里的冷清和贫乏的生活。茶水店主则说他受不了有钱人的生活里的虚情假意和酒精气味。

上帝哈哈大笑，说："你们原本在各自的位置上生活得好好的，却盲目攀比，去向往别人的生活，现在知道了吧，其实别人的生活也不过如此。"

很多时候，人们都在自寻烦恼。只看到人家的优势，而忽略自己的长处，其实，每个人都有自己的优点，总有比别人强的地方，想明白这些，也就不会有心结了。

王阳明就说，人人心中都有良知，人人心中的良知都是不同的，其所扩散出来的良知良能自然不同。这就如人人都有心脏，可大小和跳动频率都不一样，如果你一味地去和别人比大小和跳动频率，只能是自寻烦恼。

王阳明说，我们的心可以自给自足，不假外求。只要在心上用功，把自己的良知扩充到极致，那就能看到幸福的彩虹。因为我们活在世上，不是给别人看的，而是要活出自己。活在别人评价中的人永远不可能是幸福的人。

6.在声、色、货、利中致良知

问："声色货利，恐良知亦不能无。"

先生曰："固然。但初学用功，却须扫除荡涤，勿使留积，则适然来遇，始不为累，自然顺而应之。良知只在声色货利上用功。能致得良知精精明明，毫发无蔽，则声色货利之交，无非天则流行矣。"

——王阳明

学生问王阳明："声、色、货、利,这些东西恐怕良知里也不能没有吧?"

王阳明回答说:"的确如此。但人们刚开始修身养性时,必须要在心中将声、色、货、利扫除干净,一点也不能残留,这样偶然遇到也不会为其所累,自然能按照良知来顺利应对。也就是说,致良知就是要针对声、色、货、利下功夫,只要人们使自己的良知精纯光洁,没有一丝一毫的遮蔽,那人们同声、色、货、利打交道,就会遵行天理自然运行了。"

"声"指歌舞,"色"指美色,"货"指金钱,"利"指私利,这些都是人们的欲望,因此声、色、货、利就被视为欲望的象征。人生在世,很难做到一点欲望也没有,但若物欲太强,就容易沦为欲望的奴隶,一生负重前行。因此王阳明才告诫人们要针对声、色、货、利下功夫,减少自己的欲望,懂得知足常乐。

从前,一个想发财的人得到了一张藏宝图,上面标明在密林深处有大量的宝藏。他立即准备好了一切寻宝用具,还特别找出四五个大袋子用来装宝物。一切准备就绪后,他便进入了那片密林。他斩断了挡路的荆棘,蹚过了小溪,冒险冲过了沼泽地,终于找到了第一处宝藏,满屋的金币熠熠夺目。他急忙掏出袋子,把所有的金币装进了口袋。离开这一处宝藏时,他看到了门上的一行字:"知足常乐,适可而止。"

他笑了笑,心想:有谁会丢下这闪光的金币呢?于是,他没留下一枚金币,扛着大袋子来到了第二处宝藏,出现在眼前的是成堆的金条。他见状,兴奋得不得了,依旧把所有的金条放进了袋子,当他拿起最后一根金条时,看到上面刻着:"放弃下一个屋子中的宝物,你会得到更宝贵的东西。"

他看到这一行字后,便迫不及待地走进了第三处宝藏,里面有一块磐石般大小的钻石。他发红的眼睛中泛着亮光,贪婪的双手抬起了这块钻石,放入了袋子中。他发现,这块钻石下面有一扇小门,心想,下面一定有更多的宝藏。于是,他毫不迟疑地打开门,跳了下去。谁知,等待他的不是金银财宝,而是一片流沙。他在流沙中不停地挣扎,可是他越挣扎就陷得越深,最终与金币、金条和钻石一起长埋在了流沙下。

如果这个人能在看了警示后立刻离开，能在跳下去之前多想一想，那么他就会平安地返回，成为一个真正的富翁。然而，很少有人能在声、色、货、利面前保持冷静。贪婪地想要获得更多，却往往在贪婪中失去更多。

明末清初有一本书叫《解人颐》，对人的欲望作了入木三分的描述："终日奔波只为饥，方才一饱又思衣。衣食两般皆俱足，又想娇容美貌妻。娶得美妻生下子，恨无田地少根基。买到田园多广阔，出入无船少马骑。槽头扣了骡和马，叹无官职被人欺。当了县令嫌官小，又要朝中挂紫衣。若要世人心满足，除是南柯一梦兮。"做人如果不能控制自己的欲望，就会成为欲望的奴隶，最终丧失自我，被欲望所奴役。

王阳明从来不否认丰富的物质生活给人带来的安逸，在他的学生中有因为贫穷而不得不退学的事，他对此喟然长叹，这足以说明王阳明对物质财富和享乐并不绝对地反对，但前提是，获得它们和享受它们时必须要有个正确的态度。

有些贫穷的人永远感觉不到幸福，是因为他们把追逐声色货利当成是人生的主要目标，由于还没有达到目标，或是在通往终点的路上遇到挫折，就会陷入痛苦的境地。如果他们有正确的人生态度，也就是按王阳明所说的致良知，把致良知当成是人生的终极目的，把追逐声色货利当作是致良知的工具，那么，就不可能有痛苦。因为"工具"丢了还可以再寻。

有些富人之所以感觉不到幸福，是因为他们不懂满足，想要不断获得更多的声色货利，同时绞尽脑汁思考如何保住现在拥有的声色货利。他们和前一种人一样，也是把声色货利当成人生的终极目的，而把真正的人生目的（致良知）抛到脑后。

相比第一种人，拥有了声色货利的人的幸福感微乎其微。不明白良知是人生终极目的的人，一旦享受到了声色货利，就会跟幸福绝缘。因为他们永远都不知足,永远都在追逐声色货利的路上。

在一个繁华的城镇,有两个反差极大的邻居:一个是富翁,一个是可以勉强糊口的穷小子。富翁的财富足够他活上几辈子,但他还在拼命地赚钱,而且感觉不到幸福。而让他疑惑的是,邻居那个穷小子每天都开心地笑着,偶尔还会唱几首跑调的歌曲。

富翁对他的管家说:"我不明白咱们的邻居穷得叮当响,为什么还那么快乐。"

管家对人性有着深邃的见解,对富翁说:"如果您让他忧愁,很简单。只要给他一大笔钱,就是了。"

富翁难以置信,他觉得:一个人穷成那样子还能这么快乐,如果得到一大笔钱,那岂不是为他的幸福锦上添花吗?

管家说:"如果不信,咱们就打赌。"

第二天,富翁便和管家把几十块金币主动送给了隔壁的穷小子,为了让他相信这是无偿赠送,还特意立了字据。

穷邻居得到这笔钱后,更是快乐无比。富翁却愁容满面,管家说:"等等看。"

一天后,富翁听不到穷邻居的歌声了。因为他正在思考一个重大问题:这么多钱,我该把它放到哪里?如果放在家里,被人偷窃了怎么办?存到钱庄去,利息可是太低了。如果拿去做生意,一旦亏本了,岂不是要哭死?

穷小子想了一天,也没有想出更好的办法,最后只好把钱埋到床底下。

但从此后,穷小子再也没有出去,每天都守着那些钱,作困愁城,最终成了个神经敏感、焦虑万分的人。

故事的最后,穷小子终于想通了自己为什么陷入痛苦的深渊。他把钱挖出来,交还了富翁,从此,歌声又在他那家徒四壁的房间里响起了。

人有了物质财富,如果不能以一种正确的人生态度来面对,那将是幸福的灾难。其实我们对于物质财富，也正如王阳明所说的那样，你最好把它当作是一件致良知的工具，而不是目的。如果物质财富是完全在良知许可下获得的，那你不必每天都担惊受怕。即使它有一天离你而去，但只要你的良知还在，你也大可不必为此黯然神伤。事实上，能把致良知功夫做透的人，根本不会在意声色货利的来去。

不要被外物所束缚，这是许多鼓吹心灵励志的人经常谈到的问题。但他们的理解和王阳明的俨然有着天壤之别。王阳明告诉我们，只要凭借良知去做事，物质财富就会不请自来，而且，在良知的指引下，每个人都有追求声色货利的权利和能力。

王阳明心学对幸福的定义其实很简单：在良知上用功，良知如镜子般光明了，那么照到的东西，无论是什么，都能让心坦然、幸福。

7.傲慢是人生的污垢

为子而傲必不孝，为臣而傲必不忠，为父而傲必不慈，为友而傲必不信。故象与丹朱俱不肖，亦只一傲字，便结果了此生。胸中切不可有，有即傲也。古先圣人许多好处，也只是无我而已，无我自能谦。谦者众善之基，傲者众恶之魁。

——王阳明

先生的意思是说：傲慢，不是件好事，是人生的污垢。傲慢带来的后果是，子女不孝，臣子不忠，父母不善，朋友不诚。尧的儿子丹朱和舜的弟弟象的品行都不好，也因为傲慢误了自己一生。大家应该不时地想想这个故事。

人之初,心是最自然的,纯洁透明,不受任何污染,只是不懂"自我"而已。人的心里要无私,不要把自己看得太重,否则就是傲慢了。古时候很多人因为把自己看得很轻,而成了圣人。达到忘我的境界,就会懂得谦卑,懂得谦卑就会对人充满善意,而傲慢,则是一切不良行为的始作俑者。

"如有周公之才之美,使骄且吝,其余不足观也已。"这是孔子对傲慢的批判。意思是说,如果一个君主自高自大又吝啬小气,那么无论他多有才华,即使和周公一样,也不值得一提。"九牛一毫莫自夸,骄傲自满必翻车。历览古今多少事,成由谦逊败由奢。"意思就是说,人,不能取得一点小小的成就就自以为是,过于高估自己将带来灾难。翻看历史,那些成功的人都很谦逊,而那些失败的人都是骄傲自满的。有时,人们会因为一点小小的成绩就沾沾自喜,认为没有人比得过自己,随之忘乎所以,以为全世界只有自己才能做到,也只有自己才能想到。于是,被"傲慢病"蒙蔽了双眼,失去理性的判断,影响生活、事业,最后连性命都逃不出"傲慢"的危害。

三国时期,祢衡很有文才,在社会上是非常有名气的,但是,他恃才傲物,从来都不把别人放在眼里。经常说除了孔融和杨修,"余子碌碌,莫足数也"。他容不得别人,别人自然也容不得他。所以,他"以傲杀身",被黄祖杀了。

祢衡经过孔融的推荐,去见曹操。见礼之后,曹操并没有立即让祢衡坐下,祢衡仰天长叹:"天地这么大,怎么就没有一个能人!"曹操说:"我手下有几十个人,都是当今的英雄,怎么能说没能人呢?"

祢衡说:"请讲。"曹操说:"荀彧、荀攸、郭嘉、程昱机深智远,就是汉高祖时候的萧何、陈平也比不了;张辽、许褚、李典、乐进勇猛无敌,就是古代猛将岑彭、马武也赶不上;还有从事吕虔、满宠,先锋于禁、徐晃;又有夏侯惇这样的奇才,曹子孝这样的人间福将。你怎么能说没能人呢?"祢衡笑着说:"您错了!这些人我都认识,荀彧可以让他去吊丧问疾,荀攸可以让他去看守坟墓,程昱可以让他去关门闭户，郭嘉可以让他读词念赋，张辽可以让他击鼓鸣金，许褚可以让他牧羊放马，乐进可以让他朗读诏书，李典可以让他传送书信，吕虔可以让他磨刀铸剑，满宠可以让他喝酒吃糟，于禁可以让他背土垒墙，徐晃可以让他屠猪杀狗，夏侯惇称为'完体将军'，曹子孝叫做'要钱太守'。其余的都是衣架、饭囊、酒桶、肉袋罢了！"

曹操听了很生气，说："你有什么能耐？"祢衡说："天文地理，无所不通，三教九流，无所不晓；上可以让皇帝成为尧、舜，下可以跟孔子、颜回媲美。怎能与凡夫俗子相提并论！"这时，张辽站在旁边，拔出剑要杀祢衡，曹操阻止了张辽，悄声对他说："这人名气很大，远近闻名。要是把他杀了，天下人必定说我容不得人。他自以为很了不起，所以我要他任教吏，以便侮辱他。"一天，祢衡去面见曹操，曹操特意告诉看门人："只要祢衡到了，就立刻让他进来。"

祢衡衣衫不整，还拿了一根大手杖，坐在营门外，破口大骂，使曹操侮辱祢衡的目的没能达到。有人又对曹操说："祢衡这小子实在太狂了，把他押起来吧！"曹操当然也很生气，但考虑后还是忍住了，说："我要杀他还不容易？不过，他在外总算是有一点名气。我把他送给刘表，看看结果又会怎么样吧。"就这样，曹操没有动祢衡一根毫毛，让人把他送到刘表那儿去了。

到了荆州，刘表对祢衡不但很客气，而且"文章言议，非衡不定"。但是，祢衡骄傲之习不改，多次奚落、怠慢刘表。刘表又出于和曹操一样的动机，把他送给了江夏太守黄祖。

到了江夏，黄祖也能"礼贤下士"，待祢衡很好。祢衡常常帮助黄祖起草文稿。有一次，黄祖曾经握住他的手说："大名士，大手笔！你真能体察我的心意，把我心里想说的话全写出来啦！"但是，后来在一条船上，祢衡又当众辱骂黄祖，说黄祖"就像庙宇里的神灵，尽管受大家的祭祀，可是一点儿也不灵验"。黄祖下不了台，恼怒之下，把祢衡杀了。祢衡死时不到三十岁。曹操知道后说："迂腐的儒士摇唇鼓舌，自己招来杀身之祸。"

祢衡短短的一生，没有经历过什么大事，我们很难断定他究竟才高几何。然而狂傲至此，即便有孔明之才，也必招杀身之祸。可见，自视清高会带来什么样的后果。

俄国心理学家巴甫洛夫曾说："不要让骄傲支配了你们。由于骄傲，你们会在该同意的时候固执起来；由于骄傲，你们会拒绝有益的劝告和友好的帮助；而且，由于骄傲，你们会失掉客观的为人处世标准。"大多傲慢的人，太过自信，甚至有些狂妄，在他们眼中，自己只有优点，没有缺点，自己所做、所想的都是正确的，而且这类人爱把自己的优点跟人家的缺点比较，所以越发自我感觉良好。苏格拉底曾说："傲慢是无知的产物。"

王阳明劝诫世人要谦虚、谨慎，否则，人生路上将遭遇更多的苦恼。古时候尧、舜、禹、孔子等都是温良恭俭让、谦虚自省的典范。王阳明认为人生最大的美德就是谦虚自省，而王阳明自己也做到了这一点。他明明为朝廷立下汗马功劳，但是却拒绝加封，他遭人诽谤却从不辩驳；当他的学生们都为他高尚的品德称颂时，他则认为，"天外有天，人外有人"，比自己做得好的人多了去了。

8."戒慎恐惧"才能驾驭自己

能戒慎恐惧者，是良知也。

——王阳明

萧伯纳曾说过："自我控制力是最强者的一种本能。"它是一个人意志和毅力的一种锻炼，是智力因素和非智力因素的完满结合。是高尚的道德境界的一种表现，是一个人的精神支柱。自我控制力能正确地摆正自己的位置，能调动自身各种积极因素，有效地优化它们的结构方式，并将其推向一个极佳的状态。

每个人都具有一定的自我控制力，但自控能力的大小有别，自我控制力强的人思维敏锐、视野开阔，分辨是非能力强。能在纵横复杂的环境中，始终保持极佳精神状态——坚定的信心，振奋的情绪，自觉抵制各种不良思想的侵入，充分发挥自己的特长，讲求实效的工作方法，在实践中不断地充实和完善自己。

金末元初时期，有位叫许衡的学者就是一位严于律己、自控力很强的人。有一次，他跟旅伴们路过河南北部的河阳地区，这一带刚刚发生过一场战争，房倒屋塌，不见人迹。

当时正是夏天，天气非常热，大伙顶着火辣辣的太阳走在路上，一个个全都汗流浃背的。大家都想找个地方乘凉，可是这里连一棵树都没有，想要解渴，也没有找到水井。

就在大家疲惫不堪的时候，有一个旅伴用手指着前方大声喊了起来：

"你们快看啊，前面有一棵大梨树。"大家一听，精神为之一振，立即朝那人指的方向看去。果然，在前面不远的路旁，有一棵枝叶茂密，结满了大黄梨的梨树。于是大家都朝那棵梨树跑了过去。旅伴们站在树底下，有的摘，有的吃，闹闹嚷嚷地吵叫成一片。

这个时候，许衡虽然也是饥渴难忍，但他始终没有动树上的一个梨，而是捡了一块石头，独自在树荫下坐了下来，还撩起衣襟不断地扇风。

一个和许衡关系非常要好的伙伴用胳膊肘碰了他一下，然后说："你还愣着干什么？这梨又甜又脆，还不赶紧摘几个解解暑气？"

许衡摇了摇头，非常认真地回答道："不行，梨的主人没在这儿，哪能这样随便吃人家的东西呢？"听了许衡的这一番话，周围的人都感到好笑，有一个人讥笑他道："你真是读书读傻了，现在是什么时候，还找什么梨主啊？这么大的战争，村子里都是墙倒房塌，连个指路的人都难找到，还能去哪里找这梨的主人？"

听了伙伴们的讥笑，许衡用手指了指自己的胸口，态度很是诚恳地说：

"梨虽然没有主，难道我自己的心里也没主不成吗？"众位伙伴听了，顿时哑口无言。

许衡不愧是一个懂得"戒慎恐惧"的人，他怕的不是别人，而是自己的良心。当他无条件服从心中的"主人"时，他的思想是自由的，他的智慧是清明的，他的言行也必然受到大家的欢迎。后来，他成为一代宗师，是元代著名的思想家、教育家。

但丁曾说：测量一个人的力量大小，应看他的自制力如何。

歌德也说：谁不能克制自己，他就永远是个奴隶。

克制自己，才能驾驭自己，成就自己；放纵自己，就会被激情和欲望的魔力牵制，不得自由。莫说不能成就事业，甚至会走向可悲的境地。一个人只有在无人监督的情况下也能坚持做正确的事，才算真正成为了自己的主人。这是一个人获得无悔人生必备的素质。

第六章

官之道：诚于爱民，忠于谋国

1.在其位，谋其政

众望莫负。

——王阳明

"不在其位，不谋其政"有四个方向，即"在其位，谋其政"、"在其位，不谋其政"、"不在其位，谋其政"和"不在其位，不谋其政"。其中"在其位，谋其政"，实际上是与"不在其位，不谋其政"相对应的，表面虽然相反但内涵却一致。

王阳明自始至终都身体力行地实践着"在其位，谋其政"，于下，他不知艰辛地为老百姓办事，于上，为朝廷又鞠躬尽瘁死而后已。

明武宗正德元年，当时朝廷上下均谈刘瑾色变，都不敢进言，而王阳明居然冒着"朝中大臣之大不韪",以兵部主事的一个卑微小吏身份向皇帝上了一道《乞宥言官去权奸以章圣德疏》的奏折,其言辞表面委婉但内中却暗藏着对刘瑾等弄权宦官的杀机,堪称天下奇文。虽然刘瑾一眼就看穿了这奏折里的本意,弹劾没能成功,但从这件事上可以看出王阳明身上那种敢于担当的精神。因为宦官当道,受伤害的只有百姓,而作为官员更是难免遭到迫害,像戴铣等数十人的遭遇便是很好的证明。作为一个卑微小吏,王阳明敢于只身站出来,就足以看出他为官的责任与良知。但作为对兵法有着很深造诣的王阳明,他还是采取了一个军事策略,所以在当时,很多朝中大臣都说王阳明这个人不实在,用刘瑾的话讲就是"阴险狡猾"。然而在刘瑾心里,他还是很佩服王阳明的,因为这种阴险狡猾是需要智慧的。

这一次失败的上书,虽然给王阳明带来的几乎是杀身之祸,但王阳明"致良知"的这种担当不仅没有被磨灭,反而随着他仕途的一步步转折和升迁变得越来越宽广。在庐陵做知县时,王阳明之所以能够在极短的时间内扭转当地可以说是根深蒂固、由来已久的"民扰官"现象,在很大程度上都是这种为官者的"担当"在起作用。比如他那份《庐陵县为乞蠲免以苏民困事》的建议书,其中所列申请官府予以取缔的条款,均从百姓的角度出发,考虑的并不是官府会因此而减轻因民扰官所带来的麻烦,而是当地百姓如何能够安定地生活。这就是当时身为一个小知县的王阳明心里时刻担当的责任,而有了这种担当,百姓得到了切身的实惠,自然就会拥护官府的每一项决策。所以从策略上讲,这是一种双赢的选择,百姓会因此而受益,执政的官员也会因此而为自己赢得口碑。

在庐陵任知县时,王阳明仅仅做了不到一年的时间,结果在正德六年进京朝觐皇上时,在湛若水等人的帮助下被任命为南京刑部的四川司主事。可是,当吏部看到王阳明的履历后立刻就把他拦住了,于是他就留在京城做了吏部的验封司主事。在验封司和后来的文选司任上,王阳明敢于担当的性格一直得到了吏部尚书的肯定,这也为他日后的进一步升迁埋下了伏笔。

　　王阳明的这种一心为民的担当精神在后来平定南方起义时，更为突出地得到了展现。其实，早在王阳明在南京任上得到了当时兵部尚书王琼举荐的南赣巡抚的任命后，心里就开始盘算着入赣的事了，因他在庐陵待过，对南赣一带的情况早就有所耳闻，所以所谓的农民起义其实多数都是当年刘瑾和他的余党搜刮民财时留下的祸根，这才造成了官逼民反的事情。身在南京的王阳明想到这些后，他并没有即刻去上任，而是向吏部递交了一份辞呈。吏部的官员再一次领略到了王阳明文字的魅力，但欣赏归欣赏，王琼这一关王阳明就过不了。当时，王阳明依然想接着写辞呈，结果他的弟子徐爱阻止了他。王阳明只得作罢，其实他之所以递交辞呈不过是想向朝廷多要些权力，用以节制那些地方官员，因为他知道南赣地区百姓生活的实际情况。

　　在江西和福建平定叛乱的过程中，事实果然被王阳明猜中，这些地区本来就是山区，不遇天灾时尚难吃饱肚子，何况经常出现涝灾，再加上官府层层的税收，百姓可谓是苦不堪言。无奈之下，这些百姓只得纠集在一起落草为寇。面对这一实情，王阳明对这些山匪充满了同情之心。在平叛的过程中，很多时候他都尽量避免了正面的冲突，还对这些山匪展开了心理战术，以规劝、教化的手段让他们主动放弃聚集的匪窝，只要回家安心过日子，官府就不再追究他们做土匪时所做的一切，只对那些犯罪行为确实严重的匪首予以严厉的惩治。这就是他后来向朝廷提出的《量刑法》的前身。

　　可以说，《量刑法》的提出，是王阳明在因地制宜战略方针之下"致良知"的最直接的体现。在朝廷还没有赋予他这种权力的情况之下，他就首先在南赣地区进行了试行，从这一点也可以看出王阳明对他的"知行合一"理念的大胆实践，同时也表现了王阳明作为一位朝廷官员对生活在底层的老百姓那种勇于担当的责任感。

　　当南赣的战斗终于以詹师富的被擒而宣告结束之后，王阳明也终于为他身上的这种"担当"的勇气攒足了筹码。这时，一向以"诡异"用兵而著称的王阳明没有再去行他兵法上的"诡道"，而是直接给朝廷写了一份奏折。在奏折中他没有向朝廷表明自己的功劳，也没有再提什么辞官的事情，而是直接讲起了南赣地区的实际情况。王阳明简单地谈了谈自己继续平叛的方针与策略，然后便向皇帝申请予以他大权。南方多年的叛乱早已搞得满朝上下人心惶惶，王阳明的捷报对朝廷而言如久旱逢甘霖一般，再加上兵部尚书王琼的支持，王阳明这种伸手要权的做法竟然得到了内阁首辅杨廷和的赞同。

王阳明心中的"担当"有了"便宜行事"的权力支撑后，他很快就把自己正在"暗箱操作"的"知与行"公开化了，其以群众为基础的伍、队、哨、营、阵、军的防贼编制的设立，对后世的曾国藩、袁世凯等人在治军上产生了极为深远的影响。在对广东匪首高仲仁进行围剿时，王阳明干脆直接将其《量刑法》的规定写成篇章，对他们进行游说，攻心之术也再次得到了验证。而王阳明也确实遵守约定，在平定土匪的同时，用手中"便宜行事"的权力减免了南赣四省很多不合理的税收项目，以百姓休养生息为目的，制定了一系列的惠民政策。在这种政策的感召之下，很多由于被逼无奈而加入匪帮的老百姓都主动回到家中，不到两年的时间，王阳明就成功地平定了困扰朝廷多年的南方叛乱。王阳明这种"在其位，谋其政"的态度，不仅受到了当地百姓的爱戴，同时也带来了国家的安定，这让明世宗朱厚熜大悦，很快便将王阳明提升为了都察院右副都御史。

在其位，善谋其政。对于领导而言"在其位，善谋其政"，就是利用个人的权力，指挥他人为一个目标而付出。孟子曾说的"不能者"与"不为者"，就是指一个领导手中有权力，但是并没有发挥相应的能力，是权力与能力相矛盾。

有一次，齐宣王问孟子："不为者与不能者之形，何以异？"孟子答曰："挟泰山以超北海，语人曰'我不能'，是诚不能也，为长者折枝，语人曰'我不能'，是不为也，非不能也。"

这句话的意思是，若让人背着泰山越过北海，他回答不能，那是真的不能，但是，若让他对长者鞠躬，他回答不能，那就有能力但不去做。孟子这么说的用意是提醒齐宣王，你有施行仁政的权力和能力，没有做不做得到一说，关键是看你想不想做而已。因为你是一国之君，就应该充分发挥手中的权力，把该做的都做好，真正实现利国利民。

山东潍县以前是个多灾多难的地方，经常发生水灾、旱灾。扬州八怪之一的郑燮(即郑板桥)在当地任县令七年期间，就有五年发生灾情。在他刚到任那一年，潍县发生水灾，饿殍满地，其景象惨不忍睹。郑板桥据实上报，请求朝廷开仓赈灾，可朝廷迟迟不准。在危急时刻，郑板桥毅然开仓放粮，他说："不能等了，救命要紧。朝廷若有怪罪，就惩办我一个人好了。"这样灾民很快得救了。

郑板桥深知"民为邦本，本固邦宁"的古训，做任何事，他首先想到的是百姓。他招民工修整水淹后的道路城池，采取以工代赈的办法救济灾区壮男；同时责令大户在城乡施粥救济老弱饥民，不准商人囤积居奇；他自己带头捐出官俸，并刻下"恨不得填满了普天饥债"的图章。他开仓借粮时有秋后还粮的借条，到秋粮收获时，灾民歉收，他当众将借条烧掉，劝人们放心，努力生产，来年交足田赋。由于他的这些举措，无数灾民解决了倒悬之危。

为了老百姓，他得罪了一些富户，特别在整顿盐务时，更是触动了富商大贾的私利。潍县濒临莱州湾，盛产海盐，长期以来，官商勾结，欺行霸市，哄抬盐价，贱进贵卖，缺斤少两，以次充好。郑板桥针对这些弊端，严令禁止。因此，一些富人对他造谣毁谤，匿名上告。1752年，潍县又发大灾，郑板桥申报

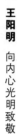
朝廷赈灾，上司怒其多次冒犯，又加上听信谗言，不但不准，反给他记大过处分，钦命罢官，削职为民。

离开潍县时，百姓倾城相送。郑板桥为官十余年，并无私藏，只是雇三头毛驴，一头自骑，两头分驮图书行李，由一个差丁引路，凄凉地向老家走去。临别时他为当地百姓画竹题诗："乌纱掷去不为官，囊囊萧萧两袖寒。写取一枝清瘦竹，秋风江上作鱼竿。"

郑板桥为官，不以自己的才情作为晋升的手段，也不以此卖弄，而是用在为民谋福利上，这种宽厚无私的精神才是人格的最高境界。

古语云："坐而论道，谓之王公；作而行之，谓之士大夫。"为官者要各司其职，各尽其能。无论是身居何位，既然人们赋予了你们职责，给你了一个施展抱负的位子，那么就应该脚踏实地地做出一番成就，无愧于心。

2.上梁不正，则下梁必歪

舜只是自进于义，以义薰蒸，不去正他奸恶。

——王阳明

正德初年，王阳明因得罪权贵，被皇帝下旨贬到贵州龙场。一到任，一个当地的强盗头目就被逮捕归案。这个强盗头目杀人放火，打家劫舍，罪大恶极。在受审的时候，一副无所畏惧的样子。强盗自知自己罪大恶极，活罪难免，死罪难逃，所以十分狂傲。但，这并没有激怒王阳明，王阳明反而和气地告诉他不用审判了，还说，天气太热，强盗可以把外套脱了！强盗虽然心高气傲，但想到松松绑也挺好的，就把外套脱了。接着，王阳明又说还热的话也可以把内衣脱了！于是，强盗又把内衣脱了。这时，王阳明又说，实在还热的话，可以把内裤也脱了，强盗一听，急了，忙说"不方便"。王阳明见此状，就说这个强盗还是懂礼义廉耻的，并非丧尽天良、一无是处。强盗见王阳明对自己的评价如此，便坦白了自己的罪恶行径。

从感化他人、德化良知的角度来解决问题是王阳明所擅长的。在他看来，德化良知能得人心，真正做到"其身正，不令则行"。因为注重德化所以提倡"致良知""知行合一"。他不仅四处推广，还广泛地招收学生，试图把"心学"发扬光大。在他所到之处，都积极地办教育，修建学校，教百姓识字，把国家的方针政策传达，让民众有法律意识。在王阳明看来，舜用安抚的手段感化对象，不直接纠正他人的奸恶，是一种值得学习的方式。所以也希望通过教育和德化教化百姓。

俗话说："上梁不正下梁歪。"意思是说，做父亲的如果不约束自己，做出不好的行为，给孩子树立起不好的标杆，孩子就会效仿，成为和父亲一样的人。

"其身正，不令而行；其身不正，虽令不从。"出自《论语·子路》。意思是说，如果管理者能约束好自己的行为，不用下命令，被管理者都会自觉地行动起来；反之，如果管理者不约束自己只要求他人，那么，就算三令五申，也不被信服。这段话意在指明"上行下效是一种风气"的道理。作为领导者，若要赢得人心，应当以身作则。就是所谓的"上梁正，下梁则不歪"。

三国时期的曹操曾被人称为"治国之能臣，乱世之奸雄"。因为他懂得以身作则，所以他在治国治军方面深得人心，正所谓正人先正己。

有一年夏天，曹操管辖的某地，很多小麦成熟了，却没人收割。这是怎么回事呢？原来，是因为当地百姓知道曹操要带兵去打仗，要经过自己的村庄，都很害怕,于是躲到了村外,所以,小麦无人收割。曹操知道后,立即派人到各地告诉百姓和官吏,他此行出兵讨伐逆贼,为的就是让黎明百姓能安居乐业。在这个收获的季节,如果发现有士兵践踏麦田,立即问斩,以儆效尤。当时,百姓根本不相信,就悄悄地藏在暗处观察。果然,没有人敢践踏麦田。官兵经过麦田时,都会一手牵着自己的马,一手扶着麦秆,小心翼翼地走过麦田。百姓这才踏实了,对曹操称赞不已。

谁也没想到,就在曹操牵马经过时,不知从哪飞来一只鸟,曹操手中的马受到惊吓,嘶鸣一番后蹿入了麦地,一片麦田被踩踏了。君子一言,驷马难追。曹操要求随行官员给自己治罪。官员手足无措,不知如何是好。曹操说:"这个规矩是我定的,我都不遵守的话,怎样让他人遵守?言而无信的人,谁会愿意追随呢?"说完便抽出腰间的佩剑要自刎,大家立马上前拦阻。此时,大臣郭嘉来到曹操面前说:"《春秋》有曰'法不加于尊'。身为一军统领,你重任在身,怎么能以自杀了事呢?"

曹操思考了一番后说:"我现在有重任在身,而且有'法不加于尊'的说法,那我就暂且不死吧。但是,事实上,我确实有罪,应该受罚。"说完,他举剑割掉一缕头发说:"就让这束头发代替我的头吧。"然后,曹操又传令三军:丞相践踏麦田,本该斩首示众,只因身负重任,所以断发明志。

"身体发肤,受之父母。"曹操愿意断发明志,是因为他知道军纪严明,大家要一视同仁,所谓"上梁不正,下梁歪",要让士兵们遵守纪律,自己必须要带好头。曹操断发明志,士兵们有所震撼:"丞相既然如此,我等必需从之。"

要让人家信服,首先就得从自己做起。作为领导,要起到带头的作用,否则,下属对你只会"口服心不服"。美国前副总统林伯特·汉弗莱曾说过:"一个人的进步,怎能比让更多人一起进步快乐呢,大家可以尝试下。"这句话的意思就是,领导是一个群体的领头羊,他需要时刻规范自己的言行,因为他将是被人模仿的对象。只有以身作则,才能让团队有凝聚力,让下属"心服口服"。

3.我心光明，为官之本

是非之心，不虑而知，不学而能，所谓良知也。

——王阳明

王阳明临死前说："此心光明，亦复何言。"回顾他的一生，少年时起便立下大志，勤读诗书。初入仕途被人陷害，贬谪龙场三年，吃尽了人间苦楚，身心都大受打击，却也在此悟道，受用一生。而后频频得志，名震天下，桃李满布天下。王阳明的一生是波折与荣誉共生，他认为自己这一生不愧对百姓，不愧对国家，了无遗憾。

王阳明总是按自己良知去做，言行之间，常存"为善"之念，境界跟普通人大不一样。他无论在哪个地方为官，都坚守我心光明，他认为这是为官之本。

"务求实用，毋事虚言。"

王阳明跟一般喜欢夸夸其谈讲大道理的读书人不一样，他做学问喜欢"简实"，讨厌"繁文"，做官也是如此。他说话、写文告都言简意赅，不喜欢长篇大论，他办事讲求实效，不会被细枝末节的事情扰乱。他对下属的要求也是如此。他在庐陵要求诉状"但诉一事，不得牵连，不得过两行，每行不得过三十字"，便是他简实风格的体现。他后来统军作战时，凡谋计划策，都依据实际情况，决不凭空构想。他也要求下属注意搜集情况，据实呈报。

例如，他的《巡抚南赣钦奉敕谕通行各属》，对下属提出了明确的要求："一应足财养兵弭寇安民之术，皆宜心悉计虑，折衷推求。山川道路之险易，必须亲切画图；贼垒民居之错杂，皆可按实开注；近者一月以里，远者一月以外，凡有所见，备写揭帖，各另呈来，以凭采择。非独以匡当职之不逮，亦将以验各官之所存，务求实用，毋事虚言。"

大凡说话、写文章,文词的修饰,可以扰乱听众、读者的判断力,掩盖真实情况,王阳明要求下属将"水分"挤掉,只送"干货",有助于保持清醒的判断力,也可以节省时间,提高效率。这一经验,值得所有领导者借鉴。

人情与法度兼顾。

王阳明重视赏罚,他施赏是为了激励士气,施罚只是为了以儆效尤,却不在于施罚本身,在可能的情况下,他也会在法律许可的范围内,依循人情,尽量减轻惩罚。例如,他率军平定宁王朱宸濠的叛乱后,捕获了数百名从逆官员,其中许多人只是受情势所迫,为保身家性命,不得不附从宁王,并不是真心反叛。王阳明考虑到这一情况,曾一日连上数疏,请求对其中大部官员减轻处罚。《恤重刑以实审伍疏》罗列了二百多个从逆官员的名单,最后请求说:"参看得裘良辅等俱曾徒逆,应该处斩。但该司参称宁王平昔威恶惨毒,上下人心罔不震慑;据法在所难容,原情亦非得已。宥之则失于轻,处斩似伤于重,合无俯顺舆情,乞敕该部查照酌量,或将各犯免其死罪,令其永远充军。不惟情法得以两尽,抑且军伍不致缺人。"

《处置从逆官员疏》介绍了一些从逆官员的情况,最后建议说:"取其罪犯之显暴者,明正典刑,以为臣子不忠之戒;酌其心迹之堪悯者,量加黜谪,以存罪疑惟轻之仁。庶几奸谀知警,国宪可明。"

《处置府县从逆官员疏》也介绍了一批从逆官员的情况,最后建议:"参照邢清等被执不死,全无仗节之忠;闻变即逃,莫知讨贼之义,俱合重罪。但责任既轻,贼势复盛,力难设施,情可矜悯。合无行抚按衙门依律问拟,以为将来之戒,惟复别有定夺。"

王阳明的"罪疑惟轻"跟现代"疑罪从无"的原则颇有神合处,都是人文关怀的体现。在那个流行"乱世用重典"的年代,他能站在人性立场,主张对犯法者从轻处罚,确实难能可贵。人们从中也可体察"致良知"的妙用。

广求意见。

王阳明无论在何地为官,都必然深入基层,调查研究,了解情况,而且他乐于倾听意见，不分官民，凡有意见，他无不欢迎，他还经常发布公文，广求意见。他的《十家牌法告谕各府父老子弟》非常谦虚地说："本院奉命巡抚是方，惟欲剪除盗贼，安养小民。所限才力短浅，智虑不及；虽挟爱民之心，未有爱民之政；父老子弟，凡可以匡我之不逮，苟有益于民者，皆有以告我，我当商度其可，以次举行。"

王阳明以巡抚之尊，竟然向小民讨主意，其虚怀若谷的情怀，不同凡响。相比现在某些官员，只知坐在办公室当老爷，对群众的意见不闻不问，境界真有天壤之别！

主动承责。

王阳明为官，凡管辖范围内的事，没做好的，他都主动承担责任，从不推诿；许多事分明与他无关，他也自负其责。例如，天灾本是老天爷的过错，他也要自我批评；兵灾虽是人祸，但并不是由他引起，他也主动承责。他的《批追徵钱粮呈》，对不得不向百姓征收军粮痛心不已，还说："目击贫民之疾苦而不能救，坐视征求之患迫而不能止，徒切痛楚之怀，曾无拯援之术，伤心惨目，汗背赧颜，此皆本院之罪，其亦将谁归咎！各府州县官务体此意，虽在催科，恒存'抚'字。"

王阳明的承责，看似虚伪，其实不然，恰是"以天下为己任"的表现。天下事没办好，天下人都有一份责任，按佛家的说法，这是"共业所感"。王阳明是大悟之人，自然能看到自己的责任所在，不会像那些愚人一样说什么"这件事跟我无关"。

通情达理，主动沟通。

王阳明身领重任，职责所在，有时不得不做百姓不满的事，但他从不恃其强势，使狠蛮干，总是主动向百姓说明情况，寻求谅解。他数次统领大军，平息各路农民起义，以及宁王朱宸濠的叛乱，他当然不能让属下官兵饿着肚子打仗，一应军粮只能从当地征收，军队打扰民众的生活也在所难免。但他情真意切的解释，却能在很大程度上缓解民众的不满情绪。

例如,他的《告谕军民》说:"告谕军民人等,尔等困苦已极,本院才短知穷,坐视而不能救,徒含羞负愧,言之实切痛心。今京边官军。驱驰道路,万里远来,皆无非为朝廷之事,抛父母,弃妻子,被风霜,冒寒暑,颠顿道路,经年不得一顾其家,其为疾苦,殆有不忍言者,岂其心之乐居于此哉!况南方卑湿之地,尤非北人所宜,今春气渐动,瘴疫将兴,久客思归,情怀益有不堪。尔等居民,念自己不得安宁之苦,即须念诸官军久离乡土,抛弃家室之苦,务敦主客之情,勿怀怨恨之意,亮事宁之后,凡遭兵困之民,朝廷必有优恤。今军马塞城,有司供应,日不暇给;一应争门等项词讼,俱宜含忍止息;勿辄告扰,各安受尔命,宁奈尔心。本院心有余而力不足,聊布此苦切之情于尔百姓,其各体悉无怨。"

此文实事求是,体谅民众的苦衷,同时也请民众体谅官兵的苦衷,相比之下,官兵们远离父母家乡,还要冒着生命危险作战,即使他们给民众带来了不便,百姓也容易谅解。何况王阳明治军,军纪严明,无事不扰民,更容易跟民众达成情感上的相融。

4.累卑为高,集思广益

今日所急,唯在培养君德,端其志向。于此有立,政不足间,人不足谪,是谓一正君而国定。

——王阳明

在王阳明看来,要治理好一个国家,君王必须养德,端正其治国的态度。当一个君王以善养德,治理国家就不会有什么过失,就不会遭受人民的责备，天下也就安定了。王阳明还认为，君子养德，必须要善于听取下属的意见，博取众之所长来做决策。否则，就可能因为刚愎自用而走向灭亡。

西楚霸王为何会败给刘邦，就是因为他刚愎自用，难听谋臣的意见，使得谋臣先后离自己而去；而刘邦却能听取手下人的意见，即使在非常暴躁的时候，也能静下心来，认真听取下属的意见，因而能够网罗天下人才为己所用，最终建立西汉王朝。

每个人都不是完人，并非所有的事情都会明白，也不是所有的事情都能够做到尽善尽美。身为管理者更不能只用自己的眼睛去看、用自己的耳朵去听、用自己的头脑去考虑事情，而要多多听取他人的意见，善于采纳下属的建议，博采众家之长，这样才能避免做出有失偏颇的决策。古往今来，成功的管理者都非常重视听取下属的意见。

楚襄王还是太子时曾到齐国做人质，他回国的条件是献地五百里给齐国。当他回国当上楚王后，齐国便派人前来索要土地。虽然自己曾亲口答应，但这明显是乘人之危，楚襄王不想给，就问慎子该怎么办。慎子说："明天早朝，大王叫群臣献计。"

第二天早朝的时候，几位大臣都提出了各自的主张。

子良说："不能不给。大王金口玉言，答应的又是强大的齐国，要是不给，别人会说大王不守信用，以后大王在诸侯中就不好说话了。不如先给他们，之后再夺回来。给他们是守信用，夺回来可显示我们的武力，所以我主张给。"

昭常说："不能给。这五百里土地广阔，实占去楚国一半。这样，君主虽名为大王，若失去了五百里国土，实际上成了小地方官了，坚决不能给，昭常愿带兵去东地坚守！"

大臣景鲤则说："不能给呀！虽然是不能给，但仅靠我们楚国的力量又不能守住。大王既然答应了又不兑现，必然背上不义的名声。我们既输了理，又不能独自守住，所以我建议向秦国求救。"

三个人说得都有道理，襄王不知该怎么办，就问慎子："您说我该采用谁的计策呢？"慎子想了想说："全部采用。"襄王不解，慎子说："按照他们的主意做，大王就可以收到像他们预见的效果。大王可派子良率车五十乘，向齐国履行献地手续。第二天您可派昭常大司马，带兵前往东地驻守。再过两天，您再派景鲤求救于秦。"襄王听了茅塞顿开，一切就按慎子所说的去做。

子良到齐国交付手续，齐国人就同子良一同到楚国东地接收，昭常立即带兵抵抗，并说："我租用主上土地，将生死与共！"齐国人就问子良是怎么回事，子良回答说："我是受楚王命令这样做，而昭常不把楚王与齐王放在眼里，你们发兵进攻吧！"

齐王大怒，立即组织军队，大举讨伐昭常。齐王的军队还没有开出国境，秦国五十万大军已逼近齐国边境，秦国指责齐王说："你们扣押楚太子不让他回国继位，这是不仁；接着又要夺人五百里国土，这是不义。如果你们把刀兵收起来那就没事了，如果你们动手，那我们也等着了。"齐王害怕了，就请子良回国，又派人去秦国谈和。这样，楚国不动刀枪，就使得东地五百里得以保全。

楚襄王听取了三个人的意见，之后又经过慎子的整合，使得楚国在此事的处理上收到了最好的效果。在这个过程中，子良、昭常和景鲤的意见缺一不可，慎子的独到眼光也极为重要，试想如果楚襄王忽略了其中任何一个人的意见，楚国的五百里地可能就无法保全了。

管理者应该明白：一个人的能力总是有限的，一个人对某一事物的了解也不可能是全面的，虽然不至于像盲人摸象一般，但也只不过是看到了事物的皮毛而已。因而，管理者需要听取尽可能多的意见，不能只选择自己愿意听的，而无视那些与自己内心旋律不同的声音。拿掉挡在耳朵上的挡板，听取众人的意见，才能看到一个更加真实的世界。

唐太宗非常喜欢魏征所说的"兼听则明，偏信则暗"这句话，他时常对大臣们说："自古以来帝王恼怒就随便杀人，我总是提醒自己以此为戒。为了国家，请你们经常指出我的过错，我一定接受。"

唐太宗不但这样说，在实际上也的确知错就改。有一次，唐太宗出行至洛阳，由于地方供应的东西不好而发火，魏征当即劝谏道："隋炀帝为追求享乐，到处巡游，使得民不聊生，以至灭亡。今圣上得天下，应当接受教训，躬行节约，怎能因此就发脾气呢？如果上行下效，那将成什么样子？"唐太宗悉心接受了他的批评。

又一年，陕西、河南发大水，不少地区遭灾，唐太宗却执意要建飞龙宫。魏征上书反对说："隋炀帝大修行宫台榭，徭役无时，把人民逼上绝境，最后招致灭亡。皇上要引以为戒，如果重复隋炀帝的做法，还会重蹈隋亡的覆辙。"最后终于说服唐太宗停建了这项工程，并把备用的木料都送到灾区救济灾民。

还有一次，唐太宗要修洛阳宫，河南陕县县丞皇甫德参上书反对说："修洛阳宫，是劳民之举；收取地租，是重敛于民；连天下妇女时兴高髻，这是从皇宫里传出来的。"唐太宗看了奏章勃然大怒，说："这人是想让国家不役使一个人，不收一斗租，宫里的女人都变成秃子，他才会满意吗？"魏征连忙解释说："人臣上书，言辞不激烈不足以引起圣上的重视，言辞激烈又近于诽谤，希望陛下能够理解。"唐太宗听了，怒气顿息，派人赏赐了皇甫德参。

由于唐太宗能听大臣的劝谏，勇敢地认识并改正了自己的过错，因此带来了"贞观盛世"。人皆有过，关键在于犯错之后的态度，君子由于知错必改，所以仍旧可以得到人们的仰慕，周围的人依然归服他、效法他。

如果管理者能善于听取下属各方面的意见和建议，下属就认为自己的领导是一个虚心纳谏、平易近人的好领导，这样管理者在下属心目中的形象就随之上升了；反之，如果不给下属发表意见的机会，他们就会觉得自己不被重视。久而久之，一方面，下属的工作会带有依赖性，缺乏创造性，对事业的发展不利；另一方面，一旦产生矛盾，就会趋于集中，使管理者的形象在下属的心目中受损，损害团队的和谐。

5.信赏必罚以安臣民

军旅之任，在号令严一，赏罚信果而已。

——王阳明

在王阳明看来，要培养一支战斗力强的队伍，不仅要制定严厉的纪律，还要做到赏罚分明，真正使众人信服。这其实就是在讲管理中的赏与罚的艺术。

战国时期的哲学家韩非子也说："刑不避大臣，赏善不遗匹夫。"意思是说，管理者对下属要全部一视同仁，有功必赏，有过必罚，维护制度的严肃性，从而使自己的组织走上健康有序、有章可循的正确轨道。管理者只用慈爱和仁义是换不来下属的忠心的，只有赏罚分明才会让下属积极认真地工作，因为人都有趋利避害的特性。那些赏罚分明的管理者，能够树立起自己的威信，让组织健康发展和不断进步。

秦惠公死后，公子秦出子即位，由于年幼，人称"小主"。小主的母亲把持了国政，并重用奄变。奄变为人奸诈，不久就把秦国弄得一团糟。贤人们都心中不快，隐匿不出；老百姓也忧郁怨恨，民怨沸腾。

公子连此时正流亡在魏国，听到了这种情况以后十分高兴，就打算乘机回秦国夺取政权，取代小主为君。于是他借助秦国大臣和百姓的支持回到秦国，来到了郑所要塞。

郑所要塞的守将是右主然，他下令严加防守，不放公子连进去，还说："实在对不起公子了，我要坚守道义，不能同时侍奉两个君主，公子您还是快点离开这里吧！"

在不得已的情况下，公子连离开了郑所要塞，进入北狄，转道来到了焉氏要塞。守塞的菌改把他放了进去。小主的母亲和奄变听到这个消息大吃一惊，马上下令起兵攻打公子连。

秦国的将士们接到命令说："敌寇在边境上。"将士们在出发的时候都说："去迎击敌寇！"但走到半路时，将士们乘机发动了哗变，都说："我们不是去迎击敌寇，而是去迎接国君。"

于是公子连带领军队杀回了国都，小主的母亲自杀。公子连立为国君，这就是秦献公。

秦献公登基后要重赏有功人员。他很感激菌改，想多多地赏赐他；同时又很怨恨右主然，想重重地处罚他。

大臣监突知道了秦献公的想法后，便谏诤道："国君这样做不行。秦公子流亡在外的很多。如果您这样做了的话，那么大臣们就会争先恐后地把流亡在外的公子放进国来。这对您是很不利的。"

"嗯……"秦献公想了想，称赞道："好，您说得很好！"于是他下令赦免了右主然的"罪"，而赐给菌改以官大夫的爵位，赏给守塞的士兵每人二十石米。

治国之道，要赏罚分明，信赏必罚，当赏必赏，有过必罚。管理之道，同样要做到赏罚得利。有功则赏,可以激励他人,从而激发众人的上进心,有过则罚,可以警示他人,树立一种界限。赏一人而众人振奋,罚一人而众人心惊,所以赏罚得力,就可以使管理变得更加有效。

要真正做到赏罚分明,管理者在下结论前应多观察分析,了解实际情况,力争做到奖惩客观、公正、公平,千万不要偏听偏信,武断下结论。否则,管理者的威信就会受到影响,不但受罚的人满腹委屈,心中不服,其他知道真相的人也会替他鸣不平,最后只能导致下属与管理者及团队离心离德,做起事来得过且过,能糊弄就糊弄,出工不出力。总之,赏罚分明,是管理者平衡员工关系、维护团队和谐的关键。

1944年,在盟军进行诺曼底登陆前夕,美国著名作家海明威以战地记者的身份到前线采访,他被安排到了巴顿将军的部队。没想到,海明威到了部队,在登陆战开始后,就和士兵们一起参加了战斗。后来他与所属部队失散后,还在巴黎西部领导当地的游击队进行敌后反抗运动,其间屡立战功。

但是巴顿将军却对此事非常恼火,因为根据《日内瓦公约》规定,新闻记者在战场上只可进行观察与报道,而不能直接参加战斗。于是,他下令让军法部门调查此事,准备对海明威审查惩处。但是,由于海明威在公众中的声望很高,巴顿将军的做法引起了很多人的不满,一时间弄得满城风雨,让军法部门处境十分尴尬。

对于此事,后来还是盟军最高司令艾森豪威尔做了表态。他命令道:"对于向来运用自己的想象力取胜的人可以不加追究,但下不为例,否则按军法处置;军法部门秉公办事,值得肯定,但现在是非常时期,军法部门应集中精力清算纳粹。"

艾森豪威尔的命令,既肯定了海明威的个人作战功劳,也肯定了军法部门的办事态度，在严明军纪的同时，也给双方一个都可以接受的处理结果，从而妥善平息了此事。

赏与罚，曾被古人称为管人的两把利剑，是领导者统御部属、使用人才的一个重要手段。孙武把"法令孰行"、"赏罚分明"作为判明胜负的两个重要条件。可以说，赏罚分明得当，是古今中外一切用人者的根本原则。领导者一定要正确使用赏罚，切莫随心所欲，无原则地进行随意赏罚。

只有论功行赏、论罪处罚，才是管理者留下人才和铲除蠹虫的不二法宝。这其中最重要的学问就在于公正、讲情义、讲道理。对于人才的任用，不论远近亲疏，只论功过是非，对就是对，错就是错，对了就要奖励，有错就必须罚，两者清晰明确，如此方可减免团队内人与人之间的意见争执，增加整体队伍的凝聚力，有效降低因不合而造成的损失，提高做事效率。这也是王阳明所推崇的赏与罚的艺术。

6.识人重在德与能

若果"进不求名，退不避罪"，单留一片报国丹心，将苟利国家，生死以之，又何愁不能"计险阨远近"，而"料敌制胜"乎？

——王阳明

王阳明十分注重人才的素质，在他看来，一个好的人才必须在功成名就时淡泊名利，在面临危机时敢于承担责任，尽心尽力地为团队效力，保持"进不求名，退不避罪"的淡泊心态，就能够正确地分析和判断敌情，正确地考察地形的险易并计算道路的远近，最终获得胜利。这其实就是在告诫领导者要

注重人才的素质,要善于发现素质良好的人才并给予重用。

俗话说:"得人之道,在于识人。而识人之前,重在观之。"观人重在言与行,识人重在德与能,不细观则不能明识,不明识则不能善用。只有知人才能善任,因而对一个人了解得越深刻,用起来就越得当,相处起来才能减少摩擦。

作为清朝中兴名臣的曾国藩,就深谙用人之道。曾国藩在指派李鸿章训练淮军时,李鸿章带了三个人求见,请曾国藩给他们分配职务。不巧曾国藩刚好饭后出外散步了,李鸿章便命三人在室外等候,自己则进入室内。

等到曾国藩散步回来,李鸿章请他传见三人。曾国藩说不用再召见了,并对他说:"站在右边的是个忠厚可靠的人,可委派后勤补给工作;站在中间的是个阳奉阴违之人,只能给他无足轻重的工作;站在左边的人是个上上之材,应予重用。"

李鸿章惊问道:"您是如何看出来的呢?"

曾国藩笑道:"刚才我散步回来,走过三人面前时,右边那人垂首不敢仰视,可见他恭谨厚重,故可委派补给工作;中间那人表面上毕恭毕敬,但我一走过,立刻左顾右盼,可见他阳奉阴违,故不可用;左边那人始终挺直站立,双目正视,不亢不卑,乃大将之才。"

曾国藩所指左边那位"大将之才",就是后来担任台湾巡抚的鼎鼎有名的刘铭传。曾国藩经由观察一个人的行为举止,以审视其品德与才能,而后量能授官,这才是真正的"知人善任"!

曾国藩能够一眼看穿对方的心,确实令人敬佩,但是,他的这种本领并不是天赋异能,而是源于他长期的生活经历和善于观察、善于思考的生活习惯。

然而,人们要想从一个人的言谈举止中看出内在的品德修养,是一件很难的事情。自古识人之难，在于知人知面不知心。虽然难，但还是要去体味，毕竟识人是与人交往的基础之上。只有在对一个人的性格品质有所了解的情况下，才能决定与其相处的模式以及关系的远近。所谓道不同不相为谋，或谋之有道，而道相同者则引为知己，而这些都需要从识人开始。

"唐宋八大家"之一的苏轼就是个识人的高手。

当时有个叫谢景温的人，跟苏轼关系不错，两个人经常在一起谈论诗文，褒贬古今。

有一次，苏轼和谢景温到郊外游玩，偶然看到一只受伤的小鸟从树上掉下来，苏轼刚想把小鸟拾起来，谢景温抬脚就把这只小鸟踢到一边。他这个看似漫不经心的动作，却让苏轼心凉半截：这一定是个轻贱生命、损人利己之徒，不可深交。于是，他就慢慢疏远了谢景温。

果然，后来谢景温为讨好王安石，便加害苏轼，诬陷苏轼运售私盐，企图将苏轼治罪。

苏轼还有一位姓章的朋友，早年和苏轼过从甚密。苏轼任凤翔府节度判官，章任商州令的时候，两人在山中游玩，游到仙游潭的时候，前面是悬崖峭壁，只有一根独木桥相通。

章提出让苏轼过桥，在绝壁上留下墨迹，苏轼不敢。章神色平静地轻松走过，用绳子系在树上，以玩杂技般的高难度手法在陡峭的石壁上写了"苏轼章某来此"几个字，苏轼不由抚着他的背长叹："能自拼命者能杀人也！"章大笑。

后来，章某当上宰相，大权在握，整治政敌毫不手软，他甚至提出掘开司马光的坟墓，曝骨鞭尸。他因与苏轼政见不合，对苏轼也大下辣手，把苏轼贬到偏远的惠州，再贬他到更偏远的儋州。

对于识人的方法。春秋时期的军事家孙子曾说："将者，智信仁勇严也。"

意思是说，要成为一个好的将领，必须具备智谋、诚信、仁爱、勇敢、严明五种素质。又说："将有五危：必死可杀也；必生，可虏也；忿速，可侮也；廉洁，可辱也；爱民，可烦也。"意思是说一个将领必须避免五个危机：只知硬拼，就有被杀的危险；贪生怕死，就有被掳的危险；刚忿急躁，就有被轻侮的危险；清廉自好，就有被污辱的危险；宽仁爱民，就有被烦扰的危险。

三国时期的政治家诸葛亮也说：为将者必须有高尚的志守，见利不贪，见美不淫；有聪明才智，善知敌我之势、进退之道；有优秀的道德品质，高节可以厉俗，孝悌可以扬名。而要避免八种缺点：一曰贪而无厌；二曰嫉贤妒能；三曰信谗奸佞；四曰料彼不自料；五曰犹豫不决；六曰荒淫酒色；七曰奸诈而自怯；八曰狡言而不以礼。

王阳明在熟读古人识别人才的智慧后，对人才的素质有了自己的见解。

人才必须具备的第一要素是良好的道德品质。王阳明认为，一个管理者必须竭力工作来回报上司的赏识，对下属则应多加关爱和鼓励，以激励下属更好地工作。如果做不到这两点，而只是顾着为自己争取更好的晋升机会和更多的利益，是无法管理好一个团队，从而使其取得好的业绩的。正如王阳明所说："唯以定乱安民为事，不以多获首级为功。"

人才还必须具备良好的心理素质。在王阳明看来，一个好的人才必须有良好的心理素质，做到临危不乱，当机立断，指挥若定。从心学的角度来说，就是必须不动心，否则就应付不了千变万化的职场。正如王阳明所说："用兵何术，但学问纯笃，养得此心不动乃术尔。凡人智能相去不甚远，胜负之决不待卜诸临阵，只在此心动与不动之间。昔与宁王逆战于湖上，时南风转急，面命某某为火攻之具。是时前军正挫却，某某对立矍视，三四申告，耳如弗闻。此辈皆有大名于时者，平时智术岂有不足，临事忙失若此，智术将安所施？"意思是说，一个将领若无良好的心理素质，就承受不了战场瞬息万变的形势。他可以因败而惊乱，因胜而狂喜。惊乱必然失措，狂喜亦致失措。推此即彼，在职场中也是如此，一个人良好的心理素质，比他的学问、智谋要重要得多。

王阳明还看重人才的智慧韬略，他强调只有选取有谋略的官员统领士兵，才能做好管理工作。王阳明还认为，这些智慧韬略必须经由实践始能培养，而不由坐在书房里去苦思而得。正如王阳明所说："必须身习其事，节制渐明，智慧渐周，方可信行。盖天下未有不履其事而能造其理者。"

此外，王阳明不仅强调人才的道德素质、心理素质、智慧素质，还强调人才的专业技能水平。毕竟，专业技能水平才是一个人成就事业的基础素质。

7.任贤使能，用人唯长

（荐贤）乃天下治乱盛衰所系，君子小人进退存亡之机，不可以不慎也。

——王阳明

在王阳明看来，任贤使能是维持和平稳定的事业环境的关键，是亲君子、远小人的重要条件，实在是不能不慎重考虑啊。

任贤使能是儒家的传统政治思想。孔子说："举直错诸枉，能使枉者直。"意思是说，把正直的人推举出来，邪恶小人也会变得正直。孟子说："尊贤使能，俊杰在位，则天下之士皆悦而愿立于其朝矣。"意思是说，统治者尊贤使能，则天下贤士都愿意到他的朝廷服务。在孔孟两位圣人的引导下，后世的儒家，大都主张任贤使能。

要做到任贤使能，不仅要求管理者能够识别人才的优劣，更要求管理者能够用人唯长，让每个人才都能发挥其应有的价值。只因人无完人，人人皆

有所长,亦有所短。因此管理者要尽量看到人才的长处,加以善用。正如国学大师南怀瑾在《论语别裁》中所说:"中人以上的资质,可以告诉他高深的理论;至于中人以下的资质,在教育方面,教导方面,对他们就不要做过高的要求,不妨做低一点的要求。"

邓艾从小是个孤儿,做过放牛娃,有口吃的毛病,说起话来结结巴巴,常常憋得脸红脖子粗。像他那样的人想要做官是没有什么指望的。

但是他从小喜欢武艺,爱看兵书,每见高山大河、形势险要的地方,他总要指指点点,结结巴巴对人说:"这……这……这里驻一支兵……兵马,敌……敌人就……打不进来。"人们都笑他人小心大,做不了文官还想当武将。

后来,邓艾真的被司马懿看中了,做了尚书郎。他做官之后,特别注重兴修水利,发展农业生产,为军队积聚粮食。他还派人疏通航道,以便战时运输军粮。

景元三年冬初,邓艾率领的伐蜀军队到了阴平,再往南走,就是现在四川的松潘地界了。从阴平到松潘,中间得走过七百里无人烟的荒僻小道。这一带山势特别险峻,到处是悬崖峭壁,不但行人感到艰难,连猿猴到了这里也会发愁。正是因为这个缘故,蜀汉在这一带没有驻兵设防,而是把重兵驻在离阴平几百里的剑阁。

邓艾说:"敌军已经遭受挫折,应该趁势进军。如果从阴平小道经汉中的杨亭到涪城,出剑阁西一百里,去成都三百余里,奇兵冲击腹心,出其不意,攻其不备,防守剑阁的部队必然回来援救涪城,这样钟会就可以率战车并列前进;如果剑阁的部队不去增援涪城,则救援的兵力就很少了。"

邓艾经过仔细勘查,选定了一个山口,他用毡毯把自己包裹起来,冒险从山上滚下去,试探进攻的道路。士兵们看主将这样勇敢,大受鼓舞,也个个奋勇争先,攀着树木和葛藤,蹬着刀砍斧削的峭壁,跟着前进。几天以后,他们好像一支从天而降的神兵，突然出现在剑阁的后方江由。邓艾派一部分人留守江由，切断驻在剑阁的蜀将姜维的道路；自己带着另一部分人去进攻绵竹，杀了绵竹的守将诸葛瞻，继续向成都进军。

绵竹一失，成都已无险可守。蜀军料想不到魏军突然到达，陷于混乱不听指挥；老百姓听说邓艾大军已进入平原地区，惊慌失措，纷纷向山泽逃去，一片混乱。蜀汉群臣纷纷议论，刘禅最后采纳谯周的建议，向邓艾投降，并派人传令坚守在剑阁的姜维等一并投降。姜维得知诸葛瞻战死，急撤军援救，后来又接到刘禅的降书，只好投降钟会。蜀国宣告灭亡。

邓艾"出其不意，攻其不备"，犹如一支奇兵从天而降，重重击溃了蜀军，魏军能够三个月灭蜀，邓艾这支奇兵功不可没。

昔日口吃，今为奇将，没有司马懿独具慧眼，大胆擢升，邓艾是不能成为传奇人物的。

邓艾因为口吃，世人都笑他，连话都说不清楚还想当武将？可是偏偏司马懿就助邓艾实现了当武将的愿望，因为他看到了邓艾口吃的背后是他突出的胆识和才略，这一点超越了常人。试看，蜀道之难难于上青天，绵竹关隘可说是"一夫当关，万夫莫开"，然而愈是天险，愈是绝处逢生，邓艾包裹上毡毯就从山上滚下来，身先士卒、不畏生死的胆识谁能企及？

世人只知口若悬河、天花乱坠的雄辩家，殊不知那些有语言障碍的人也有不可估量的潜力和特长。既然是择才者，对于邓艾这样的人才类型，明智的选择是看优秀的部分，而不是缺陷的部分，这样才能把人才正确地选拔出来。

从辩证的角度看，一个人有其长处，也就必然有其短处。每个人都有其出色的一面，也有其所不能的一面。对于创业者而言，首先需要做到知人善任，要善于发现人才的长处，并因势利导，加以利用，而不能求全责备，只有这样，才能营造起人才济济的局面。

在用人问题上，王阳明的建议是用人唯长，即"用人之仁去其贪，用人之智去其诈，用人之勇去其怒"。意思是说，任用人才良善的一面而抛弃其贪婪的一面，任用人才智慧的一面而抛弃其诡诈的一面，任用人才勇敢的一面而抛弃其冲动的一面。舍短用长，因材器使，不强人之所不能，方能上无废令，下无弃才。

第七章

友之道：相下得益，相上则损

1.真正的友谊没有距离

君等离别，不出在天地间，苟同此志，吾亦可以忘形似矣！

——王阳明

在诸弟子中，跟王阳明最知心的人当数徐爱。徐爱是王阳明的妹夫，进士出身，曾任祁州知州、南京工部员外郎等职。徐爱敦厚好学，非常崇拜王阳明的博学多智。当王阳明受到权奸刘瑾的迫害，被贬谪到贵州龙场驿，人生进入最黑暗时期时，徐爱不避嫌疑，毅然拜王阳明为师。在诸弟子中，徐爱对王阳明的心学领悟最深，闻一而知十，德行也很好，颇像孔子的弟子颜回。但徐爱身体很一般，他曾对王阳明说，自己活不了多大岁数。王阳明问为什么？他说自己曾梦游衡山，遇到一个老和尚，抚着他的背说："你与颜回同德。"过了一会儿，又说："也与颜回同寿。"

颜回德全而寿夭，王阳明还真怕徐爱也如此，安慰说："不过一梦而已，何必当真呢？"

徐爱说："寿命是无奈之事，我只愿早日退隐归林，跟从先生学习，朝有所闻，夕可死矣！"

后来，王阳明任京官时，徐爱常劝他早日引退，专心讲学，不要介入混浊的官场。他说："儒道不明，已经好几百年了！现在幸而有所显现，假如最终没有成就，不是最痛心的事情吗？希望先生早日隐归阳明山，跟弟子们讲明此道，以诚己身而教后人。"

徐爱的话不无道理，假如王阳明真的潜心于讲学，阻遏理学的流毒流布天下，使学界恢复清新空气，那么其功可同圣人，比他带兵打几场胜仗又有价值多了。

但王阳明终究想亲身历练一番，这也符合他"知行合一"之道，他一贯主张"在事上磨炼"，从不把做学问跟做事分开。后来，朝廷要派王阳明巡抚南宁、赣州，王阳明有心辞官、坚卧不出。徐爱却又觉得他此时辞官，时机不妥，可能招来灾祸，劝道："现在外面议论纷纷，先生好歹去走一遭，我和师兄弟们先支撑着，等先生了事后再回来。"

王阳明离京后，徐爱就辞了官，在南京城外买了几间房，带着一群王门弟子读书论道，记述王阳明的言论，编撰《传习录》。王阳明本人比较赞同孔子、释迦牟尼的"述而不作"，只讲道而不著书立说，为什么呢？悟道是一种体验，不是任何文字可以传述的，好比恋爱，你可以感受到其百味俱全的美妙，却很难用语言尽述其味，一落到文字上，感觉已经有点不对了；别人读这些文字，感受更差了很多，而且每个读的人感受都不一样。悟道跟恋爱一样，非得亲自体验不可，光读文字，如同望梅止渴。不过话说回来，悟者的言论记述下来还是有好处的，至少可以让后人略知其味，还可以激发追求悟道的愿望。

王阳明戎马倥偬之余，跟徐爱的书信往来频繁。他们虽然相隔甚远，感情却从未减弱半分，反倒因长久的别离而变得更加真挚。徐爱常劝他打完仗就赶紧回来，王阳明叹道：这也是我的愿望啊！但他的愿望注定无法实现，打了一仗还得再打一仗，一场场大战下来，时间可就像流水般过去了。

王阳明在军惊闻徐爱去世的噩耗，伤心欲绝，两天不吃不喝。可他责任重大，却又不能沉溺在伤痛中，只好打起精神，化悲痛为力量。他在悼徐爱的祭文中，写下倾注着深情的文字："呜呼！孰谓曰仁而乃先止于是乎！吾今纵归阳明之麓，孰与予共此志矣！二三子又且离群而索居，吾言之，而孰听之？吾倡之，而孰和之？吾知之，而孰问之？吾疑之，而孰思之？呜呼！吾无与乐余生矣。吾已无所进，曰仁之进未量也。天而丧予也，则丧予矣，而又丧吾曰仁何哉？天胡酷且烈也！呜呼痛哉！朋友之中，能复有知予之深、信予之笃如曰仁者乎？"

他还说："吾今无复有意于人世矣。姑俟冬夏之交，兵革之役稍定，即拂袖而归阳明。"

徐爱虽然死了，却永远活在王阳明心中，让他怀念终生。他后来赞成弟子们编写《知行录》，未尝不是为了完成徐爱未竟的事业。

老朋友指的是不受时空的阻隔而一直保持着联系的朋友，这种朋友才更可贵。这些值得信赖的朋友正见证了我们的人生过程，不重视值得信赖的朋友就是不重视自己的过去。也许，这些朋友远不如你的酒肉朋友那般的让你开心和快乐，但是只有经历了风霜，你才真正体会到一个值得你信任的朋友是多么的珍贵，是用多少金钱和快乐都买不来，也换不掉的。

俞伯牙是春秋时期著名的琴师，晋国的士大夫，琴艺十分了得。传说他弹琴的时候连水里的鱼都要越出水面倾听，正在吃草的马也会仰首而听。

一次，俞伯牙奉命外出办事。返程的时候走的是水路，他的船行到汉江口时，刚好是八月十五，月色幽美。当时船停泊在岸边歇息，俞伯牙闲来无事就抚琴一曲。他谈琴雅兴正浓之时，发现有人在岸上偷偷倾听，俞伯牙就把这个人请到船上，这个人就是钟子期。交谈之中，俞伯牙发现钟子期对自己名贵的古瑶琴的来历十分了解，而且十分精通琴理，欣赏弹奏也很内行。俞伯牙弹奏的时候，心里想的是高山，钟子期就会说"巍巍乎志在高山"；俞伯牙心里想的是江河，钟子期就感叹"汤汤乎志在流水"。在野外能遇到这么一个知音，俞伯牙激动不已，当时就与钟子期结为兄弟，两人促膝长谈直到天亮。

临别时，俞伯牙很是不舍，就邀请钟子期过些时候到晋阳去，钟子期却说："如若答应了贤兄，就必须履行诺言。可万一父母不允许我去，我岂不成了言而无信之辈？我不敢随便答应下来……"

俞伯牙只好许诺明年来看望钟子期。

"贤兄明年何时来啊？"钟子期问。

"昨夜是八月十五，此时天已亮是十六。来年，我就是八月十五或十六来到，不会晚于八月二十。如若食言，定非君子。"

钟子期道："既然如此，明年八月十五、十六，我定在这江边等候。"

一年转眼即过，不曾想钟子期卧病在床，生命垂危，眼看就要不行了。钟子期对在榻前的父母交代后事。

"儿再也不能对您二老尽孝心了，儿死后，只求爹娘把儿埋在汉江口那里。去年中秋，儿在江边与伯牙兄相遇，临别时约定，今年中秋，伯牙兄来我家，我答应他，届时到江边等候他。"

俞伯牙与钟子期船头一别后，约定的事情始终挂在心头。又一个中秋将至，俞伯牙迫不及待地向晋主告假，但晋主担心俞伯牙投靠他国，迟迟不准。俞伯牙对约定一事牢记在心，宁愿丢官也不能失信，即刻打点行装上路了。

俞伯牙一路走来，陆路转水路，终于在八月十五当夜，赶到了去年与钟子期相遇的江边。他激动地站在船头张望，可迟迟未见钟子期出现。俞伯牙

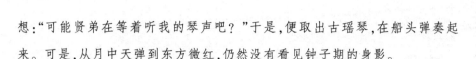

想："可能贤弟在等着听我的琴声吧？"于是，便取出古瑶琴，在船头弹奏起来。可是，从月中天弹到东方微红，仍然没有看见钟子期的身影。

随从知道俞伯牙来此处的目的，便说："大人，一年前的约会，谁会记得，只有大人您才不远千里赶来，而且还一天不迟。"

"我了解他，他定是家中有事脱不开身。我这就去他家找他。"说着起身便走。

俞伯牙走出十来里，遇见一个老樵夫，在问路时他知道了老樵夫就是钟子期的父亲。

老樵夫老泪纵横地向俞伯牙叙述了钟子期在临终时的请求，最后说："在你来时的路边，有座新坟，那便是他在迎接你啊！"

俞伯牙闻听此言，大惊，昏倒在地。

待俞伯牙苏醒之后，跟着钟父来到新坟前，不由放声痛哭。他取出古瑶琴，在坟前凄楚地弹起了古曲《高山流水》。弹罢，他长叹一声，把心爱的瑶琴在青石上摔了个粉碎。他悲伤地说："我唯一的知音已不在人世了，这琴还弹给谁听呢？"

钟子期临终不忘自己的诺言，死后还要"守约"，俞伯牙宁可丢官也要履行自己的诺言。人一生中能得到像钟子期和俞伯牙这样真诚的朋友便也无憾了。

真正的友谊是千山万水隔不断的，也不会被时间淡化。彼此的心灵可以穿越时空，送去人间的温暖。一个人拥有一段如此美妙的友谊，不是很幸运的事吗？

2.真诚是保持友谊永恒的基石

盖良知只是一个天理自然明觉发见处，只是一个真诚恻怛，便是它本体。故致此良知之真诚恻怛以事亲便是孝，致此真知之真诚恻怛以从兄健是弟，致此真知之真诚恻怛以事君便是忠，只是一个真知，一个真诚恻怛。

——王阳明

子曰："吾日三省吾身。为人谋而不忠乎？与朋友交而不信乎？"这句话的意思是说，我每天多次反省自己，为别人办事是不是尽心竭力了呢？同朋友交往是不是做到诚实可信了呢？不错，我们对待朋友要真诚，这是交友最基本的原则。倘若丢失了真诚，你便会失去快乐，失去温暖，最终将会孤独一生。

古人云："君子之交淡如水。"对待朋友最重要的不是一时的热情而是长久的真诚。所谓的真诚是一种发自内心的以善相待，这不需要太多的承诺，不需要太多的物质交换。有时需要的仅仅是一个微笑，一个温暖的拥抱，一个心有灵犀的眼神。在谈起彼此的时候，心里暖暖的，心与心的交流大抵都是如此简单。

东汉时期，有两个人，一个叫阎敞，一个叫第五常。两个人来往密切，交情深厚。阎敞人品端正，言而有信，深得第五常的敬重。

一天，第五常来到阎敞家中，说："阎兄，小弟奉命调京城供职，限日到京，行程匆忙，无奈路途遥远，携带钱物很不方便，我想将130万贯钱先寄放在兄长这里，以后再来取。您看行不行？"

阎敞答应道："这有什么不可以的，贤弟就放心赴任吧，我一定妥善保管你的银钱，你什么时候来取都行。"于是，第五常就把130万贯钱送到了阎敞家中，阎敞当面把钱封存好。

第五常启程赴京那天，阎敞送了一程又一程。第五常再三劝说留步，两人才依依惜别。临别时，第五常还说："那笔钱阎兄如果需要用，您尽管用就是了。"

第五常到京后不久，京城就爆发了一场瘟疫。第五常一家不幸染上此症，只留下了他的一个小孙子，其余的人都没能幸免。第五常临终前拉着小孙子的手，断断续续地说："我有……30万——贯钱，寄放在——家乡你阎敞爷爷家中，你可以取来维持生计……"

孙子记住了他的话：爷爷在家乡的阎敞家中寄放了30万贯钱。但他当时年龄太小，而回家的路途又太远，一时半会儿没有办法取回这笔钱，所以他还只能靠他在京的亲戚朋友周济度日。

十几年过去了，第五常的小孙子长大了，这才返回故里。为了安置家业，他想去找阎敞爷爷取回当年爷爷存放的钱，但心里总觉得不踏实——毕竟口说无凭，他手里没有任何证据，要是他不承认，一点办法都没有。

就这样踌躇着，最终第五常的孙子还是决定试一下。于是他去拜见了阎敞，并自报家门。阎敞热情地接待了他。第五常的孙子说起他们家赴京之后的遭遇，阎敞听后百感交集。第五常的孙子还没有开口问钱的事，阎敞就说："你的生计暂时不用发愁，你爷爷有130万贯钱寄放在我这里，你现在可以拿去用。"

第五常的孙子听了这话，着实吃了一惊——爷爷说的明明是30万贯，不是130万呀！于是，他将爷爷临终前的话说了一遍，问道："您老人家是不是搞错了？没有那么多，只有30万贯。"

阎敞坦然地说道："没有错，没有错！孩子，我估计是你爷爷在重病之际，头脑不清醒，记错了。"说着，忙到储藏室将第五常当年寄放的130万贯钱搬了出来，亲手交给了第五常的孙子。

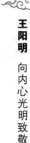
第五常的孙子接过钱来,含泪告辞。

人与人之间的交往要想达到和谐友好的境界,就必须以互相真诚为前提。如果你自以为聪明,费尽心机去算计朋友,那么朋友必然会弃你而去。

真诚一般指的就是真实、诚恳、没有一点虚假。真诚是朋友之间的交往得以持续下去的保证。真诚是一种美德,是一种境界,也是每个人应具备的交际品质。古人曰:"交友之道诚为本"。"一两重的真诚,超过一吨重的聪明"。我们每个人在交往中最喜欢的人,其品质往往是真诚。真诚,是打开友谊之窗的钥匙,也是保持友谊永恒的基石。只有真诚,才能使别人放心,别人也才会与你推心置腹,披肝沥胆。人的真情实感对他人有潜移默化的作用,你如果把真诚的心交给他人,你就会收获真诚的果实,因为真诚能打开人的心灵大门,也就是人们常说的"精诚所至,金石为开"。

3.猜疑别人就是否定自己

以是存心,即是后世猜忌险薄者之事:而只此一念,已不可与入尧、舜之道矣。

——王阳明

王阳明认为,存心去体察别人的欺诈与虚伪,是后世猜忌、阴险、刻薄的人做的事情。只要存有这一念头,就进入不了尧舜圣道的大门。由此可见,猜疑他人,只能使自己离致良知的道路越来越远。

猜疑是一种狭隘、片面、缺乏根据的盲目想象。如果猜疑发生在朋友之间，会破坏纯真的友谊；发生在恋人之间，会阻碍感情的发展；发生在同事之间，会影响正常的工作。猜疑心理不但害人，而且害己，哪怕是一点点猜疑，也可能让你失去最珍贵的东西。

猜疑别人也是在怀疑自己。我们的心时而被猜疑打开，时而又被猜疑关闭。猜疑是一种矛盾心理的体现，过分猜疑极容易转变成病态；而过分相信，又很容易被人愚弄。猜疑使我们产生犹疑，不能果断地处理问题，从而错失许多良机。猜疑会产生许多痛苦的细胞，使我们长夜难眠，因此，化解那些不必要的猜疑的最好的方法就是信任。正常的人很难摆脱猜疑的，良好心态基础上的猜疑使我们保持理智，而狭隘的猜疑使我们丧失信心和斗志。

两个人结伴横穿沙漠，水喝完了，其中一人中暑不能行动。剩下的那个健康而饥渴的人对同伴说："你在这里等着，我去找水。"他把手枪塞在同伴的手里，说："枪里有五颗子弹，记住，三小时后，每小时对天空鸣枪一次，枪声会告诉我你所在的位置，我就能顺利找到你。"

两人分手后，一个人充满信心地去找水了，另一个满腹狐疑地躺在那里等候，他看着手表，按时鸣枪，但他一直相信只有自己才能听到枪声，他的恐惧加深，认为同伴找水失败，中途渴死，不久又想一定是同伴找到了水，却弃自己而去。看来，他还是靠不住啊，我平时也没得罪他呀。到应该开第五枪的时候，他悲愤地想："这是最后一颗子弹了，同伴早已听不到我的枪声了，等到这颗子弹用过之后，我还有什么依靠呢？只有等死了，而在临死前，秃鹰会啄瞎我的眼睛，那时该多么痛苦，还不如……"于是他把枪口对准自己的太阳穴，扣动了扳机。

不久那个提着满壶清水的同伴领着一对骆驼商旅寻声而至，但是他们找到的只是一具尸体。

在沙漠里等候的人不是被沙漠的恶劣环境吞没，而是被自己的猜疑毁灭。面对友情,他用猜疑代替了信任。猜疑是可怕的,由于不相信别人,使自己陷入了困境,甚至丢掉了性命。虽然在生活中,难免会出现意外,我们免不了对自己的情况产生怀疑,但对任何事情都无端怀疑,整天疑神疑鬼,这就是病态的心理了。这种人整天忧心忡忡,总觉得无论自己做什么事、说什么话,都有人在评论自己,甚至总有人跟自己过不去。英国哲学家培根说:"猜疑的根源产生于对事物缺乏认识,所以多了解情况是解除疑心病的有效办法。"要采取用事实说话的方法,逐步消除自己的猜疑心。当你疑心别人在讽刺你、轻视你的时候,不要马上采取行动,先观察一下,你的猜疑是否正确。不妨设身处地地去为对方设想一下,看他的言行是否合乎情理。这样一来,也许你会发现,事情常常和你猜想的不一样。多作深入调查了解,能避免感情用事。多疑的人应对别人直言相告,坦诚相处,彼此间有了信任,猜疑的基础就不存在了。

从前,齐国有一对好朋友,一个叫管仲,另外一个叫鲍叔牙。年轻的时候,管仲家里很穷,又要奉养母亲。鲍叔牙知道了,就找管仲一起投资做生意。做生意的时候,因为管仲没有钱,所以本钱几乎都是鲍叔牙拿出来投资的。可是,当赚了钱以后,管仲却拿的比鲍叔牙还多,鲍叔牙的仆人看了就说:"这个管仲真奇怪,本钱拿的比我们主人少,分钱的时候却拿的比我们主人还多!"鲍叔牙却对仆人说:"不可以这么说!管仲家里穷又要奉养母亲,多拿一点没有关系的。"有一次,管仲和鲍叔牙一起去打仗,每次进攻的时候,管仲都躲在最后面,大家就骂管仲说:"管仲是一个贪生怕死的人!"鲍叔牙马上替管仲说话:"你们误会管仲了,他不是怕死,他得留着他的命去照顾老母亲呀!"管仲听到之后说:"生我的是父母,了解我的人可是鲍叔牙呀!"后来,齐国的国王死掉了,公子诸当上了国王,诸每天吃喝玩乐不做事,鲍叔牙预感齐国一定会发生内乱,就带着公子小白逃到莒国,管仲则带着公子纠逃到鲁国。

不久之后，齐王诸被人杀死，齐国真的发生了内乱，管仲想杀掉小白，让纠顺利当上国王，可惜管仲在暗算小白的时候，把箭射偏了，射到了小白的裤腰，小白没死。后来，鲍叔牙和小白比管仲和纠还早回到齐国，小白就当上了齐国的国王。小白当上国王以后，决定封鲍叔牙为宰相，鲍叔牙却对小白说："管仲各方面都比我强，应该请他来当宰相才对呀！"小白一听："管仲要杀我，他是我的仇人，你居然叫我请他来当宰相！"鲍叔牙却说："这不能怪他，他是为了帮他的主人纠才这么做的呀！"小白听了鲍叔牙的话，请管仲回来当宰相，而管仲也真的帮小白把齐国治理得非常好呢！

管仲说："我当初贫穷时，曾和鲍叔牙一起做生意，分钱财，自己多拿，鲍叔不认为我贪财，他知道我贫穷啊！我曾经替鲍叔牙办事，结果使他处境更难了，鲍叔不认为我愚蠢，他知道时运有利有不利。我曾经三次做官，三次被国君辞退，鲍叔牙不认为我没有才能，他知道我没有遇到时机。我曾经三次作战，三次逃跑，鲍叔牙不认为我胆怯，他知道我家里有老母亲。公子纠失败了，召忽为之而死，我却被囚受辱，鲍叔牙不认为我不懂得羞耻，他知道我不以小节为羞，而是以功名没有显露于天下为耻。生我的是父母，了解我的是鲍叔牙啊！"

鲍叔牙推荐管仲以后，自己甘愿做他的下属。鲍叔牙的子孙世世代代在齐国吃俸禄，得到了封地的有十多代，常常成为有名的大夫。天下的人不赞美管仲的才干，而赞美鲍叔牙能如此信任了解自己的朋友。

后来，大家在称赞朋友之间有很好的友谊时，就会说他们是"管鲍之交"。

不管对谁，都需要诚心诚意地对待，才能够得到别人的信任。而不是通过一些看似聪明的障眼法，来试探对方。因为这样做一方面有被识破的危险，如果这样的做法被别人利用，趁机表现，只会让自己陷入是非颠倒的境界；另一方面，当自己都失去了诚意的时候，就不可能再要求别人要真心实意对待自己。

事情成功与否,取决于有多大的诚意。真诚,乃为人的根本。如果你是一个真诚的人,人们就会了解你、相信你,不论在什么情况下,人们都知道你不会掩饰、不会推托,都知道你说的是实话,都乐于同你接近,因此也就容易获得好人缘。

以诚待人处世,能够架起信任的桥梁,能够消除猜疑、戒备的心理,能够成大事,立大本。

4.谦让,受益的不只是自己

处朋友,务相下得益,相上则损。

——王阳明

有这么一个故事:

从前,有两位很虔诚、很要好的教徒,决定一起到遥远的圣山朝圣。两人背上行囊、风尘仆仆地上路,誓言不达圣山朝拜,绝不返家。

两位教徒走了两个多星期之后,遇见一位白发年长的圣者,这圣者看到两位如此虔诚的教徒千里迢迢要前往圣山朝圣,就十分感动地告诉他们:"从这里距离圣山还有十天的脚程,但是很遗憾,我在这十字路口就要和你们分手了;而在分手前,我要送给你们一个礼物!什么礼物呢?就是你们当中一个人先许愿,他的愿望一定会马上实现;而第二个人,就可以得到那愿望的两倍!"

此时,其中一教徒心里一想:"这太棒了,我已经知道我想要许什么愿,但我不要先讲，因为如果我先许愿，我就吃亏了，他就可以有双倍的礼物！不行！"而另外一教徒也自忖："我怎么可以先讲，让我的朋友获得加倍的礼物呢？"于是，两位教徒就开始客气起来，"你先讲嘛！""你比较年长，你先许愿吧！""不，应该你先许愿！"两位教徒彼此推来推去，"客套地"推辞一番后，两人就开始不耐烦起来，气氛也变了，"你干嘛！你先讲啊！""为什么我先讲？我才不要呢！"

两人推到最后，其中一人生气了，大声说道："喂，你真是个不识相、不知好歹的人，你再不许愿的话，我就把你的狗腿打断、把你掐死！"

另外一人一听，没有想到他的朋友居然变脸，竟然来恐吓自己！于是想，你这么无情无意，我也不必对你太有情有义！我没办法得到的东西，你也休想得到！于是，这一教徒干脆把心一横，狠心地说道："好，我先许愿！我希望——我的一只眼睛——瞎掉！"

很快地，这位教徒的一个眼睛马上瞎掉，而与他同行的好朋友也立刻两个眼睛都瞎掉！圣者实现了他们的愿望。

这个故事看似可笑夸张，但现实生活中也是常见的。好朋友之间谦让才能使友谊长存。若是选择了攀比嫉妒，那么受伤的则是双方。

从这里我们可以看出，"谦让"才是友谊更加深厚的交友之道。

谦让，顾名思义即谦虚、忍让。故事中的两位教徒若是能稍稍谦让一些，让自己受益较对方少一点，就会收获不一样的结局，而这个结局只会皆大欢喜。但是心胸狭隘的双方在关键时刻都忘记了谦虚和忍让，反而让妒忌冲昏了头脑，做下了伤害彼此的事，这可真是得不偿失。

王阳明的交友之道告诉我们，一个人若想得到一份真挚的友情，受到他人的认同和欣赏，谦卑、忍让是必需的处世方式，若是你事事都以自我利益为中心而不管不顾他人感受，那么，友情甚至是爱情、亲情都会与你越行越远，让自己从此孤独一生。

一个人立身处世最惬意的方法就像《菜根谭》中所说的"路留一步,味让三分"。行走于狭窄小径时,请留一点余地给朋友;品尝美味佳肴时,请将可口之物留一些给朋友。如此,朋友将不会远走,人生也将不会孤独。

与朋友相处,让一步海阔天空,天长日久,朋友在感受到你的真情后,便会学习你的处世之道,与你谦让而行,所谓"退步原来是向前",说的就是这个道理;待人接物,用宽大的心怀包容他人,给予他人方便,才能获得日后双方的愉快相处。

5.推己及人:多迁就少迁怒

怒所不当怒,是怒鬼迷。

——王阳明

王阳明认为,一个人毫无理由地发怒,实际上是被"怒鬼迷住了心窍"。这种怒就是人们常说因为自己内心的不快而迁怒于他人的行为。"不迁怒,不贰过"语出《论语·雍也》,其目的就是劝诫人们,如果不开心,有烦恼和愤怒,不要将其发泄到别人身上,伤害他人。

心理学上有一个著名的"踢猫效应",说的是迁怒带来的连锁反应。

在一家股份制企业里,董事长亲自制定了这么一条规定:每一位员工必须按时上、下班,并且由办公室人员具体负责,将考勤与工资、奖金、福利等直接挂钩,奖得多,当然,罚得也多。形成制度后董事长很积极地每天奔波于公司和家之间,即使一点事儿都没有,他也会早早起床开车来到公司刷考勤卡，一直到很晚才下班回家，被员工尊为楷模。

可是有一天早上，董事长比平时起床晚了一些，洗刷、吃饭都比平时迅速了很多。但他没有想到上班高峰期的可怕，他的"大奔"周围满是急匆匆的上班族，看着别人骑着自行车轻巧地窜出老远，心里不禁平添几分焦躁。

结果，他晚了，有些恼火地刷了卡，虽然就差那么2分钟。

他烦躁地来到办公室，冲着主任嚷了几句："最近的工作是怎么做的？为什么在办公室方面一直不见有成效？再这样默默无闻下去，我就撤了你！"

董事长转身走了，主任火气腾腾的："我辛苦的时候，你看见过吗？公司离开我行吗？大事小事都得我操心，看我为公司付出了多少！竟然对我说这样的话！"正好行政主管走过来请示问题，主任就嚷嚷开了："大事小事都得要我决策，要你干什么吃的？遇事总是不用自己的脑袋认真想想。再这样下去，你就自动从我眼前消失吧！"

行政主管愣愣地出了门，心里想："谁说我没有动过脑子啊，我想了那么多方案，只不过要你一个意见罢了，牛气什么啊你！没有我，这些事能办得让大家满意吗？！"想想刚才的情景气就不打一处来，看见正在印文件的秘书，也忍不住了："你到底会不会快一些？就这么笨手笨脚的？当初就不该要你！这批文件下午2点之前整不出来，明天你就不用来上班了！"

秘书刚刚摆弄好打印机，满手的碳粉还没有来得及洗，就这么被臭批了一顿，心里很不是滋味："我什么时候慢过？要不是打印机坏了，哪会等到现在啊！"赌气把主管的文件摔到地上，可是冷眼一瞧，文件还不少呢！忍着气，没有把它给扔到碎纸机里去！就这样到12点也没忙完，气鼓鼓地吃不下饭。可心里真不是滋味儿呀："自己整天加班都没有一句怨言！辛辛苦苦工作，连孩子都没有照看好，还挨训！没有我你们能行吗？"

就这样，一天过完了，秘书闷闷不乐地回到家。进屋一瞧，儿子正在厨房里瞎捣鼓，顿时来了气："你这么大了，还不让我省心，啊？我白养了你这么大！再不去写作业，我就把你丢到大街上，不要你了！"

儿子满脸委屈，虽然自己是心疼妈妈，想替她做顿晚饭，但看着盛怒的妈妈，却不敢出声。只好站到走廊里，看见自己的宠物——一只大花猫，就朝它狠狠地踹了一脚。花猫"喵呜"一声，钻到沙发底下去了。

花猫毕竟只是一只猫，不会再把怨气撒出去了。于是，由董事长带来的怒气转了一大圈，终于消失了……

故事中的每一个人都犯了"迁怒"的错误，于是便让这种坏情绪不断地延续下去，为生活带来了无穷无尽的苦恼。

迁怒是人之常情，因为自己的心情不好，所以将脾气发泄到别人身上，人们大多数时候都会犯这样的过错。最先倒霉的往往是家人，因为人们认为家人比较"好欺负"，即使家人会出言反驳，也不会伤害到自己。南怀瑾先生曾经抚额长叹，直言迁怒完全不是好事。

古时"不迁怒，不贰过"唯颜回一人而已，孔子赞颜回能做到这个境界，想必孔子自己也不能始终做到，有些人恐怕一辈子也做不到不迁怒。有些事总是说得容易，做起来却太难。迁怒虽然只是情绪上的小问题，但是如果迁怒问题处理不好，将会严重影响自己做人的声誉与做事的成果，如果将它放诸于国家大事，处理不好迁怒的问题甚至有灭国之危。

第一次世界大战以前，普鲁士的名宰相俾斯麦与国王威廉一世共同协作。威廉一世的脾气向来不好，因为处处受到俾斯麦的约束，回到后宫时经常气得乱砸东西。一次，王后问他："你又受了俾斯麦那个老头子的气？"威廉一世说："对呀！"王后说："你为什么老是要受他的气呢？"威廉一世说："你不懂。他是首相。一人之下，万人之上。下面许多人的气，他都要受。他受了气哪里出？只好往我身上出啊！我又往哪里出呢？只好摔茶杯啦！"

因为不能迁怒，所以威廉一世只好隐忍，而在他的隐忍之下，德国在那时才能够变得强盛。

其实，不迁怒也符合孔子的"己所不欲，勿施于人"的"忠恕"之道。孔子说人不应当把对自己的要求套用在别人的身上，自己不想做的，不必要求别人做到。迁怒也是这个道理。人的心中有愤恨，不要拿别人做出气筒，自己消化了岂不是更好，还显现出了涵养。

6.少一些责备，多一些赞美

大凡朋友，须箴规指摘处少，诱掖奖劝意多，方是。

——王阳明

王阳明有一个朋友，经常发脾气，责怪他人，王阳明提醒他说："学功夫应该反省自己。不要一味地责怪别人，只看见别人的不对，而看不见自己的差错。不断反省自己，才能发现自己有许多不足之处，根本没有工夫责备他人。舜能化解其弟象的傲气，其诀窍只是不看象的不对。如果舜一定要纠正他的奸恶，就看见象的不对了。象是一个傲慢的人，一定不肯示弱，如何感化得了他？"

这个朋友听了很感动，对平日经常责人的行为感到后悔。王阳明又说："你今后尽量不要去议论别人的是非，有时忍不住责怪了别人，就要当成犯了一件大错，尽量改正。"

王阳明倡导，朋友之间相处，应该少一些指责、责备，多一些鼓励、赞扬，这样才能很好地保持两人的友谊。生活中，我们更应该对周遭的人都采取这

177

样的交往方式,少一些批评责备,多一些表扬鼓励,这样才能让双方愉快相处,共同成长。

批评,是一个十分简单的行为,你可以逮着他人的小过失折射出很多观点:这个人能力低下,考虑事情既不全面又没有逻辑性,还无法做到持之以恒,等等。但是,我们要做的是更深入地观察,在他人做事的时候多看到并提出他的优点,让他有兴趣持之以恒地做完这件事,并在做事的过程中找到自信。这样做,不仅让自己多了一个好帮手,更是对此人的一生起到了积极作用。

王阳明交友,往往用探讨的方式交换不同观点,很少指责别人的错误,除非对方确实错得很明显,他才略说一二,并且还会尽量为之化解,以保全其面子。

有一次,一个新来的学生,针对他"人欲减一分,天理复一分"的观点,提出异议说:"欲于静坐时将好名、好色、好货等根逐一搜革,扫除廓清,恐是挖肉做疮否?"

阳明正色道:"这是我医人的方子,真是去得人病根。更有大本事人过了十数年,亦还用得着。你如不用,且放起,不要作坏我的方子。"

那个学生惭愧无地。过了片刻,王阳明又宽慰道:"此量非你事,必吾稍知意思者为此说以误汝。"

如此一说,学生的心情好多了。

对朋友的规谏,有一个要点:真诚。你若借指出对方的错误而自显高明,哪怕你的话说得对,对方也不会接受。因为你踮起脚尖比高,只是拿对方的错误当垫脚石,并无为对方着想的真心。你若真心实意为对方好,对方感受到了,自然乐意接受你的意见。

战国时期，楚庄王有一匹马，他把这匹马看得比人都重要。他给马披上锦缎，把马养在华丽的房舍里，还给马铺床垫，并用枣脯喂养这匹马。可是，不久这匹马就患病死了。楚庄王非常难过，不仅准备给马做棺材，还要用安葬大夫的礼仪来安葬马，并下令让全体大臣给马戴孝。

对于楚庄王的这种荒唐做法，群臣一致反对，纷纷上书劝谏楚庄王别这样做，但楚庄王不但不听劝谏，还下令说："谁再敢劝我，格杀勿论。"

慑于楚庄王的淫威，群臣们再也不敢进谏了。优孟听说此事之后，马上来到殿前仰天大哭，楚庄王见他哭得这么伤心，就问他为什么哭。优孟说："这死去的马是大王最疼爱的，楚国是堂堂大国，用安葬大夫的礼仪安葬它，给它的待遇太薄了，一定要用安葬国君的礼仪来安葬它。"

乍听之下，楚庄王觉得优孟不是来拼死劝谏的，而是支持他的主张的，不觉得心头一喜，高兴地问："照你看来，应该怎样举行这个葬礼才好呢？"

优孟清了清嗓子，慢吞吞地说："依我看来，要用雕工精细的石头做棺材，用耐朽的樟木做外椁，用上等木材围护棺椁，派士兵挖掘墓穴，命男女老少都去挑土修墓，还要让齐王、赵王陪祭在前面，让韩王、魏王护卫在后面，还要给马建一座寺庙，封它万户城邑，每年把税收拿来作为祭马的费用。"

说到这里，优孟话锋一转："这样，诸侯听到大王对死马如此厚葬，就都知道大王以人为贱而以马为贵了。"

听到这里，楚庄王意识到作为一个统治者不能让人觉得他重马轻人，否则，必然会被世人厌弃。意识到问题的严重性之后，他马上说："寡人要葬马的错误竟到了这么严重的地步吗？那么该怎么办才好呢？"

优孟说："请让我用葬六畜的办法来为大王葬马吧：用土灶做外椁，用大锅做棺材，用姜冬做调料，用木兰除腥味，用禾秆做祭品，用火光做衣服，把它葬在人的肚肠里。"最后楚庄王听从了优孟的劝告，派人把死去的马交给御厨处理。

在这里,优孟没有直接说出自己的意思,而是从相反的方向表达支持和鼓励,最后才调转话锋,表达了自己的反对意见,让楚庄王意识到问题的严重性,最后接受了他的劝谏。

《佛说尸迦罗越六方礼经》谈了真诚交友的五大要诀,很有启发意义,你若能行此五条,朋友自然不会怀疑你的真诚:"一者见之作罪恶,私往于屏处,谏晓呵止之;二者小有急,当奔趣救护之;三者有私语不得为他人说;四者当相敬难;五者所有好物,当多少分与之。"

"见之作罪恶,私往于屏处,谏晓呵止之",意思是说,看见朋友犯了过失,应该在私下里、无外人在场时进行劝说。"谏"是直言相劝,"晓"是讲清道理,"呵"是大声斥责,"止"坚决制止。"谏晓呵止"四字,准确表达了劝诫朋友的步骤和合理方式。先以尊重为先,劝他不要犯错。如果对方懂道理,一劝即听,那是再好不过了,目的达到了,又省了许多口舌。如果对方不懂道理,就要耐心地分析利弊,使对方知道后果。如果对方明知不对,仍然执意犯错,这时就顾不上他的面子,应该大声呵斥,严厉制止。假设对方不顾利害,仍然执意去做,那就没办法了。一般来说,有外人在场时,谁都会坚持自己的意见,明知错了也不愿意承认,因为怕丢面子,所以一定选择私人场合进行劝说。

"小有急,当奔趣救护之",当朋友有急事需要帮忙,应该赶紧设法予以帮助。你将友情落实在行动上,朋友自然相信你的真诚,认为你"够意思"。说得动听,做得难看,对朋友的困难袖手旁观,这样的朋友有什么用呢?

"有私语不得为他人说",保护朋友的隐私、机密,不得告诉第三者。朋友信任你,才跟你分享隐私、机密。泄露给别人,辜负了朋友的信任,甚至会给朋友造成伤害,是严重不义行为。

"当相敬难",朋友之间要相互敬重。"难",即再难也要做的意思。路上相遇,点点头,问声好,不难,只要面熟都可做到。停下来,握握手,嘘寒问暖,难度稍大,熟人之间才可做到。亲友结婚,发个祝福,送个礼物,更难一点,恐怕要是朋友才行。亲自去参加婚礼,乃至从外地搭飞机去参加婚礼,就更难了。总而言之,你尽礼的方式越难,越能表明对方在你心目中的重要性,双方的友谊越深厚。

"所有好物,当多少分与之",自己得了好东西,跟朋友分享。这一条适用于古代,现代基本不能适用。不过,如果自己条件好,适当接济朋友中的贫弱者,还是应该的。在这方面,犹太人的经验值得借鉴:比如自己发财了,便设法帮助亲戚、朋友经营生意,使他们走上致富之路。犹太人无论居住在哪个国家,最后都会成为富有群体,原因就在于他们的互助精神。当你尽心尽力帮助朋友发展事业时,朋友还会怀疑你的真心吗? 对你的话,朋友自然容易听进去了,即使听不进去,也不会对你的话产生反感。

但是,无论对朋友的"箴规指摘"多么真诚和讲究方法,还是少一点比较好,以免让朋友误以为你是一个喜欢挑刺的人。而"诱掖将劝"则不妨多一点。王阳明就特别喜欢以"诱掖"的方式劝人。例如,王阳明的学生邹守益被贬谪到安徽广德时,对王阳明自我反省说,他的遭贬,"只缘轻傲二字",王阳明马上鼓励他:"知轻傲处,便是良知,致此良知,除却轻傲,便是格物。"

绍兴知府南大吉近狂而不傲,豪旷不拘小节,因喜爱"心学",主动请求给王阳明当门生。有一次,他问王阳明:"我办事有很多过失,先生何无一言?"

王阳明反问:"你有何过?"

南大吉一一说了自己的过错。

王阳明说:"我早就给你指出来了。"

南大吉莫名其妙地问:"什么时候?"

王阳明说:"我不说,你怎么知道自己的过失呢?"

南大吉说:"良知。"

王阳明说:"良知不是我经常讲的吗?"

南大吉笑谢而去。

过了几天,南大吉又来忏悔,觉得自己的过失更多了。王阳明称赞说:"昔镜未开,可得藏垢。今镜明矣,一尘之落,自难住脚。此正入圣之机也,勉之!"

王阳明强调"学贵自得"、"学贵心会",如果一个人全不觉悟,对自己的过失全不反省,指责也是没有用的,徒然增加双方的不快。他以前难道看不到南大吉的过失吗?让南大吉自己觉悟,然后加以"诱掖",效果自然好多了,而且双方都很开心,不是更有利于维持双方的情谊吗?

7.欲得人心,须容人之过

及至吾身与吾亲,更不得分别彼此厚薄。盖以仁民爱物皆从此出,此处可忍,更无所不忍矣。

——王阳明

一只脚踩扁了紫罗兰,紫罗兰却把香味留在脚下,这就是宽恕。宽恕就是给别人机会的同时也给了自己机会。"化干戈为玉帛"是世界上最美好的事情之一。学会宽恕他人,学会大度宽容,就能让自己走出困境,这是爱心和坚强的展示,也是最明智的做法。宽恕他人有时就像镜子一样反射出你对自己的宽恕。宽恕就是适度地弯曲,但不折伤自己;宽恕就是承受创痛,并为自己疗伤。拒绝原谅只会带来更多的伤害。何不卸下受难者的袈裟,做个宽恕的人。

1522年,一位泰州的商人穿着奇装异服来见王阳明,想要向他求解心学，并拜王阳明为师。王阳明向来广收学生，所以也没有推辞就答应了下来。谁也没有想到，这位穿着奇特的泰州商人学习了一段时间之后，竟然打算另起炉灶，自立门户，于是乎，此人便独自出去游历，并开始了讲学。当然他的那身装束依然是堪称奇葩。

此人临走之前，王阳明问他为什么喜欢穿如此古怪的衣服？此人回答道："我之所以穿成这样，都是为了反对理学之中的陈规陋习，传扬心学所为。"王阳明听完之后，心中明白这是他为自己另立门户所找的借口罢了，于是毫不留情地当面戳穿他的谎话，说道："我看不是因为这些原因，应该是你怕别人看不起你，才想出来这招，穿上奇特的衣服吸引别人的目光。你要知道，一个人想要出人头地，想要做出一番事业，是不能靠旁门左道获取成功的。"这人听了之后，脸上极其挂不住，便黑一阵红一阵，就像是在众人面前被扒光了衣服一般觉得羞愧难当，恨不得有条地缝让自己钻进去。

计划被老师看穿，哪还有什么脸面留在这里继续求学呢？此人决定偷偷独自离去，再也不这样在老师面前丢人了。但是王阳明却并没有跟他计较，相反却找到他，并好言相劝让他留下来认真学习知识。这人看到老师这般对他宽容，心中十分感动，于是下定决心洗心革面，再也不穿什么奇装异服了，只是一心求学，最终将那些乌七八糟的坏念头都抛弃了，并成为了王阳明最得意的学生。此人便是后来泰州学派的创始人——王艮！

容人之过，方能得人之心。有过之人非常希望看到他人的宽容和友谊，希望得到悔过自新的机会。这种需要一旦得到满足，其对立情绪便会立即消失，"得人滴水之恩，必当涌泉相报"的情感很快在心理上占据主导地位。在这个基础上，稍加引导，就会产生像"戴罪立功"那样的心理效果。

1754年，美国独立以前，弗吉尼亚殖民地议会选举在亚历山大里亚举

行。以后成为美国总统的乔治·华盛顿上校作为这里的驻军长官也参加了选举活动。

选举最后集中于两个候选人。大多数人都支持华盛顿推举的候选人。但有一名叫威廉·宾的人则坚决反对。为此,他同华盛顿发生了激烈的争吵。争吵中,华盛顿失言说了一句冒犯对方的话,这无异于火上加油。脾气暴躁的宾怒不可遏,一拳把华盛顿打倒在地。

华盛顿的朋友们围了上来,高声叫喊要揍威廉·宾。驻守在亚历山大里亚的华盛顿部下听说自己的司令被辱,马上带枪开了过来,气氛十分紧张。

在这种情况下,只要华盛顿一声令下,威廉·宾就会被打成肉泥。然而,华盛顿是一个头脑冷静的人,他只说了一句:"这不关你们的事。"就这样,事态才没有扩大。

第二天,威廉·宾收到了华盛顿派人送来的一张便条,要他立即到当地的一家小酒店去。威廉·宾马上意识到,这一定是华盛顿约他决斗。于是,富有骑士精神的宾毫不畏惧地拿了一把手枪,只身前往。

一路上,威廉·宾都在想如何对付身为上校的华盛顿。但当他到达那家小酒店时却大出意料,他见到了华盛顿的一张真诚的笑脸和一桌丰盛的酒菜。

"宾先生,"华盛顿热诚地说,"犯错误乃是人之常情,纠正错误则是件光荣的事。我相信我昨天是不对的,你在某种程度上也得到了满足。如果你认为到此可以和解的话,那么请握住我的手,让我们交个朋友吧。"

宾被华盛顿的宽容感动了,把手伸给华盛顿:"华盛顿先生,请你原谅我昨天的鲁莽与无礼。"

从此以后,威廉·宾成为华盛顿的坚定的拥护者。

善解人意,能够设身处地为他人着想,通常有着宽容处世、大度的胸怀,这样的人很容易得到他人的理解和支持。

我们偶尔会在实现自我目的的过程中无意打扰、影响甚至伤害到别人，或是给别人带来某种不便，这时，道歉是最好的原谅。道歉并非耻辱，而是真挚和诚恳的表现。学会原谅别人吧，也试着原谅自己，生活会变得更美好。

8.朋友相处，常看自己不足

朋友相处，常见自家不是，方能点化得人之不是。善者固吾师，不善者亦吾师。且如见人多言，吾便自省亦多言否？见人好高，吾自省亦好高否？此便是相观而善，处处得益。

——王阳明

金无足赤，人无完人。再完美的人也有一些缺点，这本是人之常情。但是，有些人偏偏只喜欢盯着别人的缺点，一发现就立马大肆宣传，唯恐天下不知。这样不仅伤害了别人，也伤害了自己，人际关系弄得一团糟。如果眼睛里只有别人的缺点，那么就会看不到别人的优点和自己的缺点。所以，请这些人在想要指责别人的时候，多想想别人的优点和自己的缺点，那样，事情的结果就会大不一样，你也会修得"好人缘"。

王阳明也经常批评眼睛只盯着别人的缺点的这种做法，在前文中我们也提到过他的言论："学须反己。若徒责人，只见得人不是，不见自己非。若能反己，方见自己有许多未尽处，奚暇责人？"

在王阳明看来，人之所以喜欢指责朋友的不是，是因为我们不注重反省自身。如果我们每个人都能够做到"吾日三省吾身"，我们就会发现自身存在的许多问题，这样就会忙于改正缺点、提高自我了，自然无暇去指责别人。所以，当我们发现朋友的错误的时候，不要急于去纠正，而是反省一下自己，是不是也在不知不觉中犯着同样的错误？或者，是不是朋友根本就没有出错，出错的是我们的眼光？

苏轼和王安石是北宋著名的文人，两人在诗词歌赋上的造诣都很高，而且又同朝为官，按理说两人的关系应该不错。但是由于他们的政见不合，因此经常互相打击，关系处得非常差。有一天，苏轼因为一件政事去拜访宰相王安石。王安石当时正在书房写诗《咏菊》，听说苏轼来了，便进了内帐换衣服。

苏轼来到书房，看到了王安石未写完的诗，只有两句：昨夜西风过园林，吹落黄花满地金。苏轼看了后，很是鄙视王安石，他暗自思忖："西风"就是秋风，"黄花"就是菊花，众所周知，菊花开在深秋，耐寒，敢与秋霜斗，怎么会轻易被秋风吹落一地呢？王安石堂堂一介宰相，竟会犯这样低级的错误，这让苏轼很不爽，他恃才傲物的脾气一上来，就在这两句诗的后面续了两句：秋花不比春花落，说与诗人仔细吟。

苏轼写完这两句诗后就自顾自地走了，也忘了拜访王安石这件事了。王安石看到苏轼的诗句，因讽刺他没有眼界，又怒其不辞而别，因此奏过皇帝将苏轼发放黄州任团练副使。

苏轼被贬到黄州后，认为这是王安石的肚量小，只因为自己指出了他的错误，便挟私报复，因此常常生闷气。深秋的一天，疾风过后，苏轼去后花园散步。他来到后花园一看，顿时目瞪口呆，只见满地铺满了菊花的花片，一片金黄。这时，他不由得想起了王安石那两句诗，恍然大悟，不禁感慨万分地对身边人说："之前我被贬到黄州，还以为是宰相恨我揭了他的短处，公报私仇，谁知这不是宰相之错，而是我错了。"

苏轼自己的见识狭窄，却没有意识到，反而批评王安石的诗句，这正是他恃才傲物的性格在作祟。当他自负到这种程度的时候，别人所做的一切，他都看做是别人的问题，从来不去反思自身。不过苏轼的过人之处在于，当他发现自己有问题时，他能够及时改正，而不是像普通人一样，遮遮掩掩，一错再错。所以，从苏轼的故事中，我们应该得到一个教训：凡事要谦虚谨慎，千万不可自恃聪明，随便讥笑别人。

德国大哲学家莱布尼茨曾经说过："世界上没有两片完全相同的树叶，世界上没有性格完全相同的人。"所以，我们不应该以自己的标准去衡量别人，去指责别人，这样非但不能显示自己有多高明，反而会显得自己乏味，尤其是像苏轼一样，自己的标准本身就有问题，这就是一个非常大的笑话了。

每个人都有一定的尊严，都希望受到别人的肯定，排斥别人的指责。当我们发现自身存在错误的时候，我们也想去改正它，但是这时候别人却对着我们的错误大肆指责，我们是接受指责呢，还是反击指责呢？这时候能够坦然接受指责的，都是修养高深的圣贤之士，我们普通人的正常反应，肯定是反击指责，因为这种指责是不尊重我们的做法。将心比心，我们有自尊，别人也有，所以，不要轻易指责别人，尤其是在不了解情况的前提下。

中国有句俗语："在你没有打扫干净自己屋子的时候，别去责怪邻居家的屋顶上有霜雪。"你嘲笑别人的屋顶上面有霜雪，这并不能帮助别人去除这些霜雪，也没有使你的屋顶上面的霜雪消失。指责他人，解决不了问题，反而会使情况变得更糟。这时候不如尝试着去包容他人，你会发现别人的优点，你也能获得一份好心情，同时自己的修养也在不知不觉中提升了。

第八章

胜之道：不战而屈人之兵

1.用兵之法，攻心为上

"人心,则杂于人而危矣,伪之端矣。"

——王阳明

王阳明认为:用兵作战,先要以谋略制服敌人;要彻底地战胜敌人,则要让对方从心里臣服自己。王阳明的这一思想,与三国时期蜀国的著名政治家诸葛亮《南征教》所说的"攻心为上,攻城为下;心战为上,兵战为下"相类似。

征战最主要的目的,并不是要消灭敌人的肉体,而是要使敌人心服口服。"攻心为上",是历代兵家克敌的有力武器。《孙子兵法》中有言"上兵伐谋,其次伐交,其次伐兵,其下攻城",虽然没有"攻心"之说,却包含了攻心策略。

王阳明作为人、人性、人心的研究家,当然知道攻心在战争中的重要作用。每次作战之前，王阳明都会通过发布榜谕，对百姓犯错的原因进行入情入理的分析，并阐述宽大政策以及自己不立即进兵的原因，殷切期望误入歧途者幡然悔悟。在《王阳明全集》所辑录的150篇文章中，属于榜谕性质的就有21篇。很多起义的百姓看到他的榜谕，都自动缴械投降，这是战争的最高境界。

公元226年，诸葛亮任蜀国丞相，事无大小，亲自从公决断；因而，国泰民安，夜不闭户，路不拾遗。一天，益州飞报蛮王孟获兴兵12万，犯境侵掠。军情紧急，诸葛亮奏请后主刘禅，率兵前去擒剿蛮匪。

孔明率军深入蛮地，调查研究，了解情况，指挥若定。一天，他升帐传令，命大将赵云、魏延、王平、马忠、张嶷、张翼各领精兵数千人，依计设下埋伏，以待敌军。孟获全然不知蜀军的埋伏。结果，两军交锋，蜀将先斩了蛮将金环三结元帅的首级，孟获大怒，拨马来战蜀兵埋伏。蜀将王平迎战，不几回合佯装败退。孟获催马紧追，忽然喊声大起，左边杀出张嶷，右边杀出张翼，两路蜀兵截断了他的退路。这时，王平等重又杀回；孟获吓得魂飞出壳，正想夺路而逃，忽前面又一彪军拦住，为首的正是蜀将常山赵子龙。孟获大骇，急忙向山谷中奔跑，不料又遇魏延500步兵拦截，将其活捉。一擒孟获，遂告成功。

孟获被押进蜀军大营，孔明升帐问话："吾今擒汝，汝心服否？"孟获说："不服。你若放我回去再整军马，共决雌雄，你若再擒住我才服！"孔明放了他，众将军不悦。孔明笑着说："我擒此人如囊中取物，只要他心服口服才会平安无事。"就这样，诸葛亮一次次擒住孟获，又一次次放掉他，直到六次擒住时，孟获说："你第七次擒住，我方倾心归服，誓不反悔！"孔明说："再要擒住，必不轻饶！"孟获连忙称谢，抱头鼠窜。

孟获巢穴已破，于是投降乌戈国，来见君王兀突骨。孟要求兀突骨派兵为自己报仇雪恨，兀突骨说："我起本洞之兵，为你报仇！"孟欣然拜谢。第二天,兀突骨亲点3万精兵,在桃花水列阵以待孔明。这桃花水有毒,别国人饮了尽死,唯有乌戈国人饮了倍添精神。蜀军细作打听清楚后将此情况汇报诸葛亮。不久,孟获与兀突骨联手,率3万藤甲军来战。孔明提兵直进桃花渡口,他命士兵后退五里扎下营寨,留大将魏延守寨。第二天,诸葛孔明亲自去桃花水北岸山上去查看地形。他发现一山谷如长蛇,中间一条大路,土人向导说:"这是盘蛇谷,出谷就是三江城大路,谷前是塔郎甸。"孔明十分高兴,认为这是非常好的地形。于是,他命马岱领10辆黑油柜战车、竹竿千条,守住盘蛇谷,密布战阵,不准走露半点风声。又命魏延、赵云、张嶷、马忠等将军各引兵依计而行。

次日,两军交战,战不数回合,魏延败退,蛮兵怕有埋伏,不敢追击。第二天,战不数合,魏延又败退,蛮兵追了一阵子,见四下无动静,便在蜀军留下的空寨中往下。一连15天,天天如此,蛮兵虽未得胜,却占了许多蜀寨。兀突骨认为诸葛亮计穷,没有什么可怕的了,便放松了警惕。到第十六天,魏延引败将残兵来与藤甲军对敌,兀突骨挑枪来战,手指魏延大骂。魏延又走,引蛮兵转进了盘蛇谷,见有数十辆黑油柜车在当路。蛮兵感到很奇怪,丢弃兵器、争相玩耍。待藤甲军全部入谷,蜀军点火烧柜,火光冲天,烈火熊熊,3万藤甲军被全部烧死在谷中。孟获赶来援救时却被在附近等候多时的张嶷、马忠两军截住。获大惊知又中计,夺命而逃,又被马岱擒住。押回蜀营。孔明不见,说再放他回去决一胜负,孟获感动得泪流满面说:"丞相七擒七纵,古今未有。我虽粗蛮也还知礼义,如此下去我也太不知羞耻了。"于是,他携兄弟妻子和降兵败将,匍匐跪在帐下,脱掉上衣,露出身体请罪。孔明问:"你今天还服不服?"孟获说:"我子子孙孙都感谢丞相的再生之恩,安能不服?"从此,平定南方,蜀相凯旋。

军事上讲究"攻城为下,攻心为上",说的就是心理博弈在竞争中的重要性。一个真正的强者是不会将威严流于表面的,他震慑的是人的心理,给人一种深不可测的"距离感"，使人无法真正了解他的内心世界，认为顺从他也许是最好的选择，让人不得不跟随。正是这种不声张、不傲气、捉摸不透、神秘的感觉，彰显了强者的人格魅力，让人心甘情愿地敬畏、崇拜。

2.应时而变，兵贵在"活"

> "儒者患不知兵。仲尼有文章，必有武备。区区章句之儒，平日叨窃富贵，以词章粉饰太平，临事遇变，束手无策。此通儒之所羞也。"
>
> ——王阳明

用兵，要懂得活络。由于战场上情况瞬息万变，而且呈现在诸多方面，如双方力量对比的变化，战略战术的变化，军队情绪的改变，地形、气候、给养的变化等等。因而，在通常情况下，没有一成不变的战略战术，作战计划要随着战场情况的变化而变化。如果军队统帅对此认识不充分，不能敏锐地发现新情况、新变化，不能及时采取对策，就会陷入被动，甚至全军覆没。

综观王阳明指挥的几个战役，灵活、机动，策略运用得十分娴熟。如宁王朱宸濠的叛乱，王阳明是在没有得到正德皇帝命令的情况下发兵的。当时形势紧急，宁王已率军沿长江南下，若不及时起兵，一旦攻破安庆，很快抵达南京称帝，形成南北对峙的局面，将会引起更大内乱。而若向正德皇帝禀告，待到其批复，时间拖延太长，为形势所不许。所以王阳明不得不冒着"造反"的风险起兵。

王阳明应时而变，"兵贵在活"的思想契合了孙子"涂有所由，军有所不击，城有所不攻，地有所不争，君命有所不受"的军事策略。当形势发生了改变,不能按照原计划行事时,就必须采取灵活的战略战术。纸上谈兵的赵括之所以会失败,就在于理论也需要随着形势的变化而变化,更何况战争并不会根据兵书一模一样地加以重新演绎,每一次的战争都会有自己的特点,无论是双方人数、战争将领的特点或是谋兵布局之道都是千变万化的。

1943年2月,希特勒调集四个德国师、一个意大利师的联合特种部队以及南斯拉夫的傀儡军队,集中围攻铁托领导的南斯拉夫西波斯尼亚和中波斯尼亚解放区,企图消灭铁托率领的这支民族解放部队。

为粉碎纳粹的阴谋,铁托率领由四个师组成的突击队,并掩护4000名伤员,向东南方向突围,转移到门的哥罗地区。这次规模巨大的战略转移事关全局,为确保战略转移成功,铁托命令各地部队加强对德军的牵制,分散德军的注意力,间接策应突击部队。而转移行动成功的关键,是必须安全渡过涅列特瓦河。铁托的突击部队被德军堵在河的左岸,而且德、意法西斯部队加紧从涅列特瓦河的上游对铁托部队构成包围态势。

为尽快过河,突击部队几次向桥头发起冲击,但都被德军的密集火力击退,形势十分危急。这时,铁托一反常规果断命令:"炸桥!"突击队员在桥头埋下炸药,"轰"的一声巨响,大桥塌了一段。

为迷惑敌人,炸桥后,铁托命令部队迅速撤退。德军这时似乎恍然大悟,以为铁托的部队不是要过河,而是要在河的左岸进行活动,以阻止德军过河进攻。德军朝河对岸一看,突击队像一阵风一样席卷而去。德寇大呼上当,连忙转到下游的渡口过河追赶突击队。铁托的部队兜了一个大圈。看到德寇上当后,铁托命令突击队突然神速折回桥头。这时,德军只顾追击铁托的部队,河对岸已没有一个德军把守。突击队挖好工事,建立桥头阵地,做好阻击纳粹兵的准备。同时,铁托命令突击队以最快的速度,借助原来的旧桥墩,连夜在断桥处搭起一座简便的吊桥,将坦克、大炮等重武器扒到河里,人员携带轻便武器,扶着轻伤员,抬着重伤员,闪电般地渡过涅列特瓦河,进入门的哥罗地区。德军拼命追击铁托的部队,以为合围成功,朝着山谷持续炮击,并运用轰炸机疯狂轰炸,闹腾了好几天,结果发现大山空空如也。当德军接到铁托部队早已从断桥处渡过涅列特瓦河的消息时,不禁大吃一惊,才恍然大悟:原来突击部队先炸桥,是为了转移视线、迷惑他们,掩护过桥的真实意图,使德军判断失误;然后又佯装撤离,采用调虎离山之计诱敌上当,当德军中计离开大桥后,突击部队就可以从容不迫地搭桥过河。

突击部队过河后,铁托又命令把大桥全部炸掉,以防止德军过桥追击。后悔不迭的纳粹德军掉头跟踪追击铁托的部队,可是,等他们到达涅列特瓦河的断桥处才发现,原来的断桥早已被突击部队彻底炸光了。

成大事不仅要有谋略,而且还要有在关键时刻随机应变、果断行事的能力,再加上出其不意、攻其不备的策略,一定能把难事办成、办好。如果想为突袭行动争取到极为宝贵的时间,就必须做到根据敌情果断灵活地实施指挥。但对一支军队来说,神速的行动,并不单单表现在部队的行动能力上,更重要的还体现在领导者当机立断的决策水平上。要想达到攻其不备的效果就得有当机立断的精神,要善于观察对方的动态,采取果断措施,如果犹豫不决就会一事无成。

王阳明说,遇到事情突变的时候,束手无策者应该感到羞耻。不论是战场还是官场,生活中处处都会有浅礁暗流,成功者就是那些懂得顺应时事而变化、及时调整自己步伐的人。

当然,应时而变是一种外在的处世态度和智谋策略。人们常说做人就要铁骨铮铮,不可轻易向他人低头。但是在人生路上,坎坷时常会出现,我们做事就必须多点柔韧性,学会适当地弯曲。

3.见微知著,"隐祸"藏于"显利"之中

防隐祸于显利之中,绝深奸于意料之外。

——王阳明

与敌争胜,最怕两个"鬼",一个是"心鬼",那是自己的安逸心。因为安逸心,不愿下功夫,必然内心冲动,急于求成,于是看不到潜在的危险。一个是"内鬼",即潜藏在身边的敌对者。他们似友而敌,像"心鬼"一样防不胜防。

王阳明非常清楚,"心鬼"和"内鬼"都能解除人内心的武装,使自己丧失警觉性,因此他说:"防隐祸于显利之中,绝深奸于意料之外。"

王阳明初任南赣巡抚时,抚衙在赣州,下辖南安、赣州、汀州、漳州、潮州、惠州、南雄、郴州等府。这本是物阜民丰之地,如今已成了"山贼"的乐园,王阳明的任务就是清剿这些山贼。他知道,"山贼"闹了多年,屡剿不清,必然隐藏极深、遍布眼线,因此他非常留意抚衙之人,以防被内奸利用,泄露机密。他早年学过相面术,且精研"心学",对自己之心及他人之心的变化非常了然,有很强的洞察力。过了不久,他就发现身边的一个书吏有问题,于是,在一个晚上,将书吏召到自己的卧室,先问了一些琐事,确定了自己的判断,然后夸奖了几句,趁书吏暗自得意时,突然问:"不知这些年来,你向山贼送了几次情报,得了多少银子?"

书吏大惊失色,还想狡辩,被王阳明三言两语逼问,不得不吐露实情,表明自己确实是"山贼"安插在抚衙的内奸。根据书吏供述,王阳明将赣州城内外的山贼眼线一一抓获,总算拔去了一根心头刺。

"内鬼"已除,但"心鬼"未尽,王阳明一直认为,"破山中贼易,破心中贼

难"，况且这个"贼"并不是在他自己心里，而是在他统帅的将士心里，破除更难。当时他率领的多是各府的地方军，训练水平和纪律情况不比"山贼"强多少，遇到危险，则相互推诿；遇到利益，则蜂拥而上。因为这个毛病，多次丧失战机，本该打胜的仗打不胜，或者先胜而后败，为敌所乘。为了争夺敌人的首级、财物，使败敌轻松逃脱的情况几乎是普遍现象。没办法，王阳明只好像教小学生一样，教他们如何打仗。在《剿捕漳寇方略牌》中，他不厌其烦地指导具体战术：首先散发假情报，"或宣示远近，或晓谕下人，此声既扬，却乃大犒军士，阳若犒劳给赏，为散军之状；实则感激众心，作兴士气；一面亦将不甚紧关人马抽放一处两处，以信其事"，其目的是扰乱"山贼"的视线，使之无事惊忙，最后因心理疲劳而疏于防备。

其次，将兵马驻扎在贼窝不远的地方，"预遣间谍，探贼虚实"，如果有机可乘，便连夜发动突然袭击。对突袭时的具体行为，王阳明作了相当于军法的严格规定："当此之时，却须舍却身家，有死无生，有进无退，若一念转动，便成大害；劲卒当前，重兵继后，伺至其地，鼓噪而人。仍戒当先之士，惟在摧锋破阵，不许斩取首级；后继重兵，止许另分五六十骑，沿途收斩；其余亦不得辄乱行次，违者就便以军法斩首。"

敌人败逃后，官军该怎么办呢？王阳明也作了规定："重兵之后，纪功赞画等官各率数队，相继而进，严整行伍，务令鼓噪之声连亘不绝，使诸贼逃逐山谷者闻之，不得复聚。若贼首未尽，探其所如，分兵速蹑，不得稍缓，使贼复得为计。已获渠魁，其余解散党与，平日罪恶不大，可招纳者，还与招纳；不得贪功，一概屠戮。"

打了胜仗后，最忌得胜而骄，疏于防范，此时最易为敌趁，由大胜变成大败。因此，王阳明严令："乘胜之余，尤要肃旅如初；遇敌不得恃胜懈弛，恐生他虞。归途仍将已破贼巢，悉与扫荡，经过寨堡村落，务禁标掠，宜抚恤者，即加抚恤；宜处分者，即与处分；毋速一时之归，复遗他日之悔。"

王阳明的"毋速一时之归，复遗他日之悔"，可以说专门针对将士们的安逸心而发,大战后将士们往往比较疲劳,希望迅速了却军务,回去休息,因此办事往往草率、粗鲁,缺乏耐心,必然留下漏洞。所以此时尤要克服疲劳,将事情一一做到位。

经王阳明三令五申,官军的"心鬼"小多了,纪律性和战斗力得到了一定加强。而"山贼"还处于原来的"业余水平","心鬼"仍大,因此跟官军交锋,屡败而少胜。

有一次,王阳明派军征剿盘踞在福建漳州象湖山一带的巨魁詹师富。当时官军是从广东、福建等地抽调而来的一支混合部队,才五千多人,敌众我寡,而且敌人又凭险据守,巢穴众多,陷阱遍布,且斗志昂扬,因此官军气馁,请王阳明从广东增精锐"狼兵"前来会剿。王阳明考虑到,调"狼兵"来,不仅会增大军费开支,增加当地百姓的负担,而且"狼兵"纪律差,难免滋扰地方,因此不同意调"狼兵",鼓励混合部队勇敢杀敌。

官军初战长富村,获得胜利,"山贼"退守象湖山一带。官军再战莲花石时,广东兵为敌所阻,不能按计划到达指定地点合击。福建兵势单力薄,遭到山贼的突击,指挥覃桓等战死,福建兵败退。

官军失败后,士气大受挫伤,强烈要求王阳明调"狼兵"前来征剿。王阳明严厉训斥了几个提出此议的将领,将扬言按"失律罪"处分他们,又鼓励他们说:"兵宜随时,变在呼吸,岂宜各持成说耶?福建诸军稍缉,咸有立功赎罪心,利在速战。若当集谋之始,即掩贼不备,成功可必。"他还说,广东军希望调"狼兵"来助战,"山贼"以为我方失败,只有调"狼兵"一途,否则再无战力。我军正可趁此时机,"奋怯为勇,变弱为强",主动出击。

为了鼓舞士气,王阳明亲临上杭督战,同时命令假装撤军,扬言秋季后派大军来会剿。却暗中分兵三路,占据险要。"山贼"先前得胜,没把官军放在眼里,而且按以往跟官军交战的经验看,官军需要很长时间才能恢复战力。见官军分路撤退,更证实了这一判断,因此漫不经心。岂料此时的官军由王阳明指挥,早就不是以前的官军了。一天晚上,官军看准了时机,全线突袭,多路并进，连破数关，直捣象湖山。"山贼"惊惶之余，想退到悬崖绝壁上防守，谁知早为官军所占，只好四散而逃。官军乘胜追剿，连破长富村、水竹、大重坑等四十多所据点，斩杀"山贼"首领詹师富等七千余人，漳南闹了十多年的"山贼"至此一举荡平，而官军以少胜多，创下了一个奇迹。

王阳明知道"防隐祸于显利之中"，而"山贼"不知道；王阳明还知道敌人"隐祸"也藏于"显利"中，并且知道借失败之际巧加利用。"山贼"遇到这样一个脑袋能绕几个弯的对手，不倒霉也不行了！好比下棋，只能算两步的人一定下不过能算五步的人，水平的差距，就在这"算"字上。

天下事，福与祸，敌与友，原本可以相互转换，胜与败也随之而转。胜利总是归于那些能够聪明把握转换时机、掌握转换条件的人。

4.制胜战术应变化多端

"臣以为兵无常势，在因敌变化而制胜。"

——王阳明

有言"不以规矩，不成方圆"，但是社会瞬息万变，如果过于刻板、墨守成规，恐怕迟早会被社会淘汰。事实上，规则是掌握在我们自己手里的，面对具体的情况，通过变通思想采取不同的解决之道，可以帮助我们立万难之间而游刃有余。

王阳明征战胜利的一个重要因素就是善于变通，他善于根据当地的具体情形，做出具体的作战计划。

王阳明进攻"山贼"之前，必晓谕"贼众"，"但能悔恶来归，仍与安插。或能擒斩同伙归投者，准其赎罪，仍与给赏"。对投降"贼众"，发给"新民牌"，以示赦免前罪，准许重新做人。多数"山贼"只是为生活所迫，被迫入伙，并无跟官军决死到底的决心，因此，投降者很多，或变成平民，或加入官军，参与作战。

对不愿投降者，王阳明以谋略为先，仍行攻心之策，进行最后争取。

当王阳明率军攻打横水的谢志珊时，可谓遇到了劲敌。谢志珊为人颇有政治野心，自封"征南王"，亦有几分政治头脑，跟悍匪陈曰能、蓝天凤等结为战略伙伴，又派人跟广东的高仲仁谈判，商议共同对抗王阳明、谢志珊，还开发出了久已失传的吕公战车，布置于各个关口，抵御官军。

王阳明知道，攻打谢志珊甚难，必须谋略与攻心兼施。而他手下的将领们都认为，攻打企图凭险顽抗的谢志珊，难度太大，不如先打桶冈的蓝天凤，去其羽翼。王阳明认为，其他山寨以谢志珊马首是瞻，若攻桶冈，其他山寨必救，腹背受敌，势必不利。一旦拿下横水，可收擒贼擒王之效。况且官军已经放出了准备攻打桶冈的风声，湖广巡抚也领衔上奏了朝廷，谢志珊必然深信不疑，放松警惕。此时寻机突进，可收出其不意、攻其不备之效。

经过周密的部署，在一个雾气朦胧的早晨，官军突然向横水的谢志珊发起了佯攻。谢志珊凭借地形之利，顽强抵抗。突然，远近山谷炮声雷动，烟雾之中，只见山上山下尽是官军旗号，四下里有人大喊："我等已打下贼巢！"在前面抵抗的贼众以为老寨被破，大势已经不妙，一个个失去斗志，如惊弓之鸟，大惊，四散溃逃。

其实，那只是王阳明事先安排的几百个山民和樵夫在虚张声势，各处要点都还在"山贼"手中。但"山贼"一旦开始溃散，险关要隘自然不攻而破。谢志珊阻不住部众的溃势，无奈之下，只好带着少量人马，逃往桶冈，投奔蓝天凤。

王阳明指挥得胜之兵，趁势攻到桶冈。

桶冈的地形十分险要，四面高山接天、悬崖壁立，只有几个入口，必须架设绳梯，攀壁而上，"山贼"只需少人把守，便插翅难入。桶冈中间却地势平坦，气候宜人。蓝天凤为了长期驻守，率领手下开荒种田，自给自足。因此，桶冈的形势是：攻，攻不进；困，困不死。怎么办？王阳明想到的还是攻心。他派使者进入"贼巢"，劝谢志珊、蓝天凤投降。

蓝天凤及部下多愿意投降，而谢志珊态度坚决，不肯投降，"主降派"和"主战派"意见不一，议论不休。王阳明趁敌人内部犹豫不定、人心不齐时，派知府邢珣、伍文定等率军进至各出击地段，于次日晨，冒雨急攻，一举突破险隘。"山贼"惊惶之下，仓促派人守备，已经来不及，只好且战且退。官军乘胜前进，连破"贼巢"五十多个，斩二千多人，俘二千人，谢志珊、蓝天凤都被活捉。

有趣的是，王阳明听说抓住了谢志珊，来了兴趣，特意命人押来，问："你何以能网罗这么多同党？"

谢志珊说："也不容易。"

王阳明饶有兴趣地问："怎么不易？"

谢志珊说："我平生遇见世上的好汉，断不轻易放之；必多方勾致之，或纵之以酒，或帮他解救急难，等到相好后，再吐露身份，最后无不追随我。"

王阳明听了，感慨不已，命人将谢志珊带出，就地正法，又对跟他从军的学生说："我儒一生求朋友之益，不也是这样吗？"

王阳明做自己的本职工作做得很好，假设聚众造反也是本职工作的话，谢志珊做得也很好，两人正有许多共同之处，难怪王阳明对他产生惺惺相惜之意。可惜二人如同水火，势必不能相融，最后王阳明以水灭火，大概是天数。

当王阳明全力攻打谢志珊、蓝天凤时，为防广东的"贼首"池仲容、高仲仁夹击官军，王阳明以仁人之心，写了一封精彩的《告谕浰头巢贼》，广为散发，使尽人皆知。"告谕"首通报官军日前扫平詹师富等"贼众"的情况，"斩获功次七千六百有余，审知当时倡恶之贼不过四五十人，党恶之徒不过四千余众，其余多系一时被胁，不觉惨然兴哀"，并且表明，他不想杀死那些本可不杀之人，前提是不要负隅顽抗。

接着，王阳明备述"贼众"为"贼"的不智，同时为其开脱，承认他们有不得已的苦衷："夫人情之所共耻者，莫过于身被为盗贼之名；人心之所共愤者，莫甚于身遭劫掠之苦。今使有人骂尔等为盗，尔必怫然而怒。尔等岂可心恶其名而身蹈其实？又使有人焚尔室庐，劫尔财货，掠尔妻女，尔必怀恨切骨，宁死必报。尔等以是加人，人其有不怨者乎？人同此心，尔宁独不知；乃必欲为此，其间想亦有不得已者，或是为官府所迫，或是为大户所侵，一时错起念头，误入其中，后遂不敢出。此等苦情，亦甚可悯。"

接着，王阳明替他们指明生路："若尔等肯如当初去从贼时，拼死出来，求要改行从善，我官府岂有必要杀汝之理？尔等久习恶毒，忍于杀人，心多猜疑。岂知我上人之心，无故杀一鸡犬，尚且不忍；况于人命关天，若轻易杀之，冥冥之中，断有还报，殃祸及于子孙，何苦而必欲为此。我每为尔等思念及此，辄至于终夜不能安寝，亦无非欲为尔等寻一生路。惟是尔等冥顽不化，然后不得已而兴兵，此则非我杀之，乃天杀之也。今谓我全无杀尔之心，亦是诳尔；若谓我必欲杀尔，又非吾之本心。尔等今虽从恶，其始同是朝廷赤子；譬如一父母同生十子，八人为善，二人背逆，要害八人；父母之心须除去二人，然后八人得以安生；均之为子，父母之心何故必欲偏杀二子，不得已也；吾于尔等，亦正如此。若此二子者一旦悔恶迁善，号泣投诚，为父母者亦必哀悯而收之。何者？不忍杀其子者，乃父母之本心也；今得遂其本心，何喜何幸如之；吾于尔等，亦正如此。"

考虑到有些人还抱有侥幸心理，以及对官府的猜疑心理，王阳明继续劝说："闻尔等辛苦为贼，所得苦亦不多，其间尚有衣食不充者。何不以尔为贼之勤苦精力，而用之于耕农，运之于商贾，可以坐致饶富而安享逸乐，放心纵意,游观城市之中,优游田野之内。岂如今日,担惊受怕,出则畏官避仇,入则防诛惧剿,潜形遁迹,忧苦终身;卒之身灭家破,妻子戮辱,亦有何好?尔等好自思量,若能听吾言改行从善,吾即视尔为良民,抚尔如赤子,更不追咎尔等既往之罪……尔等若习性已成,难更改动,亦由尔等任意为之;吾南调两广之狼达,西调湖、湘之土兵,亲率大军围尔巢穴,一年不尽至于两年,两年不尽至于三年。尔之财力有限,吾之兵粮无穷,纵尔等皆为有翼之虎,谅亦不能逃于天地之外。"

最后,王阳明表明了愿意给"贼众"自新之路的诚意:"吾岂好杀尔等哉?尔等苦必欲害吾良民,使吾民寒无衣,饥无食,居无庐,耕无牛,父母死亡,妻子离散;吾欲使吾民避尔,则田业被尔等所侵夺,已无可避之地;欲使吾民贿尔,则家资为尔等所掳掠,已无可贿之财;就使尔等今为我谋,亦必须尽杀尔等而后可。吾今特遣人抚谕尔等,赐尔等牛酒银两布匹,与尔妻子,其余人多不能通及,各与晓谕一道。尔等好自为谋,吾言已无不尽,吾心已无不尽。如此而尔等不听,非我负尔,乃尔负我,我则可以无憾矣。呜呼!民吾同胞,尔等皆吾赤子,吾终不能抚恤尔等而至于杀尔,痛哉痛哉!兴言至此,不觉泪下。"

王阳明的劝说,都针对"贼众"的心理而发,并不讲什么忠君爱国的大道理,只讲小道理,一切为"贼众"的身家性命考虑,而且软话中夹着硬话,硬话中有软话,软硬兼施,直攻其心,除非反叛意志特别强烈的人,谁能不动心呢?

后来,当王阳明进军广东时,广东的农民起义军多数主动投降,瑶族暴动的首领金巢、卢珂等也率众投降,卢珂参加剿匪战斗,立了大功,还被王阳明保举为官。可见王阳明的"精神炸弹"确实起了很大的作用。

当王阳明举兵平定宁王朱宸濠叛乱时,双方最后决战于鄱阳湖。当时叛军兵力甚强,且拥有当时最先进的火炮,使官军损失惨重,几乎抵敌不住。此时,王阳明又放出了早就准备好的"精神炸弹"——用竹木削成的"免死牌",上书一行小字:"宸濠叛逆,罪不容诛;协从人等,有手持此板,弃暗投明者,既往不咎。"王阳明下令连夜将几十万块"免死牌"扔入鄱阳湖中,第二天天亮,叛军人手一块"免死牌",再无死战决心,军心大变,战斗力大衰。朱宸濠见此,知道大势已去,不禁哀叹:"好个王守仁,以我家事,何劳费心如此!"

朱宸濠想学明成祖,抢侄儿的皇位,那是他的"家事",可也是天下事,那些将士凭什么白白为他的"家事"送死?王阳明的攻心术,可谓正好点中了叛军的"软麻穴",胜负也就此决定。

弘治十三年(1500年),王阳明在《浰头捷音疏》中说:"臣以为兵无常势,在因敌变化而制胜。今各贼犯于故常,且谓必待狼兵而后敢攻,此所以不必狼兵而可以攻之也。乃为密画方略,使数十人者各归部集,候我兵有期,则据隘遏贼。"王阳明强调军事态势不是一成不变的,应针对具体情况采取灵活变化的战术。

5.抓住时机,一击制胜

"虽千魔万怪眩瞀变幻于前,自当触之而碎,迎之而解,如太阳一出,而鬼魅魍魉自无所逃其形矣,尚何疑虑之有,而何异同之足惑乎?"

——王阳明

战机,这个词在古代的解释主要为天时、地利、人和及乘敌之隙。在战争中,谁抢占战机,谁就获得了战争的主动权。战机主要是由作战双方所形成的,通常都是稍纵即逝的。把握战机是组织智慧作战的重要关节,对歼灭敌人、夺取胜利具有十分重要的意义。所以,成功的大门总是会向那些善于抓住机遇的人开放。伟人之所以是伟人，就是因为他们能审时度势，具有观察战机的非凡洞察力和把握运用战机的能力，善于利用战机来扭转乾坤。

王阳明扫平福建的詹师富后，福建、广东、江西三省交界地区尚有大小"山贼"数十股，其中江西的谢志珊、蓝天凤、陈曰能，广东的池仲容、高仲仁，湖广的龚福全，势力最大。当王阳明将下一个目标锁定为谢志珊时，担心广东的池仲容、高仲云袭击官军后路，于是给二人写了一封招降书，劝他们投降，其意只是稳住他们。他看准了他们的"软肋"，在暂时安全时，只会各打自己的小算盘，不会有同道相救的义气。果然，直到谢志珊兵败被擒，二人都未拔刀相救。且不久后，高仲容也投降了。不仅如此，广东的大小"山贼"，如龙川的卢珂、郑志高、陈英、横水、浰头一带的黄金巢，都主动向王阳明请降，只有池仲容兄弟未降。

池仲容原是广东龙川县的大户，因被仇家诬告，官府不明，一怒之下，和弟弟池仲安带着家丁，将仇家杀尽，在三浰一带落草为寇，自封为王，从此横行二十多年，官军拿他一点办法都没有。

池仲容眼看各地贼首或被擒，或投降，顿感无穷压力，现在没有其他盗伙在前面挡灾，凭他独力跟官军对抗，他一点信心都没有。久思之下，派弟弟池仲安向王阳明投降，而自己却严加守备，并蛊惑贼众说：我等为贼不是一年两年，官军招降不是一次两次，这次又哪当得了真？

王阳明看准了池仲容的"软肋"：心情矛盾。一方面不敢跟官军交锋，一方面不愿真心投降，企图采用"拖"字诀，一面阳示投降，一面暗中备战，想把时间拖过去，以待日后的变化。

既然对方心情矛盾，便难下决心，自可利用这一点，步步诱其上钩。

于是，王阳明对池仲安的投降表示竭诚欢迎、全然信任、大胆任用，他给池仲安下了一道命令：我军即日要征桶冈，你可率本部兵马驻于上新地，待桶冈之贼败奔上新地时，你可用心截杀，建立功劳。

王阳明的安排合情合理,池仲安岂敢不答应?这一来,池家兄弟被远远分隔,无法相互呼应了。

桶冈攻破后,池仲容更是兔死狐悲,但他仍不肯投降,开始给部下匪众大肆封官,企图激励他们拼死一战。

王阳明对他的异动看得分明,却装作看不见,仍顺着池仲容自己的话头,派人送去牛羊美酒,问他何时率部归降。

王阳明礼仪周全,池仲容也不敢说话不讲道理,找个借口说:卢珂等人跟他素来有仇,以前多次仇杀,如今见他孤立无援,时存寻仇之念,他不得不预作准备,因此投诚的时机尚且不宜。为表诚意,他派手下两个"都督"随使者一同返回赣州复命。

王阳明并不揭穿其言,仍顺着池仲容的话头,假装发怒,怨怪卢珂等人,不该计较昔日的私仇,企图加害投招之人。

可巧卢珂来到赣州,向王阳明汇报池仲容的反情,王阳明只好假戏真做,命人将他拿下,佯怒道:"你公报私仇,罪已当死,又敢挑拨离间,乘机诬陷。池仲容之弟已然投诚,报效朝廷,岂会再有反叛之事?"又下令将卢珂杖责三十,投入大牢。池仲容的两个"都督"见此情景,以为王阳明真的被瞒过,不禁暗中得意。

王阳明暗中派人慰问卢珂,告以实情,又将两个"都督"好言打发回去。

戏做到这一步,池仲容已经被套住,只要不过分刺激他,他决不会翻脸。而王阳明自然不会给他强烈刺激,只是提一个小小的合理要求而已。

过不久,王阳明下令张灯结彩,在赣州城内大犒将士,并告谕远近:"今贼巢皆已扫荡,三浰新民又将诚心归化,地方自此可以无虞。民久劳苦,宜暂休为乐。"同时下令刀枪入库,士卒回家,共享太平。

既然是大犒将士,池仲容自然也在应邀之列。他不来,等于自露其奸;他来了,好像也没有什么危险。于是,池仲容带着一队壮士,前往赣州。

老虎离了窝,就好对付了。但王阳明决心将戏演完,对池仲容热情招待，美女珍馐，无不毕备。也许他的"良知"正在交战，不知以"鸿门宴"杀死这个悍匪是否符合道义。不过，当池仲容住到春节后，坚持要走时，王阳明不再犹豫，派人假扮刺客，将池仲容及手下全部格杀。随后，派兵荡平了池仲容的匪巢。

自此，"山贼"之乱，终告平息。

主动出击也要找准时机，以硬碰硬只能两败俱伤，在敌人放松警惕时给其狠狠的一击，可达到事半功倍的效果。

宋朝时，岳飞奉命到岭南去招安盗贼，但是岳飞费尽唇舌，贼头曹成就是不理不睬。岳飞想，强夺不下，只能智取了。

岳飞暂时和曹成休战，不久，将士抓到了一名曹成派来的间谍。岳飞马上吩咐部下将间谍绑在主帅军帐的附近，好让间谍听得到岳飞与将领之间的谈话。

在这场只演给间谍一个人看的戏中，岳飞故意与押粮官商量好在言谈之间说一些"军粮已尽，该如何是好"之类的话，显出一副苦闷惆怅的样子，仿佛已无心打仗。岳飞还假装与其他将领谈到因为战事不顺，部队准备暂时撤退的计划。

戏演完之后，岳飞又故意让间谍有机会逃跑。

几天之后，部队按兵不动，将士们正在纳闷，岳飞估计间谍应该已经带着假情报回到了贼营，于是就选择一天夜晚，下令全军整装，摸黑急行军。天还没亮，大军已经偷偷绕过山头，兵临贼营。盗贼们因为假情报而毫无戒备，当发现岳家军来袭之后，他们顿时大惊失色，四处逃窜，溃不成军。

明朝时的戚继光破倭寇也采取过类似的方法。当他率领"戚家军"到达倭寇的老巢时，倭寇严阵以待，准备随时迎击戚继光的进攻。戚继光却宣称,倭寇人多势众,难以速战速决,所以命令士兵搭帐篷,挖锅灶,准备打持久战。

倭寇听到这个消息,就暂时放了心,认为戚继光不会很快地发动进攻,于是放松了警惕,就放开肚皮大吃大喝起来。就在他们酒足饭饱,睡得昏天黑地的时候,戚继光突然发动进攻,出其不意地攻击到倭寇的大营。

原来,戚继光之前的行动完全是在放烟幕弹,是想麻痹倭寇,让他们放松警惕,倭寇果然上当。就这样,戚家军在倭寇没有一点儿心理准备的时候,从天而降,倭寇手足无措,被戚家军杀了个精光。为患十几年的倭患终于被彻底解决,这一战也成了戚继光平倭的最经典战役之一。

俗话说,老虎也有打盹的时候。如果在人生中遇到强劲对手,强攻不下的时候,不妨借助对手松懈的瞬间出击,定能克敌制胜。对手松懈时要抓紧时间进攻;对手不松懈时,可制造假象,诱其松懈,然后再进攻。要注意的是,进攻之前一定要明辨那"松弛"是不是伪装的,不然会被倒打一耙,悔之不及。

6.避实就虚借胜于敌

善用兵者,因形而借胜于敌;故其战胜不复,而应形于无穷。胜负之算,间不容发,乌可执滞。

——王阳明

兵法说:"三军之灾,起而狐疑。"用兵打仗,胜机往往稍纵即逝,不能犹豫不决，所以要尽快决断，迅速定下胜敌方案。

怎样才能尽快决断呢？必须尽快了解敌情，判明敌情，依敌情而变。兵法又说："夫为不可胜，以待敌之可胜。"己方先追求不被敌人打败，然后寻找可以打败敌人的时机。当敌人不可打败时，那是没有办法的。比如长矛部队一定打不过坦克部队，但仍然可以追求"不可胜"，那便是"打得赢就打，打不赢就走"。胜负并不是依实力强弱简单决定的。无论敌之强弱，总有"可胜"的时机，你只要瞅准软肋下手，即可把握胜利。胜利虽然靠你自己的本事赢得，还在于敌人给了你机会，"借胜于敌"要点就是及时抓去敌人送来的机会。

"软肋"通常在心内而不是心外，敌情的变化反映的是敌人心情的变化。王阳明是"心学"大师，能读懂敌人心情的变化，也就知道怎样赢得胜利。

正德十二年正月，王阳明去赣州就任南赣巡抚时，途中船过万安，到了此水路最险要的惶恐滩，即文天祥《过零丁洋》诗中"惶恐滩头说惶恐，零丁洋里叹零丁"所说的惶恐滩，王阳明正好也遇到了一件惶恐事：

只见前面的江面上，一些商船无故停下来，泊于一处。王阳明派随从打听，原来前面有数百"流贼"，正在拦船打劫。

王阳明此行本是去平"山贼"，没想到遇上了"流贼"，于是摩拳擦掌，想小试牛刀，试试自己的兵法学得如何。但他手下才三十多个人，如何对付数百"流贼"呢？

王阳明毕竟是学过兵法的人，不会被这表面的强弱迷惑。他很快看到了自己的优势：他这三十多人，都是职责在身、讲组织纪律的人，抱成一团就是一股力量。他也看到了"流贼"的"软肋"：乌合之众，一盘散沙。

于是，他很快想好了对策，令人竖起南赣巡抚的牙旗，将邻近的商船召集到一起，让商人们将行货标志藏好，把商船伪装成军船。又遣手下三十多个军士上岸随行，遥相呼应。

布置妥当后，排成阵势，摇旗呐喊，鼓噪前进。"流贼"们见了这阵势，害怕起来,哪敢交锋?他们本是贫民,为求活命,聚集起来,打劫财物,并不想在此丧命,急忙想寻路逃生,作鸟兽散。但岸上的军士挡住了他们的去路,喝令他们投降。"流贼"们不敢抵抗,纷纷在岸边跪下。领头者遥向王阳明的座船高声求道:"我们都是万安等地的饥民,因为天灾,官府又不肯发粮赈济,没有活路,才出此下策,还望大人垂怜!"

王阳明早料到了他们的情况,抚慰说:"江西的灾情,本官早已知道,此番前去,定会设法赈灾。念你们是被饥寒所迫,又是初犯,不予追究。你们速回自家,各营生计,等候官府的安置吧!"

"流贼"们听了,大喜过望,纷纷扔下抢来的财物,一哄而散。

王阳明此战,不费一刀一枪,轻松解决了问题,不过是抓住了对方的"软肋"而已!

任何人,任何队伍,都有"软肋",关键在于你能否看到,看到了能否抓住。王阳明正好是一个既能看到又能抓住的人,所以他总能抓住胜利。

东汉末年军阀混战时,袁绍感到曹操是个强劲的敌人,决心进攻曹操的老巢许都,企图一举将其拿下。公元200年,袁绍集中了十万精兵,派沮授为监军,从邺城出发进兵黎阳。

沮授说:"我们尽管人多,可不像曹军那么勇猛;曹军虽然勇猛,但是粮食没有我们多。所以我们还是坚守在这里,等曹军粮草用完了,他们自然会退兵。"袁绍不听沮授劝告,命令将士继续进军,一直赶到官渡,才扎下营寨。曹操的人马也早已回到官渡,布置好阵势,坚守营垒。

就这样,双方在官渡相持了一个多月。日子一久,曹军粮食越来越少,兵士疲劳不堪。曹操有点支持不住了。

这时候,袁绍方面的军粮却从邺城源源不断地运来。袁绍派大将淳于琼带领一万人马运送军粮,并把大批军粮囤积在离官渡40里的乌巢。

袁绍的谋士许攸探听到曹操缺粮的情报，向袁绍献计，劝袁绍派出一小支人马，绕过官渡，偷袭许都。袁绍很冷淡地说："不行，我要先打败曹操。"

许攸还想劝他，正好有人从邺城送给袁绍一封信，说许攸家里的人在那里犯法，已经被当地官员逮了起来。袁绍看了信，把许攸狠狠地责骂了一通。

许攸又气又恨，想起曹操是自己的老朋友，就连夜逃出袁营，投奔曹操去了。曹操听说许攸来投奔他，高兴得来不及穿靴子，光着脚板跑出来欢迎许攸，说："好啊！您来了，我的大事就有希望了。"

许攸说："我知道您的情况很危急，特地来给您捎个信。现在袁绍有一万多车粮食、军械，全都放在乌巢。淳于琼的防备很松。您只要带一支轻骑兵去袭击，把他的粮草全部烧光，不出三天，他就不战自败。"

曹操得到这个重要情报，立刻把荀攸和曹洪找来。吩咐他们守好官渡大营，自己带领五千骑兵，连夜向乌巢进发。他们打着袁军的旗号，沿路遇到袁军的岗哨查问，就说是袁绍派去增援乌巢的。袁军的岗哨没有怀疑，就放他们过去了。曹军到了乌巢，放起一把火，把一万车粮草全烧了。乌巢的守将淳于琼匆忙应战，也被曹军杀了。

正在官渡的袁军将士听说乌巢起火，都惊惶失措。袁绍手下的两员大将张郃、高览带兵投降。曹军乘势猛攻，袁军四下逃散。袁绍和他的儿子袁谭，连盔甲也来不及穿戴，带着剩下的800多骑兵向北逃走。

经过这场决战，袁绍的主力已被消灭。过了两年，袁绍病死。曹操又花了七年工夫，扫平了袁绍的残余势力，统一了北方。

"知己知彼，百战不殆"，不仅为古今中外许多军事家所推崇，作为一种智慧，一种决策制胜的方略，它同样适用于生活的各个方面。面对对手，面对挑战，我们只有清楚地观察到对方的每一个细节，才能做到心中有数，采取正确的对策赢得胜利。

人生就像海浪，有起有伏。如果你想用最省力的方法击败某人，那一定要抓准时机。一旦窥伺到对方最脆弱的时刻，如生病或遭遇灾难等，你就可以一击制胜了。

7.危中求生路，先要把心沉淀下来

用兵何术？但学问纯笃，养得此心不动，乃术尔。凡人智能相去不甚远，胜负之决，不待卜诸临城，只在此心动与不动之间。

——王阳明

遭遇猝不及防的危机，我们的心就会不由自主地最先狂跳，以致情绪失控，无法正常思考，但是我们知道"惊慌"不但对解决问题毫无意义，而且还会加快危机恶化的速度。要想在危机中求生路，必须先把心沉淀下来，拥有积极阳光的心态，去保持不慌不忙、镇定自若、安之若素、稳如泰山的良好精神状态。

王阳明的"心学"有没有实用价值，原本令人怀疑，当他亲自运用于战争中后，才知道确乎有用。

王阳明以书生带兵，虽然学过兵法，毕竟全无实战经验，怎么能带兵打仗呢？好在他做学问，从来是"知行合一"，不跟实践分家，一旦遇事，自然不会茫然无措；再者他的"心学"，跟兵法也有暗合之处。胜人先胜己，每一个军事家都必然先炼心，心炼成了，才可望胜利。镇定是军事家的一个必备素质，临阵之际，"泰山崩于前而色不变"，面临生死威胁而不眨眼，才能冷静指挥，不动如山。

军事家的镇定一般是在生死搏杀中磨炼出来的，而王阳明修"不动心"，则是学问与实践齐修。

他的"不动心"是如何修成的呢？首先从克己开始。他说："人须有为己之心，方能克己；能克己，方能成己。"你要想成就自己，一定要超越自己；你超越自己，才有可能成就自己。超越之法，先要克服内心不合理的萌动。一个人需要自我超越的内容很多，超越对生的贪恋、对死的恐惧，乃是修道的至高境界，早在40岁时，他在"龙场悟道"中实现了生死超越，"不动心"的功夫已经成就。在战争中，他提出了八字胜诀：此心不动，随机而动。面临任何危难局面，他都从容镇定，举重若轻。

王阳明平定宁王朱宸濠叛乱，与其说是双方兵战的较量，不如说是双方心战的较量。

当王阳明带着少数随从去福建处理军官哗变事件时，突然接到朱宸濠的反情，众人无不色变，只有王阳明不动声色，好像早就料到有这一天一样。他随即决定，返回吉安府，准备平叛。船夫害怕此去会为叛军所杀，不敢前行，阳明拔剑出鞘，厉声喝令其开船，否则就地正法。船夫害怕了，只好鼓起勇气向前。

船行至临江，王阳明登岸召见临江知府戴德孺，研究敌情。王阳明认为，朱宸濠的上策是率军直捣北京，颠覆朝廷；中策是占领南京，控制大江南北；下策是据守江西，派兵分略四方。戴德孺听了，大惊失色，他们此时手中无兵，调兵尚须时日，如何阻止朱宸濠用上策和中策？王阳明一笑：应该扰乱其心，使他用下策。

于是，王阳明让戴德孺找来一群书吏，伪造朝廷公文，公文内容显示，朝廷早已料到朱宸濠将反，两广总督、湖广巡抚以及两京兵部已多路出兵，埋伏于军事要地，待机全歼北上的叛军；各地方官员已奉朝廷密旨，负责后勤事宜，全力配合歼击叛军。

然后，王阳明命人找来一批胆勇之士，许以重利，怀揣假公文，奔走于江西境内。不少信使被捕，假公文被查获，呈送朱宸濠。朱宸濠一看，大惊失色，一面怀疑公文是假，一面担心公文是真，犹疑半月之久，大军滞留江西，不敢进军北京和南京。

当朱宸濠此心乱动时，王阳明却一心不动，迅速赶到吉安，会同吉安知府伍文定调配军粮，修治器械，积极备战，同时发出讨贼檄文，公布宁王的罪状，要求各地起兵。然后，他派人上奏朝廷：宁王朱宸濠反。

半个月后，朱宸濠终于定下神来，意识到可能中了王阳明的疑敌之计，于是亲率六万大军，渡过长江，攻打安庆。

此时王阳明麾下已集结了八万勤王将士，兵力在朱宸濠之上，因此文武官员们纷纷建议，立即出兵，救援安庆。

但王阳明清醒地认识到，各地勤王兵从无配合作战经验，人心不齐，而朱宸濠所率却是他训练多年的嫡系，两军交战，胜负难料。为稳妥起见，他决定：直捣朱宸濠的老巢南昌。

王阳明亲率大军，兵临南昌城下。为了避免各军相互观望、人心不齐，他向各带兵将领发出严令：敲四遍鼓还登不上城墙，带队军官就要问斩。

结果，南昌城很快告破，朱宸濠的眷属及附从官员都成了俘虏。

朱宸濠听说老巢被端，再次大惊失色，急忙回军来救。

王阳明以逸待劳，分后一路，四路当面迎战，一路于后设伏。交战不久，叛军腹背受敌，被分割成数段，又中了埋伏，军心大乱，被迫溃退。

朱宸濠退守南康地区，急调九江、南康的守城部队赶来增援，准备跟王阳明决战。

王阳明率军乘胜追击，在鄱阳湖上跟朱宸濠的船队相遇。朱宸濠深信"重赏之下必有勇夫"，下令：冲锋陷阵者赏千金，受伤者赏百金。于是，叛军疯狂地向官军扑来，官军一时抵敌不住，节节败退。执掌前军的吉安知府伍文定不愧为一条好汉，挺立船上，巍然不动，指挥部下反击。他一连斩杀数名驾船后退的船夫，终于阻住败兵，大家定下神来，鼓勇向前。王阳明见反击时机已到，命人擂起战鼓，齐向叛军的战船杀去。

不料，朱宸濠拥有当时最好的武器：炮舰。随着火龙喷出，石块、铁弹齐飞，官军顿时损失惨重。伍文定的指挥船被火炮炸开了一角，燃起熊熊烈火。伍文定无所畏惧，仍声嘶力竭地鼓励大家共赴国难。

这一战，十分惨烈，双方的伤亡都很大。朱宸濠的弹药终于用尽，唯一的优势顿失。终于，官军占了上风，朱宸濠的重赏也阻不住他的手下对死亡的恐惧，顿时大败溃退，被迫再次撤退，退守八字脑地区。王阳明乘胜追击，用火攻之策，用小船装草，迎风纵火，烧毁了宁王的副船，王妃娄氏以下的官人以及文武官员们纷纷跳水自杀。宁王的大船搁浅，仓促间换小船逃命，被官军擒获，其他附逆的文武大臣均被擒获。

不久，王阳明派军攻下叛军占领的南康、九江，至此，宁王之乱全面平息。

朱宸濠蓄谋叛乱已久，不料从举起反旗起，仅42天就告失败，如汤泼雪。不是朱宸濠无能，实在是王阳明太厉害。当王阳明接到消息时，手中尚且无兵，一番运筹，竟然将朱宸濠擒获。而他首先擒获的其实是朱宸濠的心，而他自己的心则从未被摇动。正如《明史》所赞：当危疑之际，神明愈定，智虑无遗。

一般人如朱宸濠者，无法掌控自己的心，遇到事情心神不宁、杂念纷呈，智力因此减半。王阳明一心不动，智力正常发挥，自然胜于他人。

第九章

仁之道：诸恶莫作，众善奉行

1.与人为善就是与己为善

君子贤其贤而亲其亲，小人乐其乐而利其利。

——王阳明

王阳明带兵打仗，无论打到哪儿，都会站在当地百姓的立场来看问题、想问题。王阳明在做任何决定的时候，都会从良知出发。他认为天地万物本是一体的，人民困苦，也就相当于是自己深受困苦。这个时候他不仅在当地采取措施帮助人民脱离苦海，还上书朝廷帮助百姓解决困难。

善是什么呢？其实答案很简单。善就是在善待他人的同时，也善待着自己，为什么这样说呢？善待他人，就会觉得心安，心安，即是善待自己。假如一个人没有一颗善心，总喜欢他人为自己付出，自己却从来不想着为别人付出。表面上看来这样的人不吃亏，其实他们是吃了大亏。因为他们在缺乏对待他人的善心的同时，因着自己的良心不安，已经在受着心灵的折磨，谁说他们没有吃亏，谁又能说他们在善待着自己。因此，善，其实是通过善待他人，也善待了自己。

　　一天夜里，已经很晚了，一对年老的夫妻走进一家旅馆，他们想要一个房间。前台侍者回答说："对不起，我们旅馆已经客满了，一间空房也没有剩下。"看着这对老人疲惫的神情，侍者不忍心深夜让这对老人出门另找住宿。而且在这样一个小城，恐怕其他的旅店也早已客满打烊了，这对疲惫不堪的老人岂不会在深夜流落街头？于是好心的侍者将这对老人引领到一个房间，说："也许它不是最好的，但现在我只能做到这样了。"老人见眼前其实是一间整洁又干净的屋子，就愉快地住了下来。

　　第二天，当他们来到前台结账时，侍者却对他们说："不用了，因为我只不过是把自己的屋子借给你们住了一晚——祝你们旅途愉快！"原来如此。侍者自己一晚没睡，他就在前台值了一个通宵的夜班。两位老人十分感动。老头儿说："孩子，你是我见到过的最好的旅店经营人。你会得到报答的。"侍者笑了笑，说这算不了什么。他送老人出了门，转身接着忙自己的事，把这件事情忘了个一干二净。

　　没想到有一天，侍者接到了一封信函，打开看，里面有一张去纽约的单程机票并有简短附言，聘请他去做另一份工作。他乘飞机来到纽约，按信中所标明的路线来到一个地方，抬眼一看，一座金碧辉煌的大酒店耸立在他的眼前。原来，几个月前的那个深夜，他接待的是一个有着亿万资产的富翁和他的妻子。富翁为这个侍者买下了一座大酒店，深信他会经营管理好这个大酒店。这就是全球赫赫有名的希尔顿饭店首任经理的传奇故事。

　　正像王阳明说的，君子尊重并赏识有贤德的人，而小人只顾自己享乐。贪婪的本质是不安定，它像是长在人内心深处的一棵毒草，不断地腐蚀着本来纯净的心灵。它时而蛰伏,时而膨胀,人若不能摆脱就只能受制于它,所谓人心不足蛇吞象,过于贪婪而没有节制只能招致生活的惩罚。无论是贫还是富,只要你能够帮助到别人,就不应该吝啬自己的善心。

有两个同村的砍柴人相约去村西的山上砍柴,这两个砍柴人一个年长,一个少壮,都是砍柴的好手。但是相比之下,由于年龄和经验的差别,年长的人比少壮的这个人显出更大的能力。

两人来到山上,拿出砍刀砍柴。村西的这座山,山势不高而且树木繁茂,一开始两个人的进度相差不多,过了两个多小时,天气渐渐炎热起来,少壮的砍柴人躺在地上休息了一会,而年长的那位依然砍柴不止,并且已经从山的这边移到山的那边。眼看就要比预计的时间提前一个多小时砍完。

这个时候,少壮的从梦中醒来,看看天色暗了下来,而自己还没有砍够第二天要用的两捆柴,于是心急起来,他不用砍柴刀,而是用手一根根地折断树枝和杂草。但是今天的天色似乎比以往暗得早,直到太阳落山,少壮的砍柴人也没有砍够第二天所需要的柴火。

这时年长的人喊他下山了,这个年长的砍柴人看到他孤零零的一捆柴时,明白这个人没有好好砍柴,他一声不响地拿过自己的一捆柴火,对少壮的说:"这下够你用一天的了。后天我们再来砍。"

少壮的人说:"这些柴火都是用来卖钱的,你给了我,不是少了很多收入吗?"

年长的人说:"我今天少赚,明天可以多赚,但是烧火做饭却是一刻不能受影响的。我这些柴火够我用的了,而你也不会受饿,这不是两全其美的事情吗?"

年长的砍柴人其实说出了我们很多人明白但却很难做到的真理——你是一个人享用此间的美好,还是将这种美好散播到每个人的身上,独乐乐不如众乐乐？其实，再平凡普通的人只要有一颗爱心，一样能做出让所有人感动的善行。而那些只顾自己享乐的人大多是因为自己心中欲望太多，不能一一得到满足，于是产生烦恼，就会觉得苦。人为了摆脱这种感觉就会竭尽全力地再次索取，像是困在海上的水手，船仍在海上，彼岸遥遥而淡水枯竭，无边浩瀚的海洋就像充满诱惑的花花世界，第一口海水本意为了解渴，哪知命运却也就此断送在了这一口海水中。

欲望是无穷的，贪婪就像一把利刃，不能丢下就不能踏入苦海之岸，心中揣着太多的贪念，行走尚且蹒跚，又怎么回头？不回头，哪里是苦海的岸呢？要想上岸，必须除去贪念，提起一颗爱心，将奉献当作一种快乐。

善待别人、给予他人就是奉献，所奉献的不仅仅是无知财富，还包括精神和理念。这是抵制贪念的第一利器，是一个人充满爱心的具体表现，更是一个人有智慧和有责任心的表现。通过帮助别人可以体验到快乐，所以说，善待别人，也就是善待了自己。

2.众善奉行，诸恶莫作

"性之本体原是无善无恶的，发用上也原是可以为善、可以为不善的，其流弊也原是一定善一定恶的。"

——王阳明

王阳明认为人性本来是无善无恶的，所谓善恶都是人心造成的区别。而他自己也无时无刻怀一颗善心，做了许多善事。他从小就试马居庸关立志扫平鞑靼，报效祖国、解救饱受战争之苦的老百姓。后来他满腔热血却被小人暗算,被贬至偏远地区,他深感壮志难酬、报国无门却没有放弃心中的理想。在蛮荒之地他开设学堂办学,教苗人学文化、明道理。

王阳明提倡的良知、仁爱不是纯粹的形式,而是看天下万物没有内外远近之分,都要施予仁爱之心。想要做圣贤的王阳明进一步提出,常人之心和圣人之心是相同的,常人是因为蒙受私欲,才不及圣人之心明净。仁不仅是修养要达到的境界,也是人心之本体。

一天傍晚,他驾车回家。在这个中西部的小社区里,要找一份工作是那样的难,但他一直没有放弃。

冬天迫近,寒冷终于撞击家门了,一路上冷冷清清。除非离开这里,一般人们不走这条路。他的朋友们大多已经远走他乡,他们既要养家糊口,又要实现自己的梦想。然而,他留下来了。这儿毕竟是他父母埋葬的地方,他生于这,长于这,熟悉这儿的一草一木。

天开始黑下来,还飘起了小雪,他得抓紧赶路。

你知道,他差点错过那个在路边搁浅的老太太。他看得出老太太需要帮助。于是,他将车开到老太太的奔驰车前,停下来。

虽然他面带微笑,但她还是有些担心。一个多小时了,也没有人停下来帮她。他会伤害她吗?他看上去穷困潦倒,饥肠辘辘,不那么让人放心。他看出老太太有些害怕,站在寒风中一动不动。"我是来帮助你的,老妈妈。你为什么不到车里暖和暖和呢?顺便告诉你,我叫乔。"他说。

她遇到的麻烦不过是车胎瘪了,乔爬到车下面,找了个地方安上千斤顶,又爬下去一两次。结果,他弄得浑身脏兮兮的,还伤了手。当他拧紧最后一个螺母时,她摇下车窗,开始和他聊天。她说,她从圣路易斯来,只是路过这儿,对他的帮助感激不尽。乔只是笑了笑,帮她关上后备箱。

她问该付他多少钱,出多少钱她都愿意。乔却没有想到钱,这对他来说只是帮助需要帮助的人。他说,如果她真想答谢他,就请她下次遇到需要帮助的人时，也给予帮助，并且"想起我"。

他看着老太太发动汽车上路了。天气寒冷且令人抑郁，但他在回家的路上却很高兴，开着车消失在暮色中。

沿着这条路行了几英里，老太太看到一家小咖啡馆。她想进去吃点东西，驱驱寒气，再继续赶路回家。

侍者走过来，递给她一条干净的毛巾擦干她湿漉漉的头发。她面带甜甜的微笑，是那种虽然站了一天却也抹不去的微笑。老太太注意到女侍者已有近8个月的身孕，但她的服务态度没有因为过度的劳累和疼痛而有所改变。

老太太吃完饭，拿出100美元付账，女侍者拿着这100美元去找零钱。而老太太却悄悄出了门。当女侍者拿着零钱回来时，正奇怪老太太去哪儿了，这时她注意到餐巾上有字。是老太太写的，女侍者眼含热泪读道："你不欠我什么，我曾经跟你一样。有人曾经帮助我，就像我现在帮助你一样。如果你真想回报我，就请不要让爱之链在你这儿中断。"

晚上，下班回到家，躺在床上，她心里还在想着那钱和老太太写的话，老太太怎么知道她和丈夫那么需要这笔钱呢？孩子下个月就要出生了，生活会很艰难，她知道她的丈夫是多么焦急。当他躺到她旁边时，她给了他一个温柔的吻，轻声说："一切都会好的。我爱你，乔。"

定义一个人的一生是否成功，不一定是用地位和财富来界定，而应该是看他是否能坚持良善的真心，利益他人的信念，不受动摇，至情无悔。

大爱无私，至善无痕。我们都应该怀着一颗慈悲的心，去帮助他人，做到至善至美，这也是人生之一大境界。

做人处事，时时刻刻要有至善的心，以一颗爱心惠及他人，不仅可以温暖他人，也能实现自己的生命价值。

古时候有个叫齐恒的人，自命清高，不喜与达官显贵来往，常常隐居乡间，吟诗作画，认为自己这样做是十分明智的。这天，齐恒从隐居的房舍里出来，走向一条小道，远远看到几个庄稼汉正在辛劳地种着秧苗，觉得好玩，便上前观看。

齐恒问其中一个老农："除了种田，你还会干别的吗？"

老农摇摇头，说："我是个庄稼人，没有什么别的本事，只会干农活，特别是对种葫芦很有方法。能在集市上卖出很高的价钱，官老爷也专门从我这里买葫芦。去年开始，我把种葫芦的方法教给了村里的乡亲，一年下来，大家都过上了好日子。"

齐恒听后，对这个老农说："这么好的事情，你一个人享用不就好了吗？何必还要让大家都学会种葫芦。你自己有了安定的生活，就不用大热天的还在田里干活，就能像我这样逍遥自在。"

老农听后，沉思了一会儿，说："我有一个大葫芦。它不仅坚硬得像石头一般，而且皮非常厚，以至于葫芦里面没有空隙。我想把这只大葫芦送给您。"

齐恒说："葫芦嫩的时候可以吃，老了不吃的时候，它还能盛放东西。可是你说你的这个葫芦不仅皮厚，没有空隙，而且坚硬得不能剖开，像这样的葫芦既不能装物，也不能盛酒，我要它有什么用处呢？"

老农笑道："先生说得对极了，不过先生是否考虑过这样一个问题，您隐居在此，空有满脑子的学问和浑身的本领，却对他人没有一点益处，您同我刚才说的那个葫芦不是一样吗？"

一个人即便怀惊天才能，然而不能惠及别人，也不过是瓷的花瓶，摆设而已，于己、于人乃至于国都不会有意义。在老农看来，这就是齐恒最为失败的地方。一个人只顾及自我，而忘记他人，表示这个人走到了荒芜之地，脚下虽有零星孤叶，放眼望去，却是满目凄凉。

我们很难估量做好事对一个人生命价值的影响有多大。

大爱无私，做善事并不是为了引起别人的关注，生命需要我们做的是敞开心扉爱他人，真诚地爱他人，去宽慰失意的人，安抚受伤的人，激励沮丧泄气的人。

至善无痕，领悟王阳明的智慧：心原本就是无善无恶，所以其出发点可以为善、可以为不善，一切都是心为主宰，那就让心就像玫瑰花一样散发芬芳吧。

3.君子养心莫善于诚

志道问："荀子云：'养心莫善于诚。'先儒非之，何也？"先生曰："此亦未可便以为非。'诚'字有以工夫说者。诚是心之本体。求复其本体，便是思诚的工夫。明道说'以诚敬存之'，亦是此意。大学'欲正其心，先诚其意'。"

——王阳明

一天，弟子管志道问道："荀子说'养心最好的办法就是思诚'，但程子并不赞成这个观点，这是为什么？"

王阳明回答说："这也不能就认为不对。'诚'字也可以从存养身心上来理解。'诚'是心的本体，要恢复心的本体，就要思诚。程颢先生说'用诚敬的心存养它'，也是这个意思。《大学》里说'要端正人心，必须先端正他的思想'，也是如此。"

在王阳明看来，用诚敬的态度生活，就是致良知——恢复心的本体的表现。

佛家有一句话:"心香一瓣,有诚则灵。"是说看一个人是要从心而论的。当然这不是说没必要修行了,不然,打着"心香"的旗号,胡作非为,岂不是戏弄了佛家的宽容与智慧。

早在春秋战国时期,圣人孔子就感叹人们"诚心"的日渐趋下,发出"吾不欲观之矣"的喟叹。古代的礼,是国家的大典,全民的大典,皇帝要斋戒沐浴七天或三天以后,才代表全民出来主祭,而且要全副精神,诚心诚意,十分郑重,绝对不可马虎。但随着当时文化的衰败,即便在郑重的礼上,人们也不再心诚:礼开始以后,主祭者端上一杯奉献神的酒以后,就想赶快走了,隆重的祭礼不过是在走形式,应付了事。这样的情形,才让孔子感叹:"我实在不想看下去了。"为什么不想看?就是因为勉强、作假,而丧失了这件事的实际精神。

现在社会上的许多事情都逐渐走向"形式主义",心里完全没有肃庄恭敬的诚意,完全是为了做而做,为了结果而做,失去了诚心,也就失去了做事的意义,自然也就享受不到做事的快乐。

在一个禅者看来,所有问题的出现,都源自心,而所有问题的解决,同样源自心。

有一天,奕尚禅师起来时,刚好传来阵阵悠扬的钟声,禅师特别专注地聆听。等钟声一停,他忍不住召唤侍者,并询问:"刚才打钟的是谁?"

侍者回答:"是一个新来参学的和尚。"

于是奕尚禅师就让侍者把那个和尚叫来,并问:"你今天早上是以什么样的心情在打钟呢?"

和尚不知道禅师为什么问他,于是说:"没有什么特别的心情啊!只是为打钟而打钟而已。"

奕尚禅师说:"不见得吧?你在打钟的时候,心里一定在想着什么,因为我今天听到的钟声,是非常高贵响亮的声音,那是真心诚意的人才会打出的声音啊。"

和尚想了又想，然后说："禅师，其实我也没有刻意想着什么，只是我尚未出家参学之前，一位师父就告诉我，打钟的时候应该想到钟就是佛，必须要虔诚、斋戒，敬钟如敬佛，用一颗禅心去打钟。"

奕尚禅师听了非常满意，再三叮嘱说："往后处理事务时，不要忘记持有今天早上打钟的禅心。"

我们可以想象，那个小和尚在将来一定可以修成正果，原因就在于他虔诚的佛心。

心诚不诚，也许骗得了别人，但终归骗不了自己。虽然，结果的好与坏也存在着许多不确定因素，但总有一些因素是由心而定的。忠诚地对待自己的理想、真诚地对待自己的学业和事业、坦诚地对待自己的亲朋……好的结果就会出现，忠诚度、真诚度、坦诚度越高，好的结果就会越早出现。

心诚则灵，怀着一颗永不放弃、至死不渝的真诚心，就会给人带来永不言败、锲而不舍的精神意念，好的结果自然水到渠成。很多成功的人，正是因为有了一颗虔诚的心，才成就了一番伟大的事业。因此，无论外界如何喧嚣，我们都要固守一颗虔诚的心。虔诚的心中是对正念的把握，是对信念的秉持。纤尘不染，杂念俱无，集念于一处，力量就是最大的。

无论外界如何喧嚣，我们都要固守一颗虔诚的心。虔诚的心中是对正念的把握，是对信念的秉持。纤尘不染，杂念俱无，集念于一处，力量就是最大的。

4.至爱至善,不为行善而行善

> 且如事父,不成去父上求个孝的理;事君,不成去君上求个忠的理;交友治民,不成去友上民上求个信与仁的理。

> ——王阳明

王阳明认为,如果人们为了行善而行善,就不是真正的仁者。就好比,侍奉父亲,不是为了从父亲那里得到"孝"的美名;辅助君王,不是为了从君主那里得到"忠"的称赞;结交朋友、治理百姓,也不是为了从朋友或百姓那里得到"守信"和"仁爱"的赞誉。

《论语·先进》中写道:"子张问善人之道。子曰:'不践迹,亦不入于室。'"意思是说,子张问怎样算是一个好人,怎样做才叫行善?孔子的答复是:"不践迹,亦不入于室。"什么叫"不践迹"呢?就是不留一些痕迹。我们可以借用庄子所说的"灭迹易,无行地难"来加以理解。我们在电影中时常看到坏人的一些做法:他们一般在作案的时候要戴上手套,做了之后还要毁尸灭迹,让警察追查不到他们的行踪。如果人们把这种"不践迹"的态度用到行善做好事上,就能很好地致良知,让世界更和谐。

做人要善良是人人都懂得的道理,可是有多少人能够做到呢?"诸恶莫做,众善奉行"说起来很简单,可是做起来是非常的不容易,大爱无私,真正的做善事不是为了引起旁人的欣赏和注意,而是真心地为他人着想,去宽慰失意之人,抚慰伤心之人。现在社会中有很多行善的人,往往高调地向世人宣布,自己为某某灾区捐了多少钱,拿了多少东西,其实这到底是不是真的善良,我们无法界定。我们只知道,评价一个人不是看他有多成功,也不是他有多大的财富,而是看一个人有多大的爱心,有多少至真至善的心。

2007年2月16日,在德克萨斯州的一座庄园里,刚刚卸任的联合国秘书长安南举行了一场慈善晚宴,应邀参加晚宴的都是富商和社会名流。当一个叫露西的小女孩捧着她的全部积蓄来到庄园,要求参加这场慈善晚宴的时候,遇到了保安的阻止。

"叔叔,慈善的不仅是钱,还是心,对吗?"小露西问道。她的话让保安愣住了。"我知道受邀请的人有很多钱,他们会拿出很多钱。我虽然没有那么多,但这是我所有的钱。如果我不能进去,请把这个带进去吧。"小女孩把手中存有所有积蓄的瓷罐递给保安。

保安犹豫了,他不知道接还是不接。小女孩的话打动了前来参加晚宴的巴菲特先生,他带小露西进了庄园。出人意料的是,当天慈善晚宴的主角不是慈善晚宴的倡议者安南,也不是捐出300万美元的巴菲特,而是仅仅捐出了30美元25美分的小露西。她赢得了人们真心的赞美和热烈的掌声,而晚宴的主题标语也变成了这样一句话:"慈善的不是钱,是心。"

小露西的内心多么善良、纯真!爱心是不能用钱多钱少来衡量的,30美元25美分相对300万美元来说不值得一提,然而,这却是一位善良小女孩的全部积蓄。她奉献出了自己所有的爱心,毫无保留!

生活中,一些人做好事是希望别人对他感恩戴德,或是希望别人能看见他做了好事,那么这样的人其实并不算是真正做好事。孔子认为,一个真正行善的人是不会让人感觉到他做事的痕迹的。可见,孔子对于行善的标准很高,有点像今天我们所说的"做好事不留名",但是比这个的标准要高一点。孔子还强调做好事应该注意方法,比如你伤害了别人的自尊,那你的行善就不能算是行善。

在某一家出售葡萄干布丁的商店里,一到圣诞节期间,就会陈列出许多这类美味的食品,琳琅满目,摆成一排供顾客选购。你可以挑选最合你口味的品种;甚至还允许顾客把各色布丁都尝完以后,才决定买什么或是否购买。

我常常纳闷,这种对顾客的优待会不会被一些根本无意购买的人所利用。有一天,我出于好奇,就去问店里的那位女售货员,从她那儿我得知,事情正是如此。

"有这么一位老绅士,"她告诉我,"几乎每个星期他都要来光顾一回,各色各样的布丁他都要尝一点,尽管他从来什么也不买,而且我怀疑他永远也不会买。我记得他从去年,甚至前年就开始是这样啦。噢,他要真的那么想尝,让他来好啦,欢迎品尝。我还希望有更多这样的商店,都可以让他分享一份。看来他确实需要,我想这些商店也不会在乎这点东西。"

她还没说完,这时就有一位上了年纪的绅士缓步走近柜台,开始兴味浓厚地仔细察看眼前的这一排布丁。

"你瞧,正说到他,那位老先生就到了。"女售货员轻声对我讲,"现在你只需在一旁观看就行啦。"她转身对那人说道,"先生,您尝尝这些布丁吗?您可以用这个匙子。"

这位老先生真如小说家笔下的人物,衣冠虽然破旧,却十分整洁,他接过匙子,便开始急切地一个接一个地品尝起各色各样的布丁来,偶尔也会停下来,从他那件破旧外套的前胸口袋里,掏出一条破烂的大手巾,擦擦他红红的双眼。

"这一种味道很好,"他宣称,当他尝另一种时又说,"这种也不错,只是稍欠松软。"自始至终都很明显,他真心诚意地相信自己最终会从中挑选一种的。我确信,他一点也不觉得自己在欺骗商店。可怜的老头儿!大概他已经家道破落。从前他也能够来选购他最喜爱的布丁,然后夹在腋下拿回家去。打他家境衰败以来,他就只能到商店里来品尝品尝味道了。

圣诞节的各类商店里,生意兴隆,一派喜气洋洋的景象。这个老头儿矮小黑色的身影，在这种热闹的气氛中，显得非常不相称，甚是悲哀可怜。我突然动了恻隐之心，大发慈悲——这种情形很多时候带来的不是欢乐，而是痛苦。我走上前去，对他说道："请原谅，先生，我愿意为您买一个品种的布丁。如蒙赏脸笑纳，我深感欣慰。"

他蓦地往后一退，仿佛被什么东西刺痛了似的，他那满是皱纹的脸孔一下子涨得通红。

"对不起，"他说，其神态之高傲，远非我根据其外表所能想像得出，"我想我与你并不相识。无疑你是认错人了。"他于是当机立断，转向售货员，大声说道："劳驾把这一个替我包装一下，我要带走的。"他指了指最大的、也是最贵的一块布丁。

女售货员惊讶地从架上取下那块布丁，开始把它包成一包。而他呢，掏了半天掏出一个破旧的黑色小皮夹子，点了点数，将几个先令和六便士的硬币放在柜台上。

一个真正行善的人，在帮助他人时绝不会表现得像一个高高在上的施舍者，这是对他人人格的尊重。由此可见，做一个真正的仁者也不是那么简单的事情。

为了行善而行善，那不是真正的行善，更多的是为自己博取"仁"的美名。真正的行善，应该是"好事不留名"，帮助他人的同时也顾及他人的自尊，这也是王阳明所认可的仁爱精神。

5.仁者以天地万物为一体

仁者以天地万物为一体,使有一物失所,便是吾仁有未尽处。

——王阳明

在王阳明看来,仁爱的人把天地万物都看做一个整体,如果有一物失常,就是自己的仁爱还有不完善的地方。

为了进一步阐述天地万物共为一体的道理,王阳明又进一步说:"禽兽与草木同是爱的,用草木去养禽兽,又忍得?人与禽兽同是爱的,宰禽兽以养亲,与供祭祀,燕宾客,心又忍得?至亲与路人同是爱的,如箪食豆羹,得则生,不得则死,不能两全,宁救至亲,不救路人,心又忍得?"意思是说,人们既然同样喜爱动物与草木,怎么忍心拿草木去饲养禽兽?同样热爱人与禽兽,为什么忍心宰杀禽兽去供养父母、祭祀和招待宾客呢?对至亲的人与路人同样充满仁爱,但是如果只有一箪食、一豆羹,无法保全两方的性命,怎么能忍心只让至亲的人吃了活命,让路人饿死呢?

《论语》中记载,樊迟问孔子什么叫仁。孔子说:"能够爱一切人就是仁。"孔子所说的"一切人"并不单指人类这一种生命,而泛指世界上的一切生命,这才是圣人的"仁"。由此可见,孔子的仁是建立在人类最高可能的平等性基础上的,是没有半点私心的。

《庄子·内篇·大宗师第六》中写道:"有亲,非仁也。"就是说,只要带有一点私情,就已经够不上仁了。佛家讲慈悲平等,则是爱一切众生。仁爱是爱天下,没有私心。有所亲,有所偏爱,就不是仁的最高目的了。

有一个农夫的妻子去世了,农夫请无相禅师到家里来为他的亡妻诵经超度。佛事完毕以后，农夫问道："禅师，您认为我的妻子能从这次佛事中受益多少呢？"

无相禅师如实回答道："佛法好像慈航，普度众生；好像日光，遍照大地。不只是你的妻子可以从中受益，一切有情众生无不得益。"

农夫听了有些不满意："我就知道是这样的，可是我的妻子很娇弱，其他众生也许会占她便宜，把她的功德夺去。请您这次只单单为她诵经超度，不要回向给其他的众生，可以吗？"

无相禅师慨叹农夫的自私，但仍慈悲地开导道："回向是好事情啊！你看，天上太阳只有一个，但万物皆得其照耀，一粒种子可以生长万千果实。你应该用你的善心点燃这一根蜡烛，去引燃千千万万支蜡烛，这样世间的光亮就会增加几千万倍，而且那支蜡烛并不会因此而减少亮光。如果人人都能抱有这样的观念，那么我们每一个人都会因千千万万人的回向，而得到无量的功德，何乐而不为呢？"

农夫想了想，知道无法说服禅师，只好让步："好吧，这个教义很好，但是……但是……"农夫吞吞吐吐地说道，"还是要请法师破个例，我有一位邻居，平常总是欺侮我，如果能把他除去，使其在一切众生之外就好了。"

无相禅师严厉地说道："既然是一切众生，哪里来的除外？"

佛法的功德在于普度众生，岂有为一人超度之理？在王阳明看来，如果人们能够消除内心爱与憎的区分，把天地万物看成一个整体，爱一切人、事，就能重拾通透的良知，获得人生的成功与幸福。

6.仁出者仁进,福往者福来

> "意在于仁民爱物,即仁民爱物便是一物。"
>
> ——王阳明

正德年间,宁王朱宸濠叛乱,时任赣南巡抚的王阳明手里既没有平叛的兵权也没有平叛的御旨,打倒朱宸濠的叛军对他来说不是责任也不是义务,但是他却毅然挑起了平叛的重任,为的不是别的,就是为了报国救民,为的就是使千千万万的无辜百姓免受硝烟战火的蹂躏和摧残。也正是因为王阳明对于百姓的爱和付出,当他义旗高举的时候在短短十几天内就获得了众多百姓的支持。平叛后,智勇双全的王阳明也自然受到了黎民百姓的爱戴。

"爱出者爱返,福往者福来。"为他人奉献善心,为社会造福祉,他人和社会必定会以善回报于我们。这就好比因果循环,我们种下了什么样的因,也将会收获什么样的果。

人们之所以不快乐,是因为不明白仁爱的道理。往往忽视了自己也是需要付出的,而去一味地寻求结果,结果只会导致不分青红皂白地怨天尤人,抱怨自己没有得到幸福和快乐。福往与福来间,我们都要为自己的举动负责,因果之间不只是简单的报应关系,而是一种对责任的深化。如果心中有爱,胸中有福,不是一人独享,而是与人分享,那人生又有什么苦恼可言呢?

孟子在与邹穆公对话时,引用了曾子的话,"出乎尔者,反乎尔者也",这都是因果报应的观念。古今中外,一切事情都逃不开这个因果律。因果,最简单的解释,就是"种什么因,得什么果",这是自然界的普遍法则,世界上没有任何一种结果不是从它的原因生成,正所谓"种瓜得瓜,种豆得豆",福往者才能福来。关于因果之缘的古今轶事,实在不胜枚举。

春秋时期，秦穆公在岐山有一个王室牧场，饲养着各种名马。有一天几匹马跑掉了，管理牧场的牧官大为惊恐，因为一旦被大王知道，定遭斩首。牧官四处寻找，结果在山下附近的村庄找到了部分疑似马骨的骨头，心想，马一定是被这些农民吃掉了。牧官大为愤怒，把这个村庄的三百个农民全部判以死刑，并交给穆公。

牧官怕秦穆公震怒，于是带领这些农民向穆公报告说，这些农民把王室牧场里的名马吃掉了，因此才判他们死刑。穆公听了不但不怒，还说这几匹名马是精肉质，就赏赐给他们下酒。结果这三百个农人被免除了死刑，高兴地回家了。

几年后，秦穆公与晋惠公交战，陷入绝境，士兵被敌军包围，眼看快被消灭，穆公自己也性命堪忧。这时敌军的一角开始崩裂，一群骑马的士兵冲进来，靠近秦穆公的军队协助战斗，这些人非常勇猛，只见晋军节节败退，最后只得全部撤走，穆公脱离险境。到达安全地点后，穆公向这些勇敢善战的士兵表达自己的谢意，并问他们是哪里的队伍。他们回答说：我们是以前吃了大王的名马，而被赦免死罪的农民。

秦穆公的善举最终获得了好的回报。因果也就是这个道理，一念之善救人救己，人生就是如此。一个人在其漫长的一生中所走的每一步，都已为明天埋下了伏笔。我们所做的每一件事，都如同我们撒下的一粒种子，在时光的滋润下，那些种子慢慢生根、发芽、抽枝、开花，最终结出属于自己的果实。我们自己所种下的因，遇到适合的条件就会产生一个结果。在这个世界上，因果自有定，做人不执著，不自私，不占有，为而无为，所得与所想，虽常不一致，但皆由人自己制造。

我们种了什么种子，自然结出什么果子。善得善果，恶得恶果。

一个穷苦学生为了付学费,挨家挨户地推销货品。到了晚上,发现自己的肚子很饿,而口袋里只剩下一枚硬币。然而当一位年轻貌美的女孩子打开门时,他却失去了勇气。他没敢讨饭,却只要求一杯水喝。女孩看出来他饥饿的样子,于是给他端出一大杯鲜奶来。

他不慌不忙地将它喝下,并且问:"应付多少钱?"

而她的答复却是:"你不欠我一分钱。母亲告诉我们,不要为善事要求回报。"

于是他说:"那么我只有由衷地谢谢了!"

当他离开时,不但觉得自己的身体强壮了不少,而且信心也增强了起来,他原来已经陷入绝境,准备放弃一切的。

数年后,那个年轻女孩病情危急。当地医生都已束手无策。家人终于将她送进大都市,以便请专家来检查她罕见的病情。

他们请到了郝武德·凯礼医生来诊断。当他听说,病人是某某城的人时,他的眼中充满了奇特的光辉。他立刻穿上医生服装,走向医院大厅,进了她的病房。

医生一眼就认出了她。他立刻回到诊断室,并且下定决心要尽最大的努力来挽救她的性命。从那天起,他特别观察她的病情,经过漫长的奋斗之后,终于让她起死回生,战胜了病魔。

最后,计价室将出院的账单送到医生手中,请他签字。医生看了账单一眼,然后在账单边缘上写了几个字,就将账单转送到她的病房里。

她不敢打开账单,因为她确定,需要她一辈子才能还清这笔医药费。

但最后她还是打开看了,而且账单边缘上的一些东西,特别引起她的注意。

她看到了这么一句话:"一杯鲜奶足以付清全部的医药费!"签署人:郝武德·凯礼医生。

世间的爱就犹如这因果一样可以循环。爱，给予别人，不见得有直接的回报，但最终也会循环到自己身上。如果每个人在爱护自己的同时，也去关爱别人，那么最终自己也能得到更好的爱护。

爱出者爱进，福往者福来。世间的爱与福皆在这因果当中，等着我们去播撒与收获。

7.将心比心，推己及人

"亲民"犹如《孟子》中的"亲亲仁民"，亲近就是仁爱。

——王阳明

《论语》说："仁者，爱人。"仁爱就是人性中应该有的朴素和美丽。在王阳明看来，仁爱也是人性中的"善"，王阳明一生中无论是被贬龙场还是平叛，他始终和百姓保持着亲密的联系，以仁爱之心对待百姓。

仁爱思想讲究付出、不计回报，提倡扶危济困、尊老爱幼。自古以来受到儒家仁爱思想影响的先贤不计其数，他们的仁爱之道常能达到推己及人的程度。诗人屈原，还在幼年时就怀有悲天悯人的情怀。

当时正逢连年饥荒，屈原家乡的百姓们吃不饱穿不暖，时有沿街乞讨、啃树皮、食埃土者，幼小的屈原见之不禁伤心落泪。

一天，屈原家门前的大石头缝里突然流出了雪白的大米，百姓们见状，纷纷拿来碗瓢、布袋接米，将米背回家。不久，屈原的父亲便发现家中粮仓里的大米越来越少，他感到很奇怪。有一天夜里，他发现屈原正从粮仓里往外背米，便将屈原叫住，一问才知道原来是屈原把家里的米灌进了石缝里。乡亲们知道了真相都很感动，连连夸赞屈原。

父亲没有责备屈原，只是对他说："咱家的米救不了多少穷人，如果你长大后做官，把地方管理好，天下的穷人不就有饭吃了吗？"自此屈原勤奋学习。屈原成人后，楚王得知他很有才能，便召他为官，管理国家大事。他为国为民尽心尽力，为后世所称颂。

屈原的这份朴素和美丽发源于心，由内而外，是人性中最质朴而绵长的一种情怀。"仁"是儒家学说中最重要的一个概念。在儒学鼻祖孔子的眼里，无论是"好仁者"还是"恶不仁者"其实都有一颗仁爱的心，人性本善的另一层意思就是人性本仁。而"己所不欲勿施于人"也是一种仁爱的表现。如果我们给别人东西，最好想象一下对方或自己到底想不想要，如果连自己都不想要，那么最好还是把这个东西拿回去。

每个人在社会上都不是孤立的，周围有许多与自己共同学习、工作和生活的人，为使学习顺利、事业成功、生活幸福，人们都愿意建立良好的人际关系。而推己及人则是实现人际关系和睦、融洽的重要之道。要做到推己及人，首先要做到"己所不欲勿施于人"，然后再进一步做到"己欲立而立人，己欲达而达人"。也就是孔子所说的"推己及人可谓仁之方也"，一个有仁德的人，自己想要站得住，同时也要帮助别人站得住，自己想要事事行得通，同时也要帮助别人事事行得通。推己及人，将心比心地为别人设想一下，这并不是一条高不可及的教条。其实，无论君子妇孺，这剂仁之方都同样适用。

南宋诗人杨万里的妻子七十多岁了，每到天寒时都早早地起床，然后径直走进后院的厨房里，熟练地生火、烧水、煮粥。满满的一大锅粥要熬上很长时间才行，杨夫人静静地等着。过了一会儿，清甜的粥香顺着热气渐渐充满了厨房，飘到了院子里。

院子的另一边，仆人们伴着这熟悉的香气陆陆续续地起床了，洗漱完毕后，到厨房接过杨夫人亲自给盛的满满一大碗热粥喝了起来，身心感到很温暖。

杨夫人的儿子杨东山看到母亲忙碌了一早晨，心疼地说："天气这么冷，您又何苦这么操劳呢？"夫人语重心长地说："他们虽是仆人，也是各自父母所牵挂的子女。现在天气这么冷，他们还要给我们家里做活。让他们喝些热粥，胸中有些热气，这样干起活来才不会伤身体。"

杨夫人之所以能说出如此慈悲为怀的话，就是因为她是一个心地善良，懂得体贴与关怀的好人。她会设身处地体会别人的切身感受，所以能够为别人着想。她的做法，既教育了儿子，也温暖了仆人们的心。

虽然是生活中的小场景，但是由此推想，小中亦可见大，我们行走在这个社会当中，自己不想要的，也不要强加给别人，再进一步，自己想要立足，就要能够大度地让别人也能立足。

生活中，我们大多数人都是小人物，但只要从爱出发，一路与爱相伴，生命就会获得本质的诗意和快乐。王阳明在庐陵任县令时，曾向当地百姓发过一道文告，其中有一条是要求民众懂得谦让礼仪，做一个善良的人。王阳明认为只有善良才能够让家庭得到安乐，才能够保全财产。

一粒种子落进大地，大地就会为它长出一片绿色；一片云彩依偎在天空，天空就会为它带来丰沛的降水；万物把萌发的心愿交给世界，世界便呈现出盎然与蓬勃。天地万物数不胜数，其中最能够打动人的莫过于一颗善良的心。

8.养一身浩然正气

"是集义所生者,非义袭而取之也。"

——王阳明

王阳明奉旨前往广西平乱,到了之后,他了解到汉族官兵与少数民族之间的矛盾是引起当地少数民族起义的原因。王阳明认为如果以武力进行压迫,可能会使双方的矛盾越积越深,这样冤冤相报何时才能了。于是,王阳明开始寻找机会,想要缓解双方的矛盾。

这个时候,王阳明获知起义首领哈吉的母亲卧病在床。王阳明赶紧派跟随自己的医生去给哈吉的母亲看病。不出几日,在医生的治疗下,哈吉的母亲能够下床走路了。但是出于双方是敌对关系,哈吉并没有过多的表示。之后,哈吉从医生的口中听说了王阳明为人,而且得知用来医治母亲病的药都是王阳明自己本人所必需的。王阳明在哈吉心中的好印象大为加深。

随后,王阳明写了一封信给哈吉,实事求是而又诚恳谦虚地劝哈吉要从大局出发,和睦相处为妙。哈吉早已被王阳明高尚的人格所折服,这封信正好说到了他的心坎里。就这样,王阳明未用一兵一卒,只是晓之以理,动之以情,便解决了叛乱问题。

孟子说养气修心之道,虽爱好其事,但一曝十寒,不能专一修养,只能算是知道有此一善而已;必须在自己的身心上有了效验,才算有了证验的信息;进而由"充实之谓美"直到"圣而不可知之谓神",才算是"吾善养吾浩然之气"的成功。

何为浩然正气?一谓至大至刚的昂扬正气;二谓以天下为己任、担当道义、无所畏惧的勇气;三谓君子挺立于天地之间无所偏私的光明磊落之气。浩然正气便是由这昂扬正气、大无畏的勇气以及光明磊落之气所构成。有些人表面上很魁伟,但与之相处久了就觉得他猥琐不堪;有些人毫不起眼,默默无闻,却能让人在他的平淡中领略到山高海深的浩然正气。正是因为后者具有正直如山的品质,才能让人感受到他的一身正气。

南宋末代丞相文天祥曾经说:"人生自古谁无死,留取丹心照汗青。"文天祥一生为国操劳,最终为国捐躯,虽寿不过五十,但他的一片丹心却流传千古,永垂不朽。

文天祥是南宋末年的抗元英雄,他少年时期便敏而好学,年仅21岁便高中状元,因为当时朝廷奸臣当道,所以一直不得重用。咸淳十年(1274年)七月,度宗病死。贾似道抑长立幼,扶四岁的赵显继位,即宋恭帝。九月,20万蒙古铁骑由丞相伯颜统领,分两路进攻南宋。各地宋军将官在铁骑压境时纷纷叛变。

无奈之下,太皇太后下了一道《哀痛诏》,述说继君年幼,自己年迈,民生疾苦,国家艰危,希望各地文臣武将、豪杰义士,急王室之所急,同仇敌忾,共赴国难。文天祥于是起兵勤王,两年时间内,转战大江南北。祥兴元年(1278年)十二月二十日,文天祥在五坡岭不幸战败被俘。

蒙元的元帅汉奸张弘范率水陆两路军队直下广东,要彻底消灭南宋流亡政府。文天祥被他们用战船押解到珠江口外的伶仃洋(又称零丁洋,今属广东省)。张弘范派人请文天祥写信招降张世杰,文天祥当然坚拒写招降书,但写了一首七言律诗,表明自己的心迹。这便是名流千古的《过零丁洋》。

文天祥被俘后,起先被押到广州,张弘范对他说:"南宋灭亡,忠孝之事已尽,即使杀身成仁,又有谁把这事写在国史?文丞相如愿转而效力大元,一定会受到重用。"文天祥回答道:"国亡不能救,作为臣子,死有余罪,怎能再怀二心?"

大元为了使他投降，决定把他押送元大都，忽必烈下了谕旨，拟授文天祥高官显位。投降元朝的宋臣王积翁等写信告诉文天祥，文天祥回信说："管仲不死，功名显于天下；天祥不死，遗臭于万年。"

元朝统治者见高官厚禄未能使文天祥屈服，又变换手法，用酷刑折磨他。大元丞相孛罗威胁他说："你要死，偏不让你死，就是要监禁你！"文天祥毫不示弱："我既不怕死，还怕什么监禁！"

文天祥誓死不降，元朝统治者也渐渐失去了耐心，于是决定处决文天祥，消息一出，数万百姓就聚集在街道两旁为他送行。从监狱到刑场，文天祥走得神态自若，举止安详。行刑前，文天祥问明了方向，随即向着南方拜了几拜，随后便英勇就义。

古今之成大事者，心中都有大气象。正是"笑览风云动，睥睨大国轻"，"俯仰天地之气概"，"力拔山兮气盖世"，乃浩然正气也。

诸葛亮等文人志士则体现为"名士风流"。三国时期的诸葛亮，羽扇纶巾，貌似轻松淡定、潇洒自如，实则神机妙算、运筹帷幄。西晋开国元勋羊祜，平日一副松洒打扮，飘逸十足，甚至在打仗的时候，仍不失其雍雅的风度。魏晋名士大多旷达风流，放任自流，毫不矫揉造作，痛快淋漓。

不管是英雄本色，还是名士风流，都具备孟子所说的"浩然正气"。"其为气也，至大至刚，以直养而无害，则塞于天地之间。其为气也，配义与道；无是，馁也。是集义所生者，非义袭而取之也。"有志之士当养浩然正气，大者壮我泱泱中华之神威，小者在为人处世中光明磊落、至情至性。

养浩然正气并非易事。《孟子》中有言："是集义所生者，非义袭而取之也。"在孟子看来，浩然正气是正义的念头日积月累所产生的，不是一时的正义行为就能得到的。关于"集义"，王阳明认为做每一件事都应符合良知的要求，这样才能使心中的浩然之气壮大起来，再遇到其他事情就更能以良知为指导，从而达到"从心所欲不逾矩"的中庸境界。由此看来，要养浩然正气，就要做正直之人，诚实地对待生活中的每一件小事，日积月累，不断壮大。

　　浩然正气是人的精神"脊梁"，是抵御歪风邪气的"屏障"。正气长存，则邪气却步、阴霾不侵；正气长存，则清风浩荡，乾坤朗朗。要保持浩然正气，就必须"一日三省吾身"，做到自重、自省、自警、自励，时时处处以激浊扬清、弘扬正气为己任，使正气日盛，邪气渐消，引领整个社会不断走向正义和文明。此乃君子之道也。

第十章

事之道：入乎其内，出乎其外

1.人须在事上磨，才立得住

陆澄问："静时亦觉意思好，才遇事便不同，如何？"先生曰："是徒知静养而不用'克己'工夫也。如此临事，便要倾倒。人须在事上磨，方能立得住，方能静亦定、动亦定。"

——王阳明

陆澄有个疑惑："平时无事的时候觉得自己的修为很好，心境也不错，但一遇到事情就不同了，心乱导致手忙脚乱，什么事都做不成，这是怎么回事？"

王阳明告诉他："这是因为你只知道静养，而没有在实际事情上用'克己'的功夫。只知道静养，就会养成好静的毛病，这样面对突如其来的事情，心态就会乱，事情就会处理不好。所以呢，人必须通过做事来磨练自己的心志、磨砺自己的心境，这样面临事情时心才不会乱，处理事情才能从容不迫、游刃有余，才能做到'静时心也定，动时心也定'。"

每一次辉煌的背后都有一个凤凰涅槃的故事，经历磨难原本就是生命路途中一道不可或缺的风景。而生命，也总是在经历磨炼后更显价值。

磨炼对于一个人来说是一笔永远都无法被拿走的财富，青春可以逝去，容颜可以老去，但是经历的磨炼却永远都在那里。那些磨炼就像是人生中的一座座丰碑，当你走过去了，当你站在高高的山巅，你才会发现那些磨炼在人生的路上散发着最美的光芒。

王阳明在1507年的春天，被革去所有官职，踏上了山高水远的贬谪之路。一路上他逃过刘瑾的追杀，在福建行走在苍茫的大山之中，可想而知是如何的狼狈不堪。

如果说狼狈不堪是最坏的境遇，那么接下来的简直就是生死考验。王阳明奔走在山林之中，饥寒交迫，却无处投宿，好不容易看到一座寺庙，岂料那和尚竟然丝毫没有出家人的慈悲之心，毅然将他赶走。无奈之下的王阳明在黑夜之中继续赶路，好不容遇到一间残垣断壁的土地庙，于是进去之后便呼呼大睡，却哪里知道这破庙本是一只老虎的容身之所。夜半回家，老虎看到熟睡的王阳明，便开始狂吼，以示抗议，怎料熟睡之中的他硬是一动没动，无奈之下老虎摇摇尾巴让出了自己的地盘。

第二天，和尚见他毫发未损，于是请回庙中恭敬款待，也就是在这里，他与逃婚之夜见过的道士偶遇，自此打消了自己隐归山林的想法，随即在墙上留下一首诗："险夷原不滞胸中，何异浮云过太空！夜静海涛三万里，月明飞锡下天风。"

一个人只有在磨炼之中才能修炼自己的身心，才能淡然面对所有的事情。如果没有经过磨炼，遇到事情很难保持平静，也就不会处理好事情，更不要说有所成就了。

人活着并不是为了痛苦，但要活着却不能不承受痛苦。离开痛苦，人就会变得简单而肤浅，但如果你想方设法摆脱痛苦，那么活着也只是肤浅而简单。痛苦可以捶打出哲学思想，但你必须是一块钢铁；痛苦可以磨砺出卓越人才，但你必须是一把宝剑。

范仲淹，字希文，是唐宰相履冰的后代。在范仲淹只有两岁的时候，父亲就不幸得病去世了，为生活所迫，母亲改嫁山东长山一户姓朱的人家，从此，范仲淹也跟从朱姓人家改姓朱，名叫朱说。

范仲淹从小时候，就很有志向和操守，尤其喜爱读书。等到他长大了一些，从旁人的口中得知了自己的家世，明白自己原来是随母亲改嫁而到朱家的，他的心灵受到了很大的刺激和震动，哭泣着辞别母亲，独自一人前往南京求学。

来到南京后，范仲淹过着十分艰苦的生活。但他却以常人难以想象的毅力勤奋地读书，昼夜不息。

冬天寒冷的季节，是最考验一个人意志的时候，人往往会因为寒冷而懒怠下来。范仲淹有时疲倦到了极点，就用冰凉刺骨的冷水来洗脸，用这个办法来驱除倦意，振作精神继续读书。

寒冷和疲倦还容易战胜，最让一个人难熬的是食物的匮乏。自从范仲淹立志脱离朱家独立生活，他的衣食便很不充裕，食物极度缺少时，他便靠喝煮得很烂的粥来充饥。

如此艰苦的生活，常人很难忍受，而范仲淹从不叫苦。也许他心里有远大理想的支持，从来就不以这种清贫的生活为苦，而以潜心于书中追求知识和智慧为自己最大的乐趣。正像《论语》中孔夫子称赞颜回一样："贤哉，回也！一箪食，一瓢饮，在陋巷，人不堪其忧，回也不改其乐。"

一个同学看到范仲淹如此苦读，十分佩服，便将他的事迹告诉了父亲。

这位同学的父亲是南京的一个大官，听说儿子有范仲淹这样饿着肚子做学问的同学，很受感动，便叫人给范仲淹送去许多可口的饭菜。

然而，令这位同学感到奇怪的是，经过许多天，饭菜都放臭了，也不见范仲淹吃一口，便问这是怎么回事。

范仲淹很认真地说："老兄呀，我很感谢你的好意。不过要是现在我吃了这么好的饭菜，恐怕将来我就很难喝得下粥了。"同学听了更是感叹不已。

范仲淹经过努力，在1015年就中了进士，后来官至副宰相，推行庆历新政，成为了北宋著名的改革家，并留下了"不以物喜，不以己悲"、"先天下之忧而忧，后天下之乐而乐"的千古名句，为后人广为传诵。

诚然，"不经一番寒彻骨，怎得梅花扑鼻香？"没有经历过痛苦，就是一个不完整的人，生活也就是不完整的。经历重重苦难，跨越千山万水，生活才更完美、更充实；生命才会更有价值，也更有意义。

要想永远使自己超脱于痛苦之上，还得学会在无情的现实面前保持冷静的头脑。要懂得生在这个世上，就好像在爬大山，要从潜意识里相信自己摆脱困境的能力，要在心理上强硬起来，一切向前看。

2.耐心即悟性，做事切忌急于求成

问："近来用功，亦颇觉妄念不生。但腔子里黑窣窣的，不知如何打得光明？"

先生曰："初下手用功，如何腔子里便得光明？譬如奔流浊水，才贮在缸里。初然虽定，也只是昏浊的。须俟澄定既久，自然渣滓尽去，复得清来。汝只要在良知上用功。良知存久，黑窒窒自能光明矣。今便要责效，却是助长，不成功夫。"

——王阳明

无论修身养性，还是想要成就一番事业，一个人必须有足够的耐心才可以。人只有踏踏实实地用功，才可将内心的杂念清除干净，才能看到光明。在人生的路上，无论做什么事情，如果没有耐心，就算是很多都可以成功的事情也会办砸。

王阳明在龙场悟道之后，他看到的世界更大，更光明了起来，如今的王阳明早已经适应了龙场这块瘴疠肆虐、虎虫横行的土地。他开始自己的讲学事业，并开始与当地土著居民交往。在他刚来龙场之时，这里的老驿丞曾经告诫他的第一件事便是不能与陌生人说话，这陌生人也就是指当地的土著人，他觉得当地的土著人与他们这些中原之人原本就不是同类，这些土著人一旦发起火来，就跟魔鬼差不多，很是要命，关键是他们看上去时时刻刻都在发火，所以不能与他们有任何联系。

龙场的土著人，他们对于这位有气无力的中原人表现出了莫大的好奇。在他们的眼中，王阳明有时候非常勤奋，是一个正常之人。但是有时候他却是行为诡异之人。原来土著人看到王阳明种田、生火做饭、修造山洞实属正常，但是偶尔这个弱不禁风的中原人却像是一个神经病，要么自言自语，要么就在树林里瞎转悠，要么就是在空地之中一动不动地静坐着，觉得他实在是个怪人。并且有很长一段时间，土著人认为他比这山中的瘴疠和虎虫还要可怕；但是有时候看到王阳明在树林中与他们相遇，和蔼可亲地打招呼，又觉得他非常好。

时间久了，王阳明便连比划带说话地教给这些土著人如何耕种田地，如何种植粮食，还教他们修建房屋与水利，闲暇之余还为他们的小孩子看看手相，为妇女们把把脉，为老人们做寿衣。如此一来，当地的少数民族在王阳明的帮助下，不仅改善了居住环境，还住上了舒舒服服、像模像样的房子。在这过程中王阳明发现，这里的少数民族并不像传说中的那么笨，只要稍加指点，他们就会建造起属于自己的又美观又漂亮的新房子，而且这些房子还带着诸多的当地民族特色，煞是美丽。

不久之后，这些少数民族在当地一些人的组织之下，开始砍伐树木，挑土搬石头，在向阳方向的山坡之上修建起一所大房子。一个月之后，房子拔地而起，看上去大方漂亮。这些少数民族在建设完成之后邀请王阳明去参观。王阳明进入院落，发现整个宅院设计得非常合理，不仅有书房，还有亭院与主屋，除此之外还有花园与小路，可以说是错落别致，堪比江南的雅致园林。参观完之后，土著人跟王阳明说这是给他专门修盖的。王阳明看着那一张张朴实的面孔，还有那一双双真诚的眼睛，被深深感动，欣然收下这份大礼，并取名为"龙岗书院"。

从此王阳明开始了他在龙场讲学的生涯，他邀请这些土著人来听课，并且将周边那些喜欢读书的年轻人都吸引了过来，很多学生都非常喜欢听王阳明讲课，因为他讲课从来都是不拘一格，有时候会在户外，有时候会在空旷的山谷之中。他讲述的课程不仅有孔子周游列国的辛苦，更有孟子的果敢，庄子的洒脱以及荀子的睿智，除了这些，他还将自己追寻的"圣人之道，吾性自足"讲给大家听，告诉大家所有的人都能成为圣人，做人不可以自我贬低，自我否定。做事，做人都需要耐心，方可修行好身心，成就好事业。他还告诉学生们，富贵犹如尘沙，浮名如同飞絮。

在偏僻的龙场，在瘴疠与虎虫横行的大山之中，王阳明在附近妇孺皆知，而到龙岗书院前来求学的人们更是络绎不绝。佛家说境随心转，王阳明说心外无物。其实环境如何并不重要，重要的是一个人的坚持与耐心，王阳明凭借自己的耐心与对梦想的坚持，将龙场打造成为附近的人文中心。

耐心能使一个人平静,耐心不会遇事急躁、烦恼,耐心能保持活力,能让一个人拥有平静如水的心境,做任何事情越是心急火燎越是不能完成好,越是心平气和就越是能把事情做完美,所以耐心更是一种悟性,凡事欲速则不达,只有拥有了耐心,才能以最好的心态去创造生活的奇迹。

3.居上思下,处尊思贱

大抵七情所感,多只是过,少不及者。不过,便非心之本体,必须调停适中始得。

——王阳明

王阳明由兵部主事被贬至龙场时,生活异常艰难。为了生计,他不得不耕作种田。他深知百姓的智慧,不耻下问,询问其耕地种田之道,还咨询当地民风习俗,深受百姓的爱戴。

他在讲学的时候也如此。他授徒的最大特点就是把门人当朋友,没有训诫、没有体罚,寓教于乐,教学相长。他认同学生的智慧,从不强加自己的观点给学生。在他逝世后,明朝部分官员、门人还在继续他的事业,宣传他的思想、观点主张,就是为了纪念他的功绩,缅怀他对地方对人民的好处。

民间的智慧才是大智慧,王阳明虚心向百姓求教,谦卑与学生交谈,广纳四方意见,在学习和探讨中不断完善自己的哲学思想,这样的态度令人佩服。

《道德经》中说:"故贵以贱为本,高以下为基。是以侯王自称孤、寡、不谷。此非以贱为本邪?非乎?故至誉无誉,不欲琭琭如玉,珞珞如石。"意思是说：贵要以贱为本，高要以下为根基，因此，侯王自称孤、寡、不谷，这不就是以贱为本吗？不是吗？所以最高的荣誉就是没有荣誉，作为侯王最好不要表现自己，不要像玉那样显示它的光亮文采，宁可像石头那样朴实无华。

侯王本是高高在上的人，但依然自称孤、寡、不谷。即使我高贵为侯王，但我依然孤独，依然德浅才疏，因此希望百姓来帮助我，大臣来支持我。这就是处下，就是高以下为根本，贵以贱为根基。

众所周知，"水能载舟亦能覆舟"。意思就是说用之得当则有利，反之必有弊害。我们把舟比喻为君王，把水比喻为百姓；舟在上位，水在下位。如果船上的高贵者经常想到船下面的水，认识到这是自己之所以能高贵、高高在上的根本和基础，常常居上思下，处尊思贱，就不会发生危险。如果忘了根本、失去了根本，那么就危险了。

我们大家比较熟悉《三国演义》，刘备就是一个特别善于"处下"的人。

刘备的身份很高贵，属于东汉远支皇族的人。他是汉室宗亲，中山靖王刘胜的后裔，被称为皇叔。虽然当时的刘备已经穷得只靠编草席、卖草鞋勉强过日子，但是他的血统依然高贵。他这种出身很高的人，却愿意并能够"处下"，和关羽、张飞结拜成兄弟。张飞是什么人？是"卖酒屠猪"的。关羽地位也不高，而且是杀了人在江湖上避难的。刘备就能"处下"，三人在张飞家的桃园结义，于是找到了自己事业的基点。那时各地起兵镇压黄巾军，刘备也召集了一批人，想干出一番事业。刘备特别能发挥他善于"处下"的才能，不断地在"处下"中求生存，求发展。他先投靠过公孙瓒。后来他解了徐州之围，并投靠了徐州刺史陶谦（陶恭祖）。因为他善于处下，结果陶恭祖三让徐州，最后刘备做了徐州牧。

第一次，陶谦要把徐州让给刘备，很真诚地说了三条理由：一是自己年纪大了，精力不足了；二是两个儿子不肖，没有才能；三是你刘备是帝室之胄，德广才高。刘备推辞说："此事决不敢当！"刘备坚决不肯接受。关羽说：

"既然人家相让，兄长你就权领这州事吧！"张飞说："又不是强要他的州郡，把牌印拿来，我代你受了，不由我哥哥不肯。"可是刘备依然坚决推辞，甚至拔出宝剑，准备用自杀来表示不接受。最后刘备驻军在小沛。

第二次陶谦要把徐州让给他，刘备又坚决推辞了。

第三次陶谦病重了，临死时坚决把徐州让给刘备，最后刘备在群臣的要求下，又在徐州百姓哭拜在地的请求下，终于接受了管理徐州的大事。刘备在这样的一次次"处下"中获得了最广泛的民心，他当徐州牧就有了深厚的基础了。这就是他"处下"的智慧与结果。

再说徐州是陶谦让给刘备的，但是后来吕布又逼迫刘备把徐州让给他，刘备一观察形势，自己力量太小，搞不过吕布，不吃这个眼前亏，先"处下"，先咽下这口气，就把徐州让给了吕布。这是刘备的又一种"处下"。

后来刘备又投靠了曹操，他也善于"处下"。他用"处下"的方法，与曹操交往，保全自己。他知道曹操会监视他的动向，他就一天到晚在菜园里种菜，让曹操知道他是无用之辈。后来大家熟悉的"青梅煮酒论英雄"这一段，更加玄乎。青梅熟了，于是曹操邀请刘备边尝青梅，边饮酒，边谈论，目的却是考察他。曹操借天气气象说龙、说英雄，要刘备说出当时谁是天下真正的英雄。刘备说遍了天下的人物，像袁术、袁绍、孙策等等，就是不说曹操，也不说自己。最后曹操用手指指刘备，又指指自己，说："方今天下，惟使君与操耳！"刘备千方百计想要隐瞒起来的远大心志，自以为不为曹操所知，但是却被曹操一言说中。这一吓，吓得把筷子都掉到地上了。这时正好打雷下大雨，刘备极其"善为之下"，他马上弯腰去捡筷子，用自己历来胆子小怕打雷来掩饰。结果是换来了曹操的冷笑，认为刘备的确是个无用之人，英雄难道还怕打雷吗？这就瞒过了曹操。大家想想，如果刘备"处下"的功夫不修炼到家的话，那就有危险了。

后来他又投靠袁绍、刘表，在"处下"中前进，在"处下"中积聚力量，在"处下"中百炼成钢。特别是刘备"三顾茅庐"得到了诸葛亮这个大人才，从此三分天下。这里刘备为得人才而将"处下"的功夫表现得炉火纯青。

第一次，刘备去茅庐没见到诸葛亮，张飞怎样说的？张飞说："既然见不到，那咱们自个儿回去算了！"刘备怎么说？他说："不，再等待片刻！"关羽怎么说的？他说："倒不如暂时先回去，再派个人来探望，不算晚。"就这么几句话，三个人的人际交往的"处下"理念的档次全部反映出来了。档次最低的是张飞，中间的是关羽，最高的是刘备。

第二次，刘备是冒着风雪去拜访诸葛亮的，这就好像老天在考验他们"处下"的诚信度。果然张飞最有意见，他说："天寒地冻，打仗尚且都停了，难道还该跑这么远的路来看一个没有用的人吗？不如回新野去避避风雪吧！"刘备高水平啊，他说："我正要让孔明看看我的殷勤的情意，如果兄弟怕冷，你就先回去吧！"他要让孔明看到他的"处下"的诚信程度。但是没有碰到，只是遇到了诸葛亮的弟弟诸葛均、诸葛亮的岳父黄承彦。刘备回去后，转眼到了春天，他郑重其事地占卜，又斋戒了三天，又去拜访诸葛亮了。

第三次，刘备去卧龙岗时，关羽、张飞都很不乐意了，很有意见，拦住刘备不让去。他们两人认为，刘备已经去了两次，那份礼节也太过了。诸葛亮肯定是徒有虚名，所以避开，不敢见面。他俩的理念是"毋以贵下贱，毋以众下寡"。这就是，不要让尊贵者处于低贱者的下面，不要将众人处于一个人的下面。这就和老子的理念完全相反了。张飞甚至说："不用你刘备亲自去，我用一根麻绳把他捆了来。"《三国演义》水平很高，把人物一个个写活了。

最后刘备终于见到了诸葛亮，一番隆中对，果然让刘备豁然开朗，眼睛一亮，看到三分天下的美妙远景。但是当他邀请诸葛亮马上一同前往新野时，诸葛亮没有答应，说自己一向乐意耕锄，不能奉承遵命。于是刘备哭起来，哭得很苦，掩面而哭，把衣衿袍袖都哭湿了。后来诸葛亮终于被再次感动而出山了。

这里，刘备将"处下"的功夫表现得炉火纯青。处下是一种"虚怀若谷、吞吐万千"的气势风骨。处下不意味着低下,谦逊、尊贤,才能得到民众的爱戴。试想,王侯尚且如此,那么一般人更应该"处下",并时刻保持谦虚谨慎的态度。脚踏实地、虚心好学、任劳任怨,你自然容易获得周围人的信任;你平易近人、尊重人、理解人、关心人,自然广受爱戴,由高处不胜寒变为高处春暖意。到时候事业和成功自然是水到渠成。

4.功不独居,方可安身

古先圣人许多好处,也只是无我而已。无我自能谦,谦者众善之基,傲者从恶之魁。

——王阳明

当一个人名声很好时,不要自己一个人享有,分一些给他人,可以使自己远离祸害。当名誉受损的时候,不要推卸责任,要勇敢地承担,可以帮助自己韬光养德。这句话的演变就是来自于《菜根谭》中的:"完美名节,不宜独任,分些与人,可以远害其身;辱行污名,不宜全推,引些归己,可以韬光养德。"意思是说拥有完美名节,分些与人,无可厚非,而且还能帮助自己远离祸害。当名誉受损的时候,不宜全部推脱责任,自己承担一些,可以帮助自己韬光养德。

曾国藩曾把礼让功劳运用得游刃有余。他知道名和利不是自己可以独自享有的。

曾国藩就是一位知道礼让功劳的人,他明白要真正地赢得将士们的爱戴，名和利是最好的资本。因此，他从来不独享功劳，而总是推功于人。他说，凡是遇到名和利的事情，都要注意和别人分享。

曾国荃攻金陵久攻不下，但是又想独享大功，不愿意接受李鸿章的援军，曾国藩就写信开导他说：

近日来非常担心老弟的病，初七日弟交于差官带来的信以及给纪泽、纪鸿两儿的信于十一日收到，字迹有精神，有光泽，又有安静之气，言语之间也不显得急迫匆促，由此预测荃弟病体一定痊愈，因此感到很宽慰。只是金陵城相持时间很久却没有攻下，按我兄弟平日的性情，恐怕肝病越来越重。我和昌歧长谈，得知李少荃实际上有和我兄弟互相亲近、互相卫护的意思。我的意思是上奏朝廷请求准许小荃亲自带领开花炮队、洋枪队前来金陵城会同剿灭敌军。等到弟对我这封信的回信，我就一面上奏朝廷，一面给少荃去咨文一道，请他立即来金陵。

曾国藩在此委婉向曾国荃表达了希望李鸿章能够与他一同作战，同立战功的想法。但是李鸿章一方面看到曾国荃并不想他插手金陵，同时也不愿意借此揽功，就上报朝廷，一方面上报朝廷说曾氏兄弟完全有能力攻克金陵，另一方面又派自己的弟弟去帮助攻城。

攻下金陵后，李鸿章亲自前去祝贺，曾国藩带曾国荃迎于下关，说："曾家两兄弟的脸面薄，全赖你了。"李鸿章自然谦逊一番。曾国藩一再声称，大功之成，实赖朝廷的指挥和诸官将的用心协力，至于他们曾家兄弟是仰赖天恩，得享其名，实是侥幸而来，只字不提一个"功"字。

他还上书朝廷把此次战功归于朝廷的英明和将士们，不提自己和弟弟的辛劳。谈到收复安庆之事，他也是归功于胡林翼的筹谋策划，多隆阿的艰苦战斗。在其他战役中，曾国藩也总是把赏银分给部下，把功劳归于他人并加以保举，如此一来，既得到了将士们的心，鼓舞了战士们的士气，也让朝廷对他放心，这就是中国儒家文化在曾国藩心中点亮的一盏光而不耀的心灯。

行走人生,祸福总是相伴相生。面对功劳,要懂得礼让;面对祸害,要懂得承担。王阳明在为明政府清扫四处作乱的匪寇后,把功劳全部归于赏识他、为他工作扫除障碍的兵部尚书王琼。他讲求道德、气节,不在乎权势金钱,仅礼让功劳这一项就足为人们称道。

三国时的许攸,本来是袁绍的部下,虽说是一名武将,却足智多谋。官渡之战时,他为袁绍出谋划策,可袁绍不听,他一怒之下投奔了曹操。曹操听说他来,没顾得上穿鞋,光着脚便出门迎接,鼓掌大笑道:"足下远来,我的大事成了!"可见此时曹操对他很看重。

后来,在击败袁绍、占据冀州的战斗中,许攸又立了大功。他自恃有功,在曹操面前便开始不检点起来。有时,他当着众人的面直呼曹操的小名,说道:"阿瞒,要是没有我,你是得不到冀州的!"曹操在人前不好发作,只好强笑着说:"是,是,你说得没错。"心中却已十分嫉恨。许攸并没有察觉,还是那么信口开河。

有一次,许攸随曹操进了邺城东门,他对身边的人自夸道:"曹家要不是因为我,是不能从这个城门进进出出的!"

曹操终于忍耐不住,将他杀掉。

许多领导最看不上那些自吹自擂的人。有一点点成绩就心高气傲、不思进取,这样的人是不会得到提拔和重用的。而作为下属,不管你的功劳有多大,千万不能在众人,尤其是领导的面前夺了领导的光芒,否则你也会像许攸一样遭人摈弃。

对于每个人而言,任何一件事的成功,都不是只靠自己的能力就可以达到的。在这之中,亲朋好友或者同事、同学都贡献了自己的一份力量。王阳明之所以能够成为心学大师,是因为身边有很多支持他工作的朋友,他们可以时常交流,研讨学问;能够成为战场上的常胜将军,是因为部下对其的忠诚。

所以，大家一定要时刻提醒自己，当自己取得成功，受到赞赏时，要大度地说："这个荣耀是属于大家的。"这种方式，能让周围的人对你好感倍增，他们也会更乐于为你提供帮助。这是一个良性的循环，如此下去，我们生活、学习、工作也会更加顺利，获得的成就也会更多。

5.凭心办事，做事不贪功

> 事物之来，但尽吾心之良知以应之，所谓"忠恕违道不远"矣。
>
> ——王阳明

王阳明认为，一生只需做一件事：致良知。他说："事上磨炼，一日之内不管有事无事，只一意培养本原。"无事时守着良知，如同有事一样；有事时也守着良知，如同无事一样。但是，凭良知做事，不一定都能做好，"乃有处得善与未善"，为什么呢？"又或事来得多，须要次第与处，每因才力不足，辄为所困，虽极力扶起，而精神已觉衰弱"。人或因才力有限，或精力不济，不可能事事都能办好。

怎么办呢？你只要"尽吾心之良知"办事，自可问心无愧。他说："凡处得有善有未善，及有困顿失次之患者，皆是牵于毁誉得丧，不能实致其良知耳。若能实致其良知，然后见得平日所谓善者未必是善，所谓未善者却恐正是牵于毁誉得丧，自贼其良知者也。"所谓事情办得好与不好，那是以外界的毁誉得失为标准；内心的烦恼、压力又因毁誉得失而来，不利于守护良知。你若尽良知办事，那么平时所说的好未必是好，不好未必是不好。关键在于你要自己心中有数，不能全凭别人说好道歹而摇动心旌，也不能因一时得失而动摇信念。

王阳明的"尽吾心之良知以应之",如同俗话所谓"按良心办事"。这是一项很高的功夫,说来简单,做来不易。为什么呢?讲良心的人遇到不讲良心的人,一般会吃亏。好比讲卫生的人遇到不讲卫生的人,谁会弄脏谁的衣服呢?答案不言自明。那么,讲卫生的人是否应该因为别人不讲卫生而放弃讲卫生的习惯呢?答案是否定的。你讲卫生,虽然偶尔会被弄脏,终究是个干净人,到了干净的环境,你也不觉得寒碜;反过来,不讲卫生的人,常弄脏别人,自己并没有因此变得干净,到哪儿都会惹厌憎。那么到头来,真正吃亏的是谁呢?

王阳明的"致良知",从某种意义上来说,讲究的是"心灵卫生"。身上不卫生还好办,大不了皮肤痒痒,搔几下就止住了;洗个澡就舒服了。心灵不卫生比较难办,其痒难搔,经常折磨得人彻夜难眠;想洗也不容易,还是得做"致良知"的功夫。

王阳明依从良知办事,许多事办得很好,也有不如意处;从自身得失来说,收获了很多,也有吃亏上当的时候。他是如何在毁誉得失面前保持良知的呢?

王阳明平定了山贼,建了大功一件,外界对他的好评如潮。王阳明却对学生说:"我刚登堂理事时,凡有所赏罚,不敢丝毫大意和率性,生怕我做的跟平时给你们讲的不一样。处理完后,仍心有不安,跟你们在一起时,还想着赏罚是否公正,想着如何改过。直到登堂时的心情与跟你们在一起时一样自然,不用加减,这才心安理得。"他的话,表明他心里自有明镜一面,他的评价标准是自己的良知而不是他人的评价。

王阳明指挥平定宁王朱宸濠叛乱,仗打得很漂亮,他唯一遗憾的是杀人太多,"斩擒贼党三千余级,溺水死者约三万",当胜利消息传来,他面无喜色,平静地说:"此信可靠,但死伤太众。"

为了避免进一步杀戮，尽快平息事态，使当地民众恢复正常的生活，他将跟宁王交贿的大小臣僚的各类证据都一把火烧掉了。

但是，他想将浑水澄清，有人却想将水搅混。明武宗接到宁王谋反的报告后，很想建立军功，于是自封"奉天征讨威武大将军镇国公"，跟宠将江彬、许泰，宦官张忠、张永等拟定了计划，决定御驾亲征。但是，当大军刚到良乡时，捷报传来：宁王叛乱已经平定。

明武宗听了，非但不高兴，反倒很丧气，觉得好好的一个计划，被王阳明破坏了。在身边的"马屁精"撺掇下，他竟然生出奇想：派人通知王阳明，将朱宸濠放掉，让他来御驾亲征。同时率领大军，继续向江西进发。

王阳明接此通知，又好气又好笑，但这确实不是可以笑的事，朱宸濠的党羽尚多，一旦将他释放出去，到底会发生什么事，谁都不知道；何况兵凶战危，打仗不比唱戏，开战就要死人，岂能视人命如儿戏？于是，他一面上奏进谏，吓唬明武宗：宁王早就料到陛下将御驾亲征，已沿途派遣刺客，图谋行刺，请陛下以江山社稷为重，不要继续南下。

与此同时，王阳明下令押解宁王及一众伪官，兼程前进，赶去向明武宗献俘。

王阳明还尽量劝说明武宗宠信的张永："江西百姓久遭宸濠的毒害，又经历一场这么大的祸乱，加上遇到罕见的旱灾，生活十分困苦；为了供奉勤王军的军饷，更是雪上加霜。若有大军再度入境，哪有供奉的力量？必然逃窜山谷，聚众为乱。一旦地方糜烂，形成土崩之势。再想兴兵定乱就难了。"

张永颇有良知，默然良久，叹道："我此次前来，是为了保护皇上，不是为了争功。皇上身边宵小环顾，进言很难，倘若顺着皇上的意思，或可挽回一些；若逆意而行，只会给宵小留下攻击的把柄，无补于天下之大计。"

王阳明看出张永的诚意，于是将朱宸濠交给他，然后静观其变。

明武宗执意要放朱宸濠，再打一仗，于是派一个锦衣卫官员来找王阳明追取宸濠。王阳明不肯出迎，部下怕他惹麻烦，苦苦相劝。王阳明正色道："儿子对于父母的乱命,如果可以说话就要涕泣相劝。我不能做阿谀之人。"部下又问打发锦衣卫多少酬劳,王阳明说:"只给五两银子。"锦衣卫一看钱这么少,好像打发叫化子似的,心里发怒,拒不接受。次日,锦衣卫辞行,王阳明却又拉着他的手,热情地说:"我曾被关锦衣卫的监狱很久,从未见像您这样轻财重义的。昨天的薄礼只是聊表心意,您不要,令我很惶愧。我别无长处,只会作文。他日当撰文记述此事,让大家知道锦衣卫还有像您这样的义士。"那个锦衣卫被弄得哭笑不得,只好灰溜溜地走了。

王阳明所做的工作,使新的平叛战争终于没有打起来,而明武宗对王阳明也无好感,不想封其功,反倒想治其过。

大学士杨廷和忌恨王阳明的功劳,乘机顺着明武宗,想构陷王阳明。宦官张忠也进谗说:"王守仁在杭州,竟敢不来南京,陛下试召之,必不来,他眼中就根本没有皇帝。"只有张永敬佩王阳明的为人,在明武宗面前尽述王阳明的忠诚,终使明武宗不忍对王阳明下手。

此时王阳明的处境很微妙,他立有大功,可能受重赏;他惹得皇上和宠臣们不高兴,也可能有大祸。他并不以一身得失为念,只是由着良知去做。张忠、许泰以清查宁王余党的名义,领大兵进驻南昌,弄得鸡飞狗跳,王阳明为免百姓受到骚扰,让城区百姓出城避难,只留下老年人看门。又亲自劳军,安抚北军,以感化他们,保持纪律。

对张忠和许泰,王阳明当然知道,如果卑躬与之结交,对前途大有好处;得罪了他们,则可能有隐祸。王阳明不管这些,每次召开会议,必定居中而坐,从不谦让。张忠、许泰心中不快,有意让王阳明出丑,他们以为王阳明只是文人,不懂武艺,于是在校场上,要求他表演射箭。王阳明不慌不忙,三箭全中,赢得了北军的阵阵喝彩。张忠、许泰见此计不成,心里更是不快。

大军在江西搅扰一番后,因确实无仗可打,明武宗只好下令班师回朝。张忠等人尚不罢休,开始积极诋毁王阳明,给他总结与宁王朱宸濠勾结的多条罪状,企图将他从功臣变成罪臣。王阳明知道他们的小动作,却一笑置之。

他们无非怕他凭功劳争夺权势，可他又何尝想争夺权势？真是"以小人之心度君子之腹"。

后来，明武宗迫于舆论压力，不得不封赏王阳明。王阳明淡然受之，仍是一心清净。

按政治家的标准，王阳明在处理官场关系上，确实不够精明，甚至还很"嫩"，明明对自己有好处的事，他认为不该做便坚决不做；明明可能惹麻烦的事，他认为该做还是坚决去做。这便是"按良心办事"，不一定能做出对自己最有利的事，却可以做一个干干净净的人。

唐朝天宝十四年，"安史之乱"爆发。郭子仪被任命为朔方节度使，他的首要任务是攻克战略重地静边军城，这次任务被郭子仪顺利完成，他率军斩杀胡兵七千多，是大唐王朝"安史之乱"后的首次大捷。不久，郭子仪打败史思明，又率兵攻入洛阳，陈兵于天津桥南，朝廷内外为之欢呼，后来又收复了长安，军功卓著的他后被加封为司徒，封代国公。

郭子仪的加官进爵引来了大太监鱼朝恩的嫉妒，他担心自己地位不保，于是便向唐肃宗进谗言，污蔑郭子仪意欲谋反，虽然唐肃宗不太相信，但迫于形势还是削夺了郭子仪的兵权，让他担任位高权重的官职。出人意料的是郭子仪没有反抗，他欣然接受了这一不公平的处理。郭子仪的朋友们知道这一消息后，纷纷为之不平，要上朝面圣，澄清事实。

但，郭子仪不同意，他对朋友们说："现在是国家危难时刻，乱臣贼子尚未剿灭，如果这个时候，因为我的事，弄得满朝风雨，朝廷内相互猜疑，这不是正中敌人下怀么？到时候，国家动乱，民不聊生，我就罪恶滔天了。我选择欣然接受，只是不想这个时候出现内部争斗，只有团结一心才能打败敌人。"

郭子仪为什么被后人景仰呢？很大程度上是因为他不因为个人的沉浮

而争执抱怨,国家危难之际,他知道唯有团结一心,才能力挽狂澜,不做无谓的争斗,才能一致对外。郭子仪顾全大局,凭心做事,实际是一种对国家对人民负责任的体现。

6.人生至境,心无所求

君子求退勿迟。

——王阳明

纵观王阳明的一生,他生性豪放豁达,一生都在追求圣人之道,无论走到哪里都以国家和百姓为第一要事。也正因为此,使得他常常得罪朝廷中的一些官员和权贵,在仕途之中屡次遭到不公平的待遇,受尽了四处飘零的苦楚。但是王阳明无论身在何处,面临着怎样的艰难环境,一直都保持着一种乐观向上的精神,无所求地做着自己应该做的事情,为国家和百姓鞠躬尽瘁。也正是因为他这种无所求的精神,才让他成为中国历史上受人尊崇的圣贤之人,也使他的心学最后名满天下。

1521年的三月,大明朝皇帝朱厚照在31岁的时候结束了自己荒唐的一生,他的执政带给忠臣太多的摧残,许多的人都将希望寄托到了新皇帝朱厚熜身上。新皇帝登基,朝廷的风气的确好了许多。而前任皇帝身边的那班红人如江彬等人也一一被抓了起来并被处死,这些举动可以说大快人心。而作为参与平叛的王阳明此时也接到了朝廷的圣旨,新皇帝朱厚熜让他回京面圣。

　　王阳明心中当然跟其他人一样期盼着国家有一位明君，期盼着国家可以富足昌盛，所以接到圣旨便收拾好行李，离开南昌，向北京城进发。但是不知道为什么走到半路的王阳明却接到圣旨说暂停他的进宫面圣，也就是说我们这位大英雄王大人不能进京了。新皇帝这是怎么了，圣旨哪里有这样的，要知道皇帝那是金口玉言，怎么可以出尔反尔呢？但是皇帝就是这么做了，你又奈他如何？其实从这件事情上可以看出朝廷中有某些人不想他进京面圣，不想让他回到北京。

　　古往今来，宫廷中的争斗总没有停止过，何况新皇帝登基，难免有些位高权重之人彼此勾心斗角，拉帮结派，恨不得让别人都远远地离开皇帝，好让自己有亲近皇帝的机会，好让自己成为皇帝身边的红人。朝廷之中依然有人诬陷他为宁王朱宸濠的同党，依然有人相信那些流言蜚语，也或许有人根本就是拿这些子虚乌有的事情制造事端，目的就是不让王阳明回到北京。甚至有人说他滥冒军功。新皇帝登基，在一场朝廷之中的权力斗争之下，王阳明就这样成为了朝堂争斗的牺牲品。

　　欲加之罪，何患无辞。王阳明不在乎那些流言蜚语，更不在乎什么嘉奖，也不在乎什么战绩，他觉得这一切都是自己该做的。他的心中有一个光明的世界，而其他的就随他去吧。此时的王阳明实际上对仕途已经没有兴趣，相反因为五年没有回家，对家人的思念却日益加重，所以他给新皇帝朱厚熜上书，要求允许自己回家探亲。新皇帝朱厚熜很快批准了他的上书，而王阳明也就乐颠颠地回到了绍兴老家。

　　王阳明是爷爷奶奶一手带大的，就在这五年期间，他的奶奶也去世了，而父亲也已经年迈。他深感遗憾，立刻到余姚祭奠自己的先祖。而就在此时，皇帝的圣旨又到了，圣旨上说王阳明平定宁王谋反有功，封他为新建伯。收到圣旨的日子，也是王阳明老父亲王华的生日那天，全家人都非常高兴。王阳明的父亲王华不无感慨地说："朱宸濠谋反，全家都认为我的儿子无法以那些乌合之众的民兵对抗宁王的十万精兵，所以在江西死定了。而后来他非但没死，却平息了谋反，可是各种流言蜚语和诬陷再次向他出击，家人都觉得他很难处理好，而如今没想到却被封官加爵，这是好事，是家里的喜事啊！"

王阳明听后记在心中，但是他明白这样的封赏不过是为了堵住天下百姓的悠悠之口，而对他的诬陷根本就没有澄清。什么封官晋爵，不过是皇帝不得不作出的决定罢了。看看那些跟自己一起平叛宁王的官员，没有一个拥有好的下场，他不想要这所谓的封官晋爵，所以他决定辞去封号。皇帝不准，他就再次上书提出辞去封号，但是皇帝却采取了不理不睬的态度。

朝廷之中向来不乏心怀叵测之人，事情没有过去多长时间，就有人上书皇帝说要摘去王阳明的封号，而且更有人要求朝廷对王阳明的心学进行打压。王阳明听了这些话心中平静如水，一点不作辩解，依然将自己沉浸在了讲学之中。他一心要将自己的心学发扬光大，而至于那些流言蜚语就让他们说去吧。王阳明的弟子们对此常常是打抱不平，但是王阳明告诉他们对这种事情不必争吵，并宣讲自己的良知之学。

"为而不争，天下莫能与之争。"王阳明从小立下大志，坚持对真理的探索，最终成为圣贤。这一生他因为自己性格中的正直和坚韧屡屡招来灾难，如今他弃官从文，将所有的精力投入到心学的研究之中。"不争"并不是意味着要放弃一切，而是以不争今日之利而争万世，不争眼下之利争天下。面对诽谤，面对诬陷，他选择退让，选择不争，他的内心充满了和平，所以他能感悟到人生很多的真谛，能够在中国的哲学思想上取得荣耀和显赫的成绩。

当年，楚汉相争，张良、萧何与韩信，共同辅佐刘邦夺取天下。有一次，当刘邦被项羽围困在荥阳，韩信在东边打下了齐国后，不但不来增援，反而派人来向刘邦提出要求，希望同意他自立为"假齐王"。面对韩信的"争"的无礼要求，刘邦当即大怒，想马上派兵去攻打韩信。在这个时候，身为谋士的张良在桌子底下踢了刘邦一脚，用眼神告诉刘邦，在这危急关头，不如就同意韩信立为假齐王，稳住他，以防小不忍生大变。这一脚下来，刘邦马上领悟到了"不争"的智慧，立刻改口骂道："他韩信大丈夫南征北战，出生入死，要做就做个真王，哪有做假王之理，封他为齐王！"立刻派张良带上印信，前往齐国，封韩信为齐王。韩信立刻带兵赶到，汉军兵力大增，又恢复了战斗的士气。

刘邦通过"不争"，有效地稳定了军心，控制了复杂局势，使韩信断绝非分之想而帮助其打天下，最后"天下莫能与之争"。所以，不争不是无所作为、甘于堕落，不是要让人彻底断绝私心欲望，而是劝告世人要顺应大道，不要贪图眼前的小私，只有着眼于大局，才能得到更多的利益。

在人生之路上，最成功的人就是无所求的人。只有不争的人才可以获得成功，成就非凡的事业。

7.以出世心境，做入世事业

我亦爱山仍恋官。

——王阳明

心学作为心性儒学，最不同于其他儒学者，在于其强调生命活泼的灵明体验。看似与佛学的心法修教十分相似，但佛学只求出世，而心学用出世之心做入世之事。正是儒学所说的"内圣外王"。纵观王阳明的一生，平国安邦、著书立说、驰骋骑射，全无文人的懦弱单薄。他动静兼入极致，顿悟深远，知行合一，于平凡中体现伟大，以入世中明见其出世的心境。

王阳明的"有"，是"大无大有"，先无我才能真有我，因此他对万事既不排斥也不沉溺。比如在王阳明的诗歌中，我们可以看到他"我亦爱山也爱官"。他既有强烈的建功立业的欲望，更想着他的"第一等事"成为圣贤。成化三年，因为王华的岳父去世，王阳明也随之回到老家。他白天跟随大家一起学习，晚上还自己品读经史子集。他的亲戚朋友看到他如此精进，都纷纷慨叹，后来总结出"彼已游心举业外矣，吾辈不及也！"这也是老子说的"外其身而身存，后其身而身先"。

王阳明一生都得力于这种入乎其内、出乎其外的章法。老子说："我愚人之心也哉，沌沌兮。""愚"，并非真笨，而是故意表现出来的。"沌沌"，不是糊涂，而是如水汇流，随世而转，自己内心却清楚明了。

俗人有俗人的生活目的，道人悟道人的生命情调。就道家来讲，人生是没有目的的，即佛家所说"随缘而遇"，以及儒家所说"随遇而安"。随缘而遇的同时还要坚持个性，不受任何限制。身做入世事，心在尘缘外。唐朝李泌便为世人演绎了一段出世心境入世行的处世佳话，他睿智的处世态度充分显现了一位政治家、宗教家的高超智慧。该仕则仕，该隐则隐，无为之为，无可无不可。

李泌一生中多次因各种原因离开朝廷。玄宗天宝年间，当时隐居南岳嵩山的李泌上书玄宗，议论时政，颇受重视，却遭到杨国忠的嫉恨，毁谤李泌以《感遇诗》讽喻朝政，李泌被送往蕲春郡安置，他索性"潜遁名山，以习隐自适"。自从肃宗灵武即位时起，李泌就一直在肃宗身边，为平叛出谋划策，虽未担要职，却"权逾宰相"，招来了权臣崔圆、李辅国的猜忌。收复京师后，为了躲避随时都可能发生的灾祸，也由于叛乱消弭、大局已定，李泌便功成身退，进衡山修道。代宗刚一即位，又将李泌召至京师，任命他为翰林学士，使其破戒入俗，李泌顺其自然，当时的权相元载将其视为朝中潜在的威胁，寻找名目再次将李泌逐出。后来，元载被诛，李泌又被召回，却再一次受到重臣常衮的排斥,再次离京。建中年间,泾原兵变,身处危难的德宗又把李泌召至身边。

李泌屡蹶屡起、屹立不倒的原因,在于其恰当的处世方法和豁达的心态,其行入世,其心出世,所以社稷有难时,义不容辞,视为理所当然;国难平定后,全身而退,没有丝毫留恋。李泌已达到了顺应外物、无我无己的境界,正如儒家所说"用之则行,舍之则藏","行"则建功立业,"藏"则修身养性,出世入世都充实而平静。李泌所处的时代,战乱频仍,朝廷内外倾轧混乱,若要明哲保身,必须避免卷入争权夺利的斗争之中。心系社稷,远离权力,无视名利,谦退处世,顺其自然,乃李泌的处世要诀。

李泌有一阕《长歌行》:"天覆吾,地载吾,天地生吾有意无。不然绝粒升天衢,不然鸣珂游帝都。焉能不贵复不去,空作昂藏一丈夫。一丈夫兮一丈夫,千生气志是良图。请君看取百年事,业就扁舟泛五湖。"这既是他本人一生的写照,也是他对于后人的忠告。

用出世的心做入世的事,不是每个人都能做到的。怎样才算是出世之心呢?

古时候有一位智者,学识渊博,德高望重,他有一个小徒弟,天资聪颖,却总是怨天尤人。这天,徒弟又开始不停地抱怨,智者对他说:"去取一些盐来。"徒弟不知师傅何意,疑惑不解地跑到厨房取了一罐盐。师傅让徒弟把盐倒进一碗水里,命他喝下去,徒弟不情愿地喝了一口,苦涩难耐,师傅问:"味道如何?"徒弟皱了皱眉头,说:"又苦又涩。"师傅笑了笑,让徒弟又拿了一罐盐和自己一起前往湖边。师傅让徒弟把盐撒进湖水里,然后对徒弟说:"掬一捧湖水喝吧。"徒弟喝了口湖水,师傅问:"味道如何?"徒弟说:"清爽无比。"师傅又问:"尝到苦涩之味了吗?"徒弟摇摇头。师傅语重心长地对他说:"人生中的许多事情如同这罐盐,放入碗水中,你尝到的是苦涩的滋味,放入一湖水中,你尝到的却是满口甘爽。让自己的心变成湖水,自然尝不到人生的苦涩。"

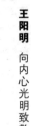

做人做事都应如此,莫让心境局限在一个狭小的空间,心如大海,便可达到出世的境界。老子说:"万物并作,吾以观复。"于他,无欲无为的出世和"治大国若烹小鲜"的入世巧妙地结合在一起。

一个人成不成功除了外界给予个人的条件外,还和个人的心态有关。就像王阳明一样,他可以"每日宴坐草庵中",也可以"我亦爱山仍恋官"。出世和入世很大程度上都取决于个人的心态。

人人都想追求幸福并成就一番事业,在人生的路途上肯定要遭遇很多的挫折和苦难,这个时候就必须要静其心,淡泊名利,学会选择与放弃,学会以出世心境,做入世事业。

8.宁拙毋巧,欲速则不达

先生曰:"为学须有本原,须从本原用力,渐渐'盈科而进'。仙家说婴儿,亦善譬。婴儿在母腹时,只是纯气,有何知识?出胎后,方始能啼,既而后能笑,又既而能识认其父母兄弟,又既而后能立、能行、能持、能负,卒乃天下事无不可能。皆是精气日足,则筋力日强,聪明日开。不是出胎日便讲求推寻得来。故须有个本原。"

——王阳明

《论语·宪问》:"不怨天,不尤人,下学而上达,知我者其天乎?"朱熹注:"此但自言自其反己自修,循序渐进耳。"就是说,如果一个人能够在生活中按照一定的步骤逐渐深入或提高,最终能够获得圣人的学问。

古时候，有个射箭能手叫飞卫。他射箭的本领很高，能百发百中，远近都知道他的名字。有个叫纪昌的青年，闻名来拜飞卫为师，向飞卫学射箭。

飞卫对他说："学射箭不能怕困难，首先要练好眼力，盯着一个目标后，眼皮一眨也不能眨，你回去练好了这一点再来。"纪昌回到家里，为了练好眼力，就钻到妻子的织布机底下，两眼紧盯着穿来穿去的梭子。这样练了两年，即使有人用针去锥他的眼皮，他一眨也不眨。

纪昌高高兴兴地去找飞卫，对他说自己已经练得差不多了，该向他传授射箭的技术了。飞卫却说："这还不够，你回去还得能把小的东西看大了，再来找我。"纪昌又回到家里，用一根头发拴着一只蚂蚁，吊在窗口，每天紧紧盯着那只蚂蚁看。三年以后，在纪昌眼里，蚂蚁竟大得像个车轮。

纪昌又去找飞卫。飞卫点点头，对他说："现在可以教你学射箭了。"飞卫教纪昌怎样拉弓，怎样放箭。

纪昌又刻苦练了好几年，终于成了一个百发百中的神箭手。

如果飞卫对初学箭术的纪昌大讲特讲射箭的理论知识，而不是让他从练习瞄准开始，循序渐进，飞卫将很难成为百发百中的神射手。

"罗马不是一天建成的。"做事情的关键在于脚踏实地的一步步积累，任何事都要认真对待，不要轻视任何微小的收获或进步，不肯从小事做起的人注定不能成功。

日本历史上，曾出现过两位非常厉害的剑手：宫本武藤和柳生又寿郎，柳生又寿郎正是宫本武藤的弟子。

年少时的柳生又寿郎放荡不羁、行事乖戾，父亲苦口婆心地劝他专心练剑，他不仅不听，还接二连三地犯错，父亲一怒之下就把他赶出了家门。柳生又寿郎为此愤愤不平，他下决定一定要成为一名非常了不起的剑手，回来击败父亲,到时父亲就再也不会看不起自己了。于是,他找到了当时最负盛名的剑手宫本武藤,想要拜在他的门下学习剑术。

宫本武藤见柳生又寿郎资质不凡,便决定将其收入门下。柳生又寿郎听了非常高兴,立刻急切地问宫本武藤:"师父,假如我尽全力学习,大概要多少年才能成为一流的剑手啊?"

宫本武藤回答说:"需要用你的余生去学习。"

柳生一听,急了:"可是我等不了那么久啊,只要您肯教我,吃再大的苦我也不怕,最少需要多长时间呢?"

宫本武藤犹豫着说:"如果这样的话,可能也需要十年的时间。"

柳生又寿郎听了还是不满意,焦急地说:"家父已经一把年纪了,我必须要在他有生之年,让他看到我成为一名一流的剑手。十年的时间未免太久了,如果我加倍努力学习剑术,需要多久啊?"

宫本武藤听了他的话,缓缓地说:"也许需要三十年。"

柳生又寿郎急得快要哭出来了,说:"那如果我夜以继日地练习呢,又需要多长时间?"

宫本武藤还是不急不慢地说:"可能要五十年,又或者这辈子都没有希望成为一流的剑手了。"

柳生又寿郎越听越不明白了:"这是怎么回事呢?为什么我越是尽力,所需的时间就越长呢?"

"欲速则不达,"宫本武藤说,"学习剑术讲求自然、平和,一旦急功近利就偏离了剑术的大道,所需时间也就会越久。"

柳生又寿郎这才恍然大悟。从此,他再也不提成为一流剑手的事情了,只是跟随师父潜心学习。数年之后,终于成为一名和师父齐名的剑术高手。

欲速则不达,急于求成只会导致失败,我们不妨放远眼光,注重自身的积累,厚积薄发,从而达到自己的目标。做学问绝对不是一件轻松活儿,必然会经历一个痛苦挣扎、奋斗的过程。这个过程,就如同破茧成蝶的过程,必须一步步地慢慢来,才能化身为翩然飞舞的蝴蝶,才能收获自己想要的真知。宋朝的朱熹就曾以十六字真言来劝诫急于求成的人们:宁详毋略,宁近毋远,宁下毋高,宁拙毋巧。

王阳明所说的"循序渐进,才能有所长进"正是这个道理。